汉译世界学术名著丛书

不 平 衡 发 展
——自然、资本与空间的生产

〔美〕尼尔·史密斯 著

刘怀玉 付清松 译

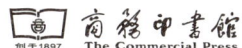
商务印书馆

Neil Smith
UNEVEN DEVELOPMENT
Nature, Capital, and the Production of Space
Copyright © 1984, 1990, 2008 by Neil Smith
Foreword © 2008 by The University of Georgia Press
All rights reserved
中文版经作者授权，根据乔治亚大学出版社2008年平装本译出

汉译世界学术名著丛书
出 版 说 明

我馆历来重视移译世界各国学术名著。从 20 世纪 50 年代起，更致力于翻译出版马克思主义诞生以前的古典学术著作，同时适当介绍当代具有定评的各派代表作品。我们确信只有用人类创造的全部知识财富来丰富自己的头脑，才能够建成现代化的社会主义社会。这些书籍所蕴藏的思想财富和学术价值，为学人所熟悉，毋需赘述。这些译本过去以单行本印行，难见系统，汇编为丛书，才能相得益彰，蔚为大观，既便于研读查考，又利于文化积累。为此，我们从 1981 年着手分辑刊行，至 2021 年已先后分十九辑印行名著 850 种。现继续编印第二十辑，到 2022 年出版至 900 种。今后在积累单本著作的基础上仍将陆续以名著版印行。希望海内外读书界、著译界给我们批评、建议，帮助我们把这套丛书出得更好。

商务印书馆编辑部
2021 年 9 月

译校体例规则说明

1. 本书所涉及的专业术语翻译，尤其是涉及大量马克思主义专业的术语，尽量选用国内汉译通用译法，在照顾语境的情况下尽可能统一译名。个别地方会有专门说明。

2. 书中引用大量人名、地名及专有名词，比较生僻的人名第一次出现时会加以注释。

3. 本书在译校原书引文时，凡涉及马克思主义经典作家的引文，一律严格按照最新出版的中文权威版本原文核对引用，所涉及另外引文如果有中文版本的，尽量查照核对借鉴，并注出相应的中文版出处。

4. 本书专门设置了一个索引，考虑阅读方便与统一译名之需要，中译本将其译成中文。本书还附有参考文献，中译本一律列于书后，并将其中部分译成中文的版本列出，以便供参考之用。

5. 本书英文版有大量的注释，考虑到中文阅读习惯，一律从原书后尾注格式转换成页下注，对原文尾注所涉及作者、文献名称、出版机构、版次、页码等资料性引文，为保证原始面貌，中译本一般做原文原样处理，并不译出。而对注释中的其他文字注释，本书中译本给予翻译。除标有"译者注"字样的注释之外，未标注者均为原书注释。特此说明。

戴维·哈维为本书第三版所作的序言[①]

史密斯[②]的《不平衡发展》一书[③]的出版值得庆祝，原因有二：首先，在马克思主义理论同地理学思维碰撞伊始便产生了极富启发性成果的历史性时刻，本书开创了一种关于不平衡发展的全新研究方法。它须像史密斯这样，既有马克思主义和地理学的深厚知识积累，又有献身两者的热情，既"炫"而又不失睿智，从而得以实现两种不同思维方式的融合。事实上，史密斯最终所做的便是正视列斐伏尔（Henri Lefebvre）的断言，即 20 世纪初

[①] 为便于对照原书查阅，本中译本把该书第三版的英文原版页码列于书中。均在页码起始处标注。——译者注

[②] 尼尔·史密斯（Neil Smith，1954—2012），出生于英国，1982 年在美国约翰·霍普金斯大学获得博士学位，曾任纽约城市大学研究生中心人类学和地理学教授，有关史密斯生平、思想与学术成果的介绍请参看本书译者之一付清松所著《不平衡发展——从马克思到尼尔·史密斯》，人民出版社 2015 年版第 24 页。——译者注

[③] 该书首版于 1984 年，是史密斯在 1982 年由哈维指导下完成的博士论文《不平衡发展：资本主义的自然生产》基础上润色而成。1990 年第二版，2008 年第三版。我们选用的是 2008 年乔治亚大学出版社出版的英文第三版，哈维为该版作序（Neil Smith, *Uneven Development*, *Nature*, *Capital*, *and the Production of Space*, With a new afterword by Neil Smith and a foreword by David Harvey, The University of Georgia Press, Athen, Georgia, 2008, 3rd ed）。此书被誉为"马克思主义地理学的经典"（理查德·皮特：《现代地理学思想》，商务印书馆 2007 年版，第 107 页），同诸多地理学大家的著作一起被收入《人文地理学要览》（Phil Hubbard, *Key Texts in Human Geography*, Sage Ltd, 2008）。——译者注

以来，资本主义很大程度上是通过空间的生产实现幸存的（并在理论上说明"为何如此"和"必须如此"），他把怀特海[①]"关于自然（包括人化自然）的意义的问题基本上可以还原为关于时空特性的探讨"的观点接受下来，以此阐明列斐伏尔的知识和政治的深层和多重意蕴。虽然史密斯并非直接从这些命题出发，但毫无疑问，它们是他在关于资本、空间和自然的所有竞争性观念的细致的批判性考察后得出的结论。一直以来，许许多多的人持续对这一主题做过深入探讨，丰富着对上述关键洞见的贡献。所以，《不平衡发展》曾经是，也将继续是具有重要历史意义的奠基性文本，期待着人们的持续重估。恰如萨义德[②]在其《文化与帝国主义》一书中所言，它提供了"一份精彩的描述，说明在历史地形成的资本主义的条件之下，某种特定的自然与空间的生产对于景观（landscape）[③]——集贫穷与富裕、工业城市化与农业的衰落于一身——的不平衡发展为何如此之重要"。

不过，萨义德的评论直接引出了庆祝此次再版的第二个理由。自本书首版以来，伴随着不断扩大的贫富两极分化和速度惊

[①] 阿尔弗雷德·诺斯·怀特海（Alfred North Whitehead, 1861—1947），英裔美籍数学家、哲学家，因其数理逻辑、科学哲学和形而上学方面的成就而闻名于世。——译者注

[②] 爱德华·沃第尔·萨义德（Edward Wadfie Said, 1935—2003）著名文学理论家与批评家，也是巴勒斯坦立国运动的活跃分子。——译者注

[③] 台湾同行把其译作"地景"。中译本的原话是："地理学家尼尔·史密斯在他的《不平衡发展》一书中高明地阐述了帝国主义怎样在历史上造成了一种特别的自然与空间，一种把贫穷与富足、工业城市化与农业衰退结合在一起的不均等的发展状况。"（萨义德《文化与帝国主义》，李琨译，生活·读书·新知三联书店2003年版第321页）——译者注

人的城市化及环境恶化，全球经济的不平衡发展在过去四分之一世纪中不是减缓了而是加速了。此情此景之下，本书所内含的政治气息更应受到我们的加倍欢迎，原因就在于它前所未有地关乎我们今天在困境中的突围。在事件（如东欧共产主义的终结）的影响和承认政治及文化理论的温水冲洗下，马克思主义理论、政治经济学和怀有政治抱负的批判地理学名声日下，学术圈里那种不屈不挠的批判精神也销声匿迹。所谓的激进思维事实上已成为露骨的辩护词：为不作为辩护，为向屠弱的社区抗议活动提供温和支持辩护，甚至更糟，为倒向新自由主义辩护。

一旦如下被广泛持有的观念（这些观念部分由诸如媒体和大学这样的霸权体制负责推销，而这些体制本身屈从于新自由主义压力并受制于市场）落地生根，即解决全球贫困与环境恶化的出路在于市场逻辑和私产安排的进一步扩张（从低效而不平等的煤炭贸易体制，到无耻地盘剥穷人的小额贷款制度），那么，为建设一个更加公正的全球社会秩序而斗争的批判性基础也就荡然无存。新自由主义的个人主义和自我负责的理想，是我们今天所面临困难中的根本问题，而针对新自由主义式的全球化和帝国主义所带来的最残暴侵害，人权激进主义所发起的改善愿望充其量只能推进上述理想的传播，而在最糟的情况下，则可能终止其传播。

所幸的是，在我们生活的世界周围，仍不乏坚信"另一个世界是可能的"社会运动。他们清晰地向世界表达他们建设另一个世界的决心。然而，在传统左翼运动力图抛弃教条和落后于时代的那些分析的尝试失败之后，建设性政治同样面临着萌蘖于上述失败中的另一种障碍。所有专注于建立一个更美好世界的人们，都须以同当代复杂的历史地理状况更加相称的姿态重新思考政治和我们的认知方式；但是，在一个对所有知识抽象（更遑论马克思主义）都失去信任的背景下，要做到这一点又谈何容易。不过，激进主义者确实也置若罔闻，他们忘记了很久以前一位伟大的地理学家爱利赛·邵可侣[①]在其斗争的一生行将结束时写给其无政府主义同志们的忠告："伟大的热情与牺牲并非成就一项事业的唯一途径……自觉的革命不仅仅涉及一个人的情感，还有他的理性，对他们来说，为争取正义和团结的每一次努力都仰赖精确的知识……这些人能把个人的思想融入更广阔的人类科学，能从其渊博的知识中获得巨大的力量，从而勇敢地去斗争。"

尼尔·史密斯的《不平衡发展》是一次知识和政治的授权（empowerment），一次在打破教条中对人类状况重要方面的广泛考察，一次对探索另一可能世界的激励和教诲。这本书值得人们认真阅读、再读。你肯定不会失望。

戴维·哈维

[①] 邵可侣（Élisée Reclus, 1830—1905），法国著名地理学家、作家和艺术家，历时 20 年写就 19 卷的皇皇巨著《地球及其居民》（法文名《新世界地理学》），范围涵盖人类长期居住的 6 大洲，他因此于 1892 年荣获巴黎地理学会金质勋章。邵可侣主张保护自然，倾向于素食主义，在政治立场上为无政府主义者，同克鲁泡特金是好友，后者的《面包与自由》的法文版序言即由他撰写。因其政治激进主义先后被比利时、法国政府驱逐出境。——译者注

第二版序言

20世纪初,埃及的爱兹哈尔大学(Al-Azhar University)[①]学生罢课。很难说它是一个进步的运动,他们反叛地理学,指责其变革太大并威胁了固有传统。他们的担心或许是真实的,但终归是没有根据的。20世纪以来,"地理科学"成为不同国家和国际的统治阶级规划的一部分,然而到了20世纪70年代后期,全球政治向右转,地理学却向左转。至80年代末,随着东欧的造反持续升温,美国国务院的一位官员[②]抛出人类面临历史终结的论调,其不可一世的乐观主义顿时抓住了人们的眼球,美国资本主义大获全胜。这种观点在意识形态上将非美式事件屏蔽掉,从而宣称地理学也就此终结了。这种时空停滞的新闻对美帝国来说可谓恰逢其时,尽管对于全世界被剥削和被压迫的人们则另当别论。在美国世纪的衰落和全球越来越多的人们陷于日益加深的生存危机面前,它企图驱散人们对造成这种情况的前因后果的严肃思考。

[①] 爱兹哈尔大学(al-Jami'al-Azhar)是世界上最古老的高等学府之一,建于972年。该大学目前是埃及第二大综合性大学,仅次于开罗大学。——译者注
[②] 指曾任美国国务院智库即政策企划局副局长的弗朗西斯·福山(Francis Fukuyama)。——译者注

而当我们把目光投向华盛顿之外，1980年代的事态则呈现出另一番景象。我们见证的绝非历史的终结，而恰恰是"地理学的始生"。战后相对平稳发展的各种垄断和国家资本主义的解体，导致一连串的政治、经济和社会重构，在各种空间尺度上都引发了空间与事件的散裂、分解和重组，以致在今天，新的景观的生产将空间与自然——它们是地理学研究的主题——实实在在地提上政治议程。地理学正被重写为一种积极的政治进程。这种形势在更广的学术领域中也正悄然发生着，"社会批判理论已在对空间进行重申"——索亚（Ed. Soja）的话说到点子上了。

我在第一版前言收尾时，曾引述过"一切固定的东西都烟消云散了"这句警言，如今我们对它早已耳熟能详并有切身体验。随着马歇尔·伯曼[①]以此警言为题的著作出版，马克思、恩格斯的话似乎俨然成了20世纪80年代碎片化的经验表征，众人纷纷抵制马克思主义的全球视野，转而皈依林林总总的地方主义（Localism）。然而，同样日趋明朗的是，在过去十多年呈烟消云散之状的地理学在1990年代正被重铸、加固和再造，从而以新的面貌注解着那些已被重构的、星丛式的社会关系。在本书中我强调，资本主义的不平衡发展，最好是被理解为在发展水平和状况中所呈现出的分化（differentiation）和均等（equalization）这一矛盾趋势的结果。假如最近几年我们由于可理解的原因只是关

[①] 马歇尔·伯曼（Marshall Berman，1940—2013），美国哲学家、马克思主义作家。曾任纽约城市学院资深教授。代表作 *All That Is Solid Melts Into Air*: *The Experience of Modernity*（1982）；*On the Town*: *One Hundred Years of Spectacle in Times Square*（2006）等。——译者注

注了分化过程，那么，如果不将分化和均等视为不平衡发展的不可分割而又相互关联的两个方面的话，那么我们就无法理解不平衡发展的地理学。只有这样，"地理科学"所具有的那种如此激怒爱兹哈尔大学学子的革新、进步和反叛潜能才能真正被激发出来。

近年来，诸多同事帮我拓展了不平衡发展思想，纵然他们的评论和批评并非总能被吸收进来，但我还是要对他们的帮助深表谢意。尤其要感谢戴维·哈维、辛迪·卡兹（Cindi Katz）和索亚那些犀利而富于挑战性的批评，是他们教会了我思考问题的新方法。作为一名学者，当作者们对其弟子们富有启发性的影响表示感谢时，我总觉得那是一种炫耀，不过，自从我移居逻各斯大学以后，我确实从那个与众不同的群体擦出的知识火花中受益良多，劳拉·雷德（Laura Reid）、里拉·沃约尔（Leyla Vural）、谭亚·斯泰因伯格（Tanya Steinberg）、安迪·赫洛德（Andy Herod）、顿·米歇尔（Don Mitchell）、塔玛·罗森堡（Tamar Rothenberg）和朱丽叶·托森（Julie Tuason）都以不同方式付出了大量心血，提出了很多好点子，我希望这些付出对他们都是值得的，就像对我一直是值得的那样。

尼尔·史密斯
1990 年 5 月

第一版序言

这本书汇集了两种不同类型的知识探索。一种是理论与哲学的考察，把对概念的审理作为手段，以便更加准确地审视我们生活于其中的现实。因此，前两章致力于对支配西方思想的极端陈旧的自然观念进行革新。这项工作起步于 1979 年。第二种探索则单独形成于对北美城市的好奇。在 20 世纪 70 年代中期，显然我认为，城市空间结构突破了所有传统的城市形态，具备了动态却又连贯的模式。开始，我只是肤浅地认为，既然社会结构会把自己铭刻于城市地理空间，那么我们就能借此充分了解一个社会的社会结构。而我当时对城市绅士化[①]过程又特别着迷，从而着手对这一话题进行研究。随着研究的深入，再加上我对马克思主

[①] Urban Gentrification，也译作"城市士绅化""城市再中产阶级化"。牛津地理学词典解释为：当富有家庭寻求近邻城市中心区而导致内城衰落区的重建、更新以及再居住过程，这种择居过程通常是这些家庭权衡空间与接近中心区服务的结果。但史密斯 1982 年在《经济地理学》杂志上发表的《绅士化与不平衡发展》一文，显然更倾向于把绅士化的深层动因视为资本积累动态中的一种必然行为，而不是像其他人那样停留在现象层次，认为是居住偏好、文化偏好或市政政策使然（尽管这些要素也都参与了绅士化运动）。史密斯当时认为：绅士化和城市更新不过是更宏大的不平衡发展过程的前沿领域而已，这种不平衡是根植于资本主义生产方式中的一种具体过程。绅士化仅仅是城市空间重组的一小部分，而反过来，城市空间重组又只是更广阔的、由当下经济危机所必然导致的经济重构的一部分。有关史密斯的城市绅士化理论可参看其所著《新城市前沿：士绅化与恢复失地运动者之城》（李晔国译，译林出版社 2018 年版）。——译者注

义的理论和概念已经更为上手，我最终确信绅士化本身是那些更为普遍而又相当具体的空间力量在不同尺度上运作的结果；这个一般过程就是不平衡发展的过程。

当对空间结构的考察被推进到一个更为广阔的理论视域当中时，它同哲学的关联也就凸显出来。因而，探讨空间的第三章把对自然的抽象讨论与第四、五章关于不平衡发展的理论研究连接起来。我希望最后呈现出来的不是一种哲学思辨，而是在对概念的哲学讨论与用它们来探索新的理论景观之间架起的一座桥梁。之所以如此，是因为正如马克思所坚持的那样，哲学是不能脱离实践的科学，而总是要试图超越哲学。

知识财富总是建立在债务的积累之上的。我只是希望我的财富和债务之间能保持平衡。对于这份工作，我欠哈维的人情远非几句话和几个注释就能敷衍过去的。他的慷慨宴请和友谊，他的鼓励和富有挑战性的批评，都融入到此项工作中。他始终坚信这项事业的重要性，一方面毫无保留地鼓励，另一方面又积极干预。而在我到巴尔的摩之前，他自身的工作一直在激励着我，直至目前依然如故。他也阅读了本书的初稿，并提出了批评性意见。

要不是因为在圣安德鲁斯的乔·多波蒂（Joe Doherty），我恐怕永远来不了巴尔的摩，他是第一个鼓励我对现实进行哲学思考的人。他耐心而又淡定，鼓励我破解那些最让人感到头疼的难题，没有他真诚的付出，真不敢想象工作能进展到现在这个样子，哪怕是仅仅在大脑里有个雏形也不可能。到巴尔的摩后，莱兹·沃尔曼（Reds Wolman）坚持不懈地给予我超乎预想的帮

第一版序言

助,尽管他并不总是能明白我在做什么,却始终相信我所做的。

起初,南希·济什(Nancy Gish)在许多方面都给予了大量帮助,并坚持认为如果我能将主张写出来,我同样能表达得很清晰。后来,凯西·奥格瑞(Kathy Ogren)给了我洽谈这件事的机会,并伸出朋友般的援助之手。还得提一下诸位同事与友人,同他们的讨论让我茅塞顿开,他们竟然能与我谈得来,而且还能耐着性子听我那些有反社会倾向的长篇大论!他们是:Beatriz Nofal, Michael LeFaivre, Barri Brown, Phil O´Keefe, Barbara Koeppel, Donna Haraway, Jeery MacDonald,以及Lydia Herman。还有几个人在本书各个部分的录入的不同阶段(通常是匆忙的)曾给予了帮助:Karen Pekala, Jean Kelley, Katie Reininger, Peggy Newfield, Liza Cluggish。如果说雷恩(Leon)常常在凌晨时分没完没了地敲打过本书的初稿,而派恩(Peon)则很愉快地承担了本书第二稿的工作责任。

马克思曾说,"一切固定的东西都烟消云散了"。① 这不仅适用于资本主义的地理,在眼下这种时期,对于抵抗剥削和压迫的政治斗争而言,同样如此。所以,最后,我还要感谢凯尔(Cal)和芭芭拉·温斯洛(Barbara Winslow)给予我的鼓舞。和他们在一起,我们就能期待着某种坚硬东西再次降临的那一天。

尼尔·史密斯

---

① 出自《共产党宣言》,载《马克思恩格斯选集》第1卷,人民出版社2021年版,第403页。

目　录

导　言 ··· 1

第一章　自然的意识形态 ··· 12
第一节　科学中的自然 ·· 16
第二节　诗意的自然——美国景观 ···························· 22
第三节　马克思与自然 ·· 40
　自然与社会 ·· 42
　自然与乌托邦 ··· 47
　哲学与政治：对施密特的批判 ································ 52
第四节　支配自然？ ··· 63

第二章　自然的生产 ··· 69
第一节　生产一般 ·· 74
第二节　为交换而进行的生产 ··································· 82
第三节　资本主义生产 ·· 93
第四节　结论 ·· 113

第三章　空间的生产 ··· 122
第一节　空间与自然 ··· 124
第二节　空间与历史 ··· 143
第三节　空间与资本 ··· 148

作为商品的空间·· 148
　　空间的当代史·· 152
　第四节　空间的生产与马克思主义理论············· 163
　　列斐伏尔·· 163
　　马克思、卢森堡和列宁······································ 167

第四章　试论不平衡发展理论（一）：地理分化与均等的
　　　　辩证法·· 175
　第一节　分化趋势·· 179
　　分化的自然基础·· 179
　　分化与劳动分工·· 188
　第二节　均等趋势·· 200
　第三节　资本的积累、积聚和集中······················ 208
　第四节　积累的节奏·· 217

第五章　试论不平衡发展理论（二）：空间尺度和资本的
　　　　跷跷板·· 228
　第一节　空间均衡的可能性·································· 228
　第二节　资本的空间尺度······································ 235
　　城市尺度·· 236
　　全球尺度·· 241
　　民族-国家尺度·· 245
　第三节　不平衡发展的跷跷板理论······················ 254
　第四节　结论·· 261

第六章　结论：资本的重组？·································· 265

第二版后记·· 272

第一节	深度空间和魔鬼地理学	272
第二节	物质的和隐喻的空间	281
第三节	尺度的生产	287
第四节	历史的终结还是地理学的开始？	297

第三版后记 304

第一节	自然-清洗与自然的生产	309
第二节	不平衡发展：平坦的世界，不可能的世界	318
第三节	地缘经济学的兴起	328

参考文献 337

索　引 353

译者后记 381

导　　言

　　本书讨论的是政治的地理学和地理的政治学。它试图考察两种知识学传统，而直到最近，这两种传统都不怎么懂得互相取长补短。如果本书的内容和表述是理论性的，那么它的动机则是相当直接的。随着资本的活动，过去二十多年所发生的地理空间重组比之前任何时候都要剧烈，在观察当下世界的时候，我们再也不能无视这一事实。去工业化（deindustrialization）及地区性萧条、城市绅士化与超大都市的发展、第三世界工业化及新的国际劳动分工、民族主义强化与新的地缘战争等等，这些并非是一些孤立的现象，而是资本主义更加深刻的地理转型的征兆。就其基本任务而言，本书的目标就是要在理论上揭示驱动这种地理空间重组的理论逻辑。

　　第一种传统是学院派地理学传统，它给我们提供关于地理空间和环境的正统概念，以及地球表面上的空间关系的相关分析。由于受新康德历史主义学派的长期催眠，学院地理学在20世纪60年代更换了其在18世纪时的那块门面，而代之以反历史的、更为彻底的实证主义特征。尽管也受到了一些挑战，但那些建立在绝对空间（absolute space）上的抽象观念仍然支配着这种传统。空间（以及时间）被视为一个现实世界的坐标，一个场域，一种无限、普遍而又不变的盒子，而物质性的事件就发生在这个盒子里。所以，在这一传统看来，除非受到最普遍的物理规律和力量的作用，否则空间是没有理由发生变更的：人类活动不会重构空间；它只在空间中重新安置物体。透过这种哲学透镜，空间重组（restructuring of space）的迹象只能被视作在毫无关联的各级空间上所发生的诸多毫无联系的过程，其原因和结果自然也同样毫无瓜葛。这种透镜太过粗糙，因此，真正的模式只能被折射在它的碎片当中。

第二种传统是对资本主义社会的政治分析。同地理学传统相比，马克思主义理论明显具有历史性传统，这也是它的众多优势之一。马克思主义试图阐明，一个社会当中特定时期的具体经济、政治和社会结构，是由具体的偶发过程历史地形成的，而不是什么假想的普遍性力量（如人的本性）造成的。不仅竞争、市场、经济增长、利润动机都是历史上的偶发现象，而且连它们所采取的形式也都会随着资本主义的历史本身而发展变化。马克思主义的另一大优势是它看问题的关系性视角，它把资本主义社会视为某种严密（coherent）（并非总是和谐一致）的整体，而不是由各种碎片粘连而成的混合体。这些优点使得马克思主义传统对当代资本主义社会的重构格外敏感。但正是在这种历史敏感性上的所得，导致其在地理敏感性上的所失。原因或许在于，尽管它坚持历史方法，但同样倾向于认同那种传统的认为空间与社会没有关联的资产阶级观念。只有在涉及对城乡分离、国际团结的必要性等问题进行分析的特殊情况下，马克思主义传统才挣脱了这种资产阶级空间观念的束缚。所以，尽管这种传统拥有某些透视当代地理空间重组的理论资源，但它始终还是欠缺必要的地理敏感性。

为更加充分地把握地理空间的重组，一些研究者开始致力于推动地理学与马克思主义两种传统的融合①。总体而言，这一努力的焦点建立在如下几个问题之上：什么是资本主义的地理学？资本主义社会空间的具体模式和过程的特征是什么，以及它们如何随着资本主义的发展而进一步变化？围绕这一焦点的探索推动着两种传统都发生了重大的进展。就地理学而言，它促使哲学透镜将历史作为其焦点，从而全面打开了一个崭新的世界，在其中人类社会创造着他们自己的地理。就马克思主义而言，它获得了双重的机遇，既能把马克思主义的有效性拓展到地理领域，同时又能深化马克思主义理论自身，由此，社会景观的自然和空间基础都可以从马克思主义理论之内获得解释。

围绕资本主义地理学已经展开的大量研究都在详尽地考察不平衡发展的过程，这已渐成趋势甚至是一种时尚，但正是因为过于时髦，所以它才像所有流行事物那样很快地走向浅薄。例如，我们会发现，地理学家宁肯把不平衡发展视为一种普遍的和非历史的过程，而不愿将其看作是平衡发展的永远不可能性的必然结

---

① 一个早期例证，参看：David Harvey, *Social Justice and the City* (London, 1973)。并参看：Henri Lefebvre, *The Survival of Capitalism* (London, 1976); David Harvey, *The Limits to Capital* (Oxford, 1982); M. Arglietta, *A Theory of Capitalist Regulation* (London, 1979); Nigel Harris, *Of Bread and Guns: The World Economy in Crisis* (Harmondsworth, 1983); J. Carney, R. Hudson, and J. Lewis (eds) *Region in Crisis: New Perspectives in European Regional Theory* (London, 1980); Michael Dunford and Dians Perrons, *The Arena of Capital* (London, 1983).

果，这就是常说的，"任何事物的发展都是不平衡的"。更让人不解的是，尽管具备敏锐的历史眼光，马克思主义者也同样表现出这种浅薄。因为不平衡发展对于资本主义的拓展而言太重要了，所以它反而被人简化为一种常识，成为一个尽人皆知的口头禅和到处被拿来应景的万金油。不平衡发展是资本主义地理的标志性特征，这个要点不仅仅是说资本主义不能平衡发展，即由于偶然和意外的因素，资本主义地理发展呈现出某种脱离一般平衡过程的随机性倾向，而主要是指，资本主义的不平衡发展是结构上的、而不是统计学意义上的。由此造成的地理模式对资本主义来说具有完全的决定性意义（而不是决定论）并由此是独特的。我试图表明，就其最基本的含义来说，不平衡发展正是对资本构成和结构所固有矛盾的系统性地理表达。

占据了地理学和政治学这两种传统所交叠的立场之后，不平衡地理发展理论就能为我们提供一个方便的法门，从而判定资本主义地理学的具体特征。循此种方式进行讨论，不平衡发展的基本问题就是关于地理学的。但是，我们不能一头扎进对不平衡发展逻辑的深入考察当中，而无视我们可能在更深层次上所遭遇到的风险。这不单是资本主义对地理造成何种影响的问题，更是地理如何为资本主义效劳的问题。因此，除了基本的地理学问题之外，不平衡发展理论同样也关乎政治学：景观的地理构型如何帮助资本主义获得了幸存？因此，以马克思主义观点视之，这不但是一个提升马克思主义理论高度和增强其有效性的问题，更是一个对20世纪资本主义何以幸存提供开拓性的全新解释的问题。就地理学传统来看，今天，尤其是对美国那些迫不及待地寻找一切商业机会的人来说，结果居然是戏剧性的。流行的地理学洞见是：我们生活在一个日益压缩的世界当中，精良而又廉价的交通系统削弱了地理空间及其分化的重要性，传统的地区身份正被抹平，一言以蔽之，我们已经摆脱了地理的限制。在对不平衡发展理论进行追溯之际，我想指出的是，不论流行洞见包含了怎样的真知灼见（偏见），真理却在其反面。地理空间已史无前例地被提上了政治和经济议程。"历史所占据的地理枢纽"这一思想比麦金德当年所能设想到的更具有现代性内涵，也更为深刻。①

不平衡发展思想继承了马克思主义的理论遗产。在着手进行当前的这项研究之前，有必要对目前的分析中与所谓的不平衡发展"规律"相吻合的那些方面加以说明。恩斯特·曼德尔坚持对不平衡（以及综合）发展思想进行独特的马克思主义谱系学考察，他认为对于不平衡发展的起源问题，没有其他的马克思主义解释能像马克思本人著作中的思想那样在资产阶级当中获得如

---

① 麦金德（Halford J. Mackinder，1862—1947），英国地理学家，代表作《历史的地理枢纽》。Halford J. Macinder, "The Geographical Pivot of History," *Geographical Journal* 23 (1904), 421-37. 麦金德：《历史的地理枢纽》，林尔蔚等译，商务印书馆1985年版。——译者注

* 布热津斯基在其名著《大棋局》及《大抉择》中，继承并发扬了地缘政治学鼻祖麦金德于《历史的地理枢纽》中阐发的地缘政治思想，明确提出亚欧大陆是最重要的地缘政治中心的观点，认为美国要继续保持世界领导地位，必须控制亚欧大陆，尤其是"全球的巴尔干地区"。——译者注

此广泛的影响和传播。① 此论不乏真知灼见，但也有夸大之嫌。不过，在马克思主义传统之内，这种（不平衡发展）思想确实没有得到很好的推进，它在1920年代托洛茨基同斯大林的政治斗争，特别是关于国际主义同"一国建设社会主义"的争论当中凸现出来。在这种语境中，不平衡发展是一种政治概念，指阶级斗争的不平衡发展以及反对世界资本主义斗争的不平衡。同20世纪马克思主义的其他思想方面一样，在斯大林时期所形成的这种解决争论的方式在后来压抑了对不平衡发展进程的其他思考。

事实上，作为一种具体过程的不平衡发展问题最初在列宁那里得到了颇具深度的讨论，他试图在经济和地理上为这种过程进行初步概括。尽管他在后来的分析中不时地论及这一问题，但其早期富有启发性的工作并未得到完善。② 1905年革命后，不平衡发展思想作为一个直接的政治问题被阐发出来，这就是在经济发展比较落后、农民数量超过工人阶级并且尚在形成的资产阶级的力量十分弱小的国家，能否进行社会主义革命。托洛茨基在同斯大林的政治斗争中所发现并重新界定的正是这一概念，所以，今天我们所谈论的"不平衡与综合发展律"（law of uneven and combined development）就显然源于托洛茨基这一传统。托洛茨

---

① Ernest Mandel, *Trotsky: A Study in the Dynamic of His Thought* (London, 1979), 34.

② 参看列宁：《俄国资本主义的发展》，载《列宁全集》第3卷，人民出版社1984年版；《帝国主义是资本主义发展的最高阶段》，载《列宁选集》第2卷，人民出版社1995年版。

基的惨败导致这一概念的经济与地理内涵在后来被彻底清除,从而陷入混乱。但由于这一概念与托洛茨基的不断革命论(permanent revolution)相关联,从而能作为一个政治术语在托派运动中幸存下来,用以描述阶级关系的发展状态和分析革命形势。①

如果说人们在过去的十多年中对不平衡发展问题的关注与这种经典马克思主义遗产具有某种关联的话,那么这种关注更多的则是1960年代之后马克思主义研究兴趣的广泛兴起,以及对现实过程的地理敏感性普遍增强的结果。而如果说这一(不平衡发展)过程的结构及其重要性在八十多年之前尚未被识别出来,那是因为直到那时以后,资本积累的地理模式才发生急剧的变化。在狭义上,本书所指称的不平衡发展,实际上是一个20世纪才出现的现象。因此,对不平衡发展理论(有别于规律)的追溯,除了地理学与政治学传统之间的对话之外,还要涉及另一种对话,即它同样需要在对19世纪以来的资本主义所进行的理论分析与走向20世纪尽头的现实资本主义之间展开一次历史性的对话。

不平衡发展的逻辑十分特别,它来自于资本主义所内在的两种对立趋势,即生产水平与条件在造成分化的同时朝向均等发展。资本被持续地投入到建成环境(built environment)当中,以便获得剩余价值并扩张资本自身的基础。但资本同样不断地从建成环境中撤出,从而向别处移动以攫取更高的利润回报。生产

---

① 例如,可参看 Michael Lowy, *The Politics of Combined and Uneven Development* (London, 1981) 一书中以当代的眼光对其政治观点的重述以及饱含赞扬的重申。——译者注

资本的物质形态的相对固定性对于不停流动的价值资本而言，仅仅或远非是一种必需。这样一来，我们就能把资本主义的不平衡发展视为使用价值与交换价值这一资本主义更为基本的矛盾在地理上的表现。

导致这种景观的模式是显而易见的：一极发达而另一极不发达（under-development）。这种现象在多种空间尺度上都会发生。依附理论（dependency theory）、中心-外围理论以及各种不发达（欠发展）理论都关注到了这种过程。但是，他们关注的焦点却仅仅集中在了全球这一空间尺度上，而且不平衡发展的地理学维度并没有被充分挖掘出来。简言之，他们未能提供一个有效地理解资本主义地理学的理论框架。或许，让我们感到意外的是，理解地理学的障碍主要不是因为我们忽视了资本的作用，而是我们普遍具有的那种对待空间的根深蒂固的偏见。不平衡发展理论必然要在各种尺度上考察空间与社会过程，然而我们把空间要么视为一种活动场所、要么看作是一种容器的流俗之见，导致我们很难摆脱那种空间与社会机械统一的观念，即空间被视为社会的"反映"。因此，这就需要从根本上转换视角。因为，尽管作为理论工作者的我们在概念上实现空间与社会的统一存在着极端的困难，然而资本却显然已经在日常实践层面上实现了这种统一。其结果便是资本依自己形象而实现的空间的生产，故而，对这一思想的探讨将有助于不平衡发展理论对空间与社会的统一问题达到更全面的认知，其理由在于，资本不只是一般地生产空间，它还在现实中生产出那些能把不平衡发展连贯起来的空间尺度。

实际上，空间的生产立足于一种更为基础的生产过程之中，

导　言

这一过程听起来更具有堂吉诃德的味道，它撼动着我们对那些不证自明之物不假思索地予以接受的传统。自然的生产不仅为我们讨论资本主义的不平衡发展提供了一个哲学基础，而且，它事实上还是这种（资本主义）生产方式的真实结果。自然的生产这一思想对我们的触动如此之大，原因在于它决然而又公然地反驳和抛弃了那种认为自然与社会相互分离的传统而又神圣的观念。我们习惯上认为自然是纯洁的，先于、外在于社会的，或者将其视为一种宏大的宇宙，人类在其中只不过是些渺小而简单的边角料。但是，我们的这些观念同样跟不上现实的发展。正是资本主义迫不及待、趾高气扬而非羞羞答答地挑战着那种自然与社会分离的认识。

资本为持续地积累并控制更大规模的社会财富，总会改变整个世界的面貌。上帝不会留下一块没有用的石头，不存在任何未被改变的原初的自然关系，也没有哪种生物从未受过干扰。在此意义上，自然、空间和不平衡发展问题被资本绑在了一起。不平衡发展是资本主义条件之下自然生产的具体过程和方式，这在我们讨论自然的生产那一部分时会被更加明显地揭示出来，在某种程度上，我们将会把该部分的讨论还原为对使用价值、价值和交换价值的讨论。我不打算为这种观察视角上的人类中心主义倾向而道歉：随着资本主义的发展，人类社会被置于自然界的中心，我们只有首先承认这一现实，才能恰当地解决由此造成的问题。

本书的论证过程还是一目了然的。讨论完自然的意识形态（第一章）之后，我随即对另一种可能的自然关系观念展开了初步探讨，集中关注自然的生产（第二章）。如果说这前两章的内容有些抽象或与主题不太相干,这或许部分是因为我们一直习惯于自然与社会的二分法,我希望这不会让读者感到气馁。在第三章,我讨论了自然与空间的关系,并追索出导致资本进行空间生产的强大动力。第四章主要讨论均等与分化的基本过程,以及它们同资本积累和循环的关联,这将为专门讨论不平衡发展一般理论的第五章奠定最终的基础。第五章的论述主要以前几章在空间和自然问题上得出的相关结论为基础,同样也运用了马克思关于资本主义的相关分析。因为,如果大家能利用马克思的相关分析(尤其是《资本论》)中所蕴含的空间维度和意义,那么不平衡发展理论的基础就是现成的。这样,我们在分析的时候就会先从更一般的哲学范畴开始,同时在它们能胜任于不平衡发展的实际研究之前,还须对其进行必要的整理。

在展开不平衡发展理论的过程中,我将遵循马克思所运用的逻辑与历史相统一的方法。在《资本论》中,马克思曾经"假定,资本主义生产方式的一般规律是以纯粹的形式展开的。实际上始终只存在着近似的情况;但是,资本主义生产方式越是发展,它同以前的经济状态的残余物混杂不清的情况越是被消除,这种近似的程度也就越大"。[①] 易言之,这种假设绝非是一种毫无根据的抽象,而是在历史上实际发生着的;这种假设"表示上述过程的极限,……越来越接近于现实情况的正确表述"。[②]

[①] 《资本论》第3卷,载《马克思恩格斯全集》第46卷,人民出版社2003年版,第195—196页。
[②] 《剩余价值理论》第1卷,载《马克思恩格斯全集》第26卷第Ⅰ册,人民出版社1975年版,第442页。

不论是继承自封建主义所形成的历史遗留，还是来自一种理想的存在，资本主义的不平衡发展——不论是在其地理景观上还是作为资本的一种内在要求——在今天都表现得格外醒目。本书就是试图对不平衡发展得以产生的那些过程进行理论分析。

第一章　自然的意识形态

除了其他可被我们辨认的经验之外，工业资本主义的出现也使我们能够形成对自然的当代观点和视野。不管是对于辩护者还是对于诋毁者来说，由工业资本主义引发的全球性自然变化主导着人们对自然的物质和智力消费。这一经验打碎了那些关于自然的不合时宜的陈腐观念，并促成新观念的产生。不论是出于敬畏而把它当作人类进步的手段，还是出于恐惧而将其视为一种大难临头的神秘警告，对自然的支配都是被广泛承认的事实。一方面，有人预料"对自然的全面控制将不再遥不可及"，而同时，另一些人则提醒人们，人类社会正沦为与"自然界的敲诈者"[①]无异。然而，在上述所有人看来，对自然的社会控制都是既定的，尽管人们对这种控制的程度看法不一，对这种目的的道德性质争吵不休。

尽管存在这种核心性的经验，但就个体以及作为整体的社会的日常生活层面而言，我们当下关于自然的观念既不简单，而且也绝不仅仅是对自然的社会经验的最近反映。就像树木每年都会增加一层年轮一样，关于自然的社会概念在历史进程中累积了无

[①] Earl Finbar Murphy, *Governing Nature* (Chicago, 1967), 11; Max Horkheim and Theodor Adorno, *Dialectic of Enlightenment* (New York, 1972).

第一章 自然的意识形态

数层次的意义。正如我们需要把树伐倒才能展示这些年轮——然后木料被送往木材厂以加工成人类所需要的木制品———一样,这些被累积下来的关于自然的意义也已被工业资本主义剥开,并进而被塑造和重构为现时代所需要的那种自然概念。关于自然的旧有概念不是消失了,而是被重构了,以服务于当下的目的。因此,尽管在自然体验中还存在着某种基础知识,然而,自然概念却是极其复杂而又时常充满矛盾的。自然是物质的、精神的、给定的和人造的,是纯洁的和未玷污的;自然既是有序的又是混乱的,既是神圣的又是世俗的,既是被支配的又是必胜的;自然既是总体又是碎片,既是女人又是物体,既是有机的又是机械的。自然既是上帝的恩赐,又是自我进化的结果;既是独立于历史之外的普遍世界,又是历史的产物;既是随机的又是被设计的,既是荒野又是家园。我们刚才所列的这些自然观念,在今天都依然持续存在着,但即便如此复杂,它们却依旧可以被归序为一种本质的二元论,这种二元论支配着人们的自然观念。

一方面,自然是一种外部存在,某种超出人类物体之外的物的王国,以及存在于社会之外的过程。外在自然是纯朴的,上帝给予的,自发的;它是供建设人类社会而被拿来加工的原料,是被工业资本主义不断加以吞噬的前沿阵地。像树木和石头、河流和瀑布等等,是有待被内化于社会生产过程之中的外在自然。而另一方面,自然早已被明确视为一种普遍存在;除了外在自然,我们还有人性自然,表示人类及其社会行为恰如外在自然界所表现的那样是天然的。因此,生态学对于人类社会的观点是把人类看成自然界总体当中的普通一员。同那种认为自然是一种外部存在的观点截然不同,视自然为一种普遍存在的观点把人性与非人性尽纳于自然之内。外部存在的自然与普遍存在的自然无法完全和解,因为自然在被把握为人类之外的存在的同时,又被宣称既是外在的又是内在的。

这种概念上的二元对立并不是绝对的。不论这些关于自然的观念之间多么相互矛盾,它们在实质上都不是毫不相干的,而且都会在实践中产生困惑。二元论的历史根源可以直接追溯到康德,尽管这些根源也散见于整个犹太-基督教式的知识传统当中。康德区分了几种"自然",但是(对我们此处的讨论格外重要且在历史上的影响或许是最为深远的是)他重点区分了内在自然与外在自然。人类的内在自然包括其天然的情感,而外在自然则是人类所生活于其中的社会与物质环境。在此意义上,这种区分是康德所坚持的认识系统强行导致的结果,而且重要的是,在这种二元论的区分当中,人类思维根本没有出现。对康德而言,思维是克服二元论的最终手段:个体的认知思维在大脑中把自然体悟为一个整体;而对整个人类而言,思维在克服人类内部存在与外在自然当中发挥着某种文化功能[1]。所以,滥觞于康德的这种二元论引发了或者至少隐含了其他那些在今天听来依旧十分耳熟的二元对立的概念:思维与自然,文化和自然。当代资产阶级关于自然的意识形态便是建立在这些由康德所推动的哲学二分法之上的。他关于内在与外在自然的二分,使得我们直到今天在直觉

---

[1] Yirmiahu Yovel, *Kant and the Philosophy of History* (Priceton, 1980), 181. R. G. Collingwood, *The Idea of Nature* (London, 1946), 116-120. 并参看柯林武德:《自然的观念》,吴国盛、柯映红译,华夏出版社1999年版。

上认为它们依旧是正确的。如果说在这种二分法和关于自然的外在与普遍的二元论之间存在什么区别的话，那便是这种二分法在直觉上具有更直接的吸引力。

自然这一主题，不论是现实的还是概念上的，都贯穿于西方的整个思想结构当中。对到康德为止的重要自然观念的发展进行一番综述将是一项庞大的工作①，要对过去两个世纪以来的自然观念进行梳理，也是一项繁重的任务。因为，在这期间，同自然的社会关系发生了史无前例的重大变迁。与此并行的是，关于自然的许多旧有概念已经老化为历史博物馆里的化石碎片，而同时，其他相对晦涩的概念急剧出现。正是在这个短暂的历史时期，康德所固有的那种二元论已经具体化为资产阶级自然意识形态的支柱。鉴于这项任务如此巨大，在本章中我们将无法对该意识形态的历史发展过程展开详尽的探讨。在此，我们只能通过对体验和定义自然的两种特殊模式进行考察来对自然概念中的意识形态进行考证：一种是科学的理解；另一种是——出于表达需要，我们将其称为——诗意的理解。此举绝非是为了寻求圆满而找到的借口，在任何情况下，我们的处理方式都是选择性的，因为我们的目的是为了例证，而不是对资产阶级的自然意识形态进行确证。最后，我们将考察作为资产阶级观念的主要替代者即马克思主义是如何对待自然的。

---

① 关于这一点，请参看克拉伦斯·格拉肯（Clarence Glacken）的具有决定意义的著作《罗得岛海岸的痕迹：从古代到十八世纪末西方思想中的自然与文化》，梅小侃译，商务印书馆2017年版。该书从一种特殊的地理学视角入手把自然概念的历史看作是从古代到18世纪的历史。——译者注

第一节　科学中的自然

把现代科学的源头追溯到培根和 17 世纪早期是通行的做法。培根因其热情宣扬支配自然而广为人知。培根论证到，对自然的支配是由上帝批准的，而在伊甸园中发生的堕落导致这种支配成为必然。如果清白已永远丧失，那么通过人对自然的有效统治，"人与自然"之间就能重新达成某种和谐与平衡。对自然的支配要通过"技艺"（mechanical arts），而技艺反过来则要通过对"自然的探究"方能得到发展。只有通过"不断地深入钻研人类思想中的自然知识"，人类才能完善驾驭自然的手段，人要命令自然，就须首先遵从"她"。这样，培根毕生都致力于建立一套能够进行系统性科学研究的基本方法，这种想法主要体现在他的不朽名著《新大西岛》[1] 当中，但培根终其一生都未能将其付诸实践[2]。

培根的描述及其所传达的那些思想大部分都被吸收进我们的语言和科学观念当中，以至于对其原创性不能盖棺论定。尽管如此，培根的自然观明显外在于人类社会，自然只是供人驾驭和操

---

[1] 培根：《新大西岛》，何新译，商务印书馆 2012 年版。
[2] Benjamin Farrington, *Francis Bacon: Philosopher of Industrial Science* (New York, 1961); Paulo Rossi, *Francis Bacon: From Magic to Science* (London, 1968); William Leiss, *The Domination of Nature* (Boston, 1974), ch. 3. 威廉·莱斯《自然的控制》，岳长龄、李建华译，重庆出版社 1993 年版。

纵的对象。至少与此前的自然观相比，培根关于人同自然的关系的观点乃是机械的而非有机的。作为人类活动的领域，社会被从自然当中分化出来，以便通过对社会的预先管理，来实现对自然的控制。当然，作为英国的勋爵，培根并没有遗忘支配自然所带来的政治利益，他不仅确认了自然的外在性，而且当他发现了科学当中所蕴藏的那种控制社会的潜力之后，他预料到了康德那种对自然进行内在与外在的区分：

> 知识具有减少人与人之间产生的麻烦和减轻来自自然的强制（远远低于前者）两个方面的优点……但（因为人）充满了野蛮与愚昧的要求，充满了利益、淫欲、报复，而只要他们听从告诫、法律、宗教、愉快地领悟书籍、讲演与训教的言词和劝告，那么，社会就能保持安宁；但是如果这些手段是无声的，或者暴乱和骚动使他们听不到这些东西，那么所有的事情就成了无秩序的和一团混乱。①

科学研究同样能够提供一些手段，用于驾驭人的本性，控制人类原始情感、贪欲和欲望所造成的不良后果。

因而，科学的方法及程序通过对社会领域中的事件和对象进行审查，以及社会领域中的科学自身的活动，建立起一种绝对抽象的统治，科学因此在以上意义上把自然视为外在的，这在培根以后已成为一种常识。在牛顿那些允许上帝在自然宇宙中留有一席之地的原理中，社会和人类个体早已被排除在这个世界之外。

---

① "Of the Proficience and Advancement of Learing, Divine and Humane", 转引自 William Leiss, *The Domination of Nature* (Boston, 1974), 56-57。

当牛顿观察苹果坠落的时候，他并不问及诸如果树种植、花园设计以及描述苹果下落的精确位置等社会力量和事件。他也不关心赋予苹果以形式的果树驯化问题。相反，他问的是"自然"事件，这种事件是从社会语境中抽象出来而得到界定的。就如同爱因斯坦相对论的直接对象是原子和亚原子粒子一样，这是一个甚至人类直接经验尚无法触及的世界。其结果可想而知，这便是物质事件被泛化到社会层面，就像牛顿的万有引力定律不仅适用于苹果也适用于人体一样，但在这两个例子中，社会产物和事件所例证的只是作为自然现象而非作为社会现象而存在的科学原则。不论是例证万有引力定律还是相对论，下落物（人）体的社会定义和语境都不会对其造成任何影响。

把自然作为外部对象来定义既不是随意的，也非偶然的。尽管工业同科学方法之间的联系在今天多少已有些模糊，但这种联系在培根那里却呈现得格外清晰。在劳动过程中，人类把自然材料视为须由劳动加工成商品的外部对象，生产者将技艺加入自己和劳动产品之间，以提高劳动过程的生产力，同样，如果科学想成为推动这些技艺进步的有效手段，那它也必须把自然视为外在的对象。建立在新教道德逻辑基础上的"科学"或许带来了诸多益处，但这种道德逻辑本身对于发展技艺起的作用却微不足道。近一个世纪之后，牛顿确证了在科学和"技能实践"之间同样存在这种直接的关系[1]。今天，科学已不再像过去那样全都

---

[1] 例如，"几何学立足于机器实践，它无非是宇宙机器的一个组成部分，这架机器精准地提出并证明测量的工艺"，转引自 Max Jammer, *Concepts of Space* (Cambridge, Mass., 1969), 96。

第一章 自然的意识形态

同生产活动直接挂钩，而是成为一种日趋重要的、具有独立过程和逻辑的社会体制。如果，通过大规模的工业实验室，科学已史无前例地同工业资本主义牢牢嵌在一起，那么，同样，它依旧可以通过纯粹的研究中心而摆脱直接的生产需要并获得一些独立性。但这里的问题在于，不论科学与工业的联系有多么紧密，它都分享着培根和牛顿的那种视自然为外在的认识论假设，这种自然在理论中被对象化，如同它在劳动过程的实践中被对象化一样。

但在现代科学传统中，自然不只是外在的，它同时也是普遍的。在早期传统中，这种统一和普遍来自于宗教，而今天它则来自于世俗基础。对培根而言，科学身上所披的宗教外衣不是一种出于政治动机的额外之举，而是科学研究的必要构件。培根接受了圣经对"创造"的解释，即便自然的和谐统一被人在伊甸园中的堕落打破了，这种破裂也只是局部和暂时的。借助于科学和对自然的掌控，人类能够恢复自然的和谐，完成上帝的旨意，在此意义上，科学成为了一种神圣的事业。不管培根如何把外部自然从社会领域中分离出去，他都坚持认为"自然的"和"人工的"物体具有同样的形式和本质，所不同的只是它们的直接起因[①]。如果自然和形式的等式不存在了，那么自然和本质的等式则成为我们当代语言和思想的关键。当我们说某个物体或事件的"自然"时，我们是指其本质，即隐藏于外表背后的东西。所有的现象，不论社会的抑或自然的，都具有某种本质，在这里，自

---

① Paulo Rossi, *Francis Bacon: From Magic to Science* (London, 1968), 26.

然就是普遍的。

在牛顿那里，自然的普遍性还包含着对自然法则普遍性的某种清晰的物理解释，但同培根一样，牛顿关于普遍自然的观点是建立在宗教戒律基础上的。牛顿反对早先的空间和物质观念，借助于绝对空间这一概念（直至今日，它仍左右着我们对空间的常识性理解），他打开了把时空而非物质作为自然基本要素的可能性。宗教和哲学领域的批评对牛顿形成了压力，使得他最终将绝对空间等同于上帝，而且直至其生命的终点，他都坚持他的所有物理发现都从属于其绝对空间的哲学概念。如果物体的运动是完全受控制的，那么，按照物理法则，它们运动所在的空间就是上帝无所不在的证明。由此我们可以推定，与自然相关的意识形态也必将是空间的意识形态[1]。

现代科学同样持有普遍自然的观念，但在基调上不再是宗教的了。从达尔文开始，把生物学视为系统性而非偶然性的历史问题就已成为一种传统。人类不过是这个系统的一部分而已。由此，达尔文就为把社会现象同样也可作为化学直至物理问题来处理奠定了科学基础。尽管不能被埋没，但达尔文在生物学上的一些关键洞见，是从19世纪的政治经济学中挪用来的。现在，那些运用而且经常是滥用达尔文的人正打算把达尔文的见解重新运回社会领域。最近且最绞尽脑汁的当属社会学，社会学学者声称应通过借鉴生物学来解释个体和社会行为的错综复杂性。社会应成为

---

[1] 对牛顿的有趣的讨论可参看 Max Jammer, *Concepts of Space* (Cambridge, Mass., 1969), chap. 4。关于空间与物质之间的关系这个问题在本书第三章将会重新提起并以更加详细地方式处理。

第一章 自然的意识形态

一个生物学工艺品①。这种生物学还原论并未得到大多数生物学家的认可，然而这不是问题的焦点。这种观点实际是以生物学为关键支点的普遍自然观。人类自然仅仅是生物自然的子集而已。

有更多的例子表明，大多数科学家的物理学理论中夹杂着这种普遍自然观。根据这种观念，物理世界才是自然的基础，而非生物界。尽管随着爱因斯坦对牛顿的反驳和量子理论的兴起，围绕着到底是时空还是物质才是物理事件的要素产生了争论，但不管如何回答这一问题，这种观念都是要么直接地要么借助化学把生物事件还原为物理事件。公允地说，这种关于物理自然的普遍性看法已被广为接受。从根本上说，自然的材料就是物质，就其"本质"而言，自然是物质的。为心理行为寻找生理学解释的尝试证实了这种观点。物理学家卡尔·弗里德里希·冯·魏茨泽克（Carl Friedrich Freiherr von Weizsäcker）的一篇论文曾为我们绘制了一副自然一体化的乐观画面。他说，物理学理应成为描绘自然统一体的科学。要理解这种统一，需要三个基本的步骤。第一，有机自然和无机自然都须还原为物理学，这便是关于生物体的物理学理论；第二，必须通过人类进化理论将人类基因植入自然；第三，是需要一种以控制论为先导的人类行为物理理论②。018 尽管魏茨泽克并不是个实证主义者，但此处他昭然若揭地成为实证主义更宏伟规划（这种规划过去还只是隐忍不发）的代言人。

---

① Edward Wilson, *Sociobiology* (Cambridge, Mass., 1975); *On Human Nature* (Cambridge, Mass., 1978); Arthur Caplan, *The Sociobiology Debate* (New York, 1978).

② Carl Friedrich Von Weizsacker, *The Unity of Nature* (New York, 1980), 6-7.

他在坚称自然统一的同时，也接受了自然的分裂，当他描述其第二个步骤的同时也将人同自然对立起来。自然是外在于人的，即它不是人的，同时它又既是自然也是人。在魏茨泽克那里同样存在着两种自然：一种外在于人，一种囊括人。

第二节 诗意的自然——美国景观

在其研究美国景观的颇有影响的著作的结尾，亨利·纳什·史密斯[①]写道："资本在美国的农村传统中所遭遇的困难，起因于它接受了关于自然和文明的一对相互矛盾的观念，将其作为历史性解释和社会性解释所遵循的一般原则。"自然，尤其是在地理景观中所体现出的自然，用史密斯的话来说，成为19世纪美国的统治符号或形象。不论是野外还是家园，原始的还是田园牧歌式的，景观形象都内嵌着美国未来的希望和前景。正如列奥·马克思[②]所言，这种富于文化神秘色彩的物质景观中所嵌入的诗情画意，正是19世纪美国的精神（moral）地理学。在某种程度上，这种精神地理学独具美国特色，因为在那些地方出现的自然与"文明"之间的矛盾比旧世界更为突出。早期资本主义所激发的进步愿望曾经且持续地被正在形成中的社会形式解放出

[①] 亨利·纳什·史密斯（Henry Nash Smith, 1906—1986）美国文化学家与文学家，美国学的奠基人之一。——译者注

[②] 列奥·马克思（Leo Marx, 1919—2022）美国麻省理工学院教授，美国学重要代表之一。代表作 *The Machine in the Garden*（NewYork, 1964）。——译者注

第一章 自然的意识形态

来，然而却迎头碰上地理自然所带来的障碍，这种自然障碍比腐朽的封建主义更难克服。在美国，因为既有制度匮乏，"人类与物质环境之间的关系更具有决定意义"。① 在旧世界当中居于支配地位的那些社会符号能够从历史当中汲取力量和合法性，而新世界的那些符号却只能将自身投资于自然。

因此，如果自然是一个更加耀眼的社会符号，它在美国传统中体现得也更加明显，那么这并不意味着它的简单性。就其所具有的所有符号力量而言，自然形象的复杂程度难以名状。然而，我们依然能够对在美国向野外进军的地理征程中所生成的自然观念进行某些概述。除了对自然的科学体验之外，关于自然的诗意体验对我们今天习以为常的自然概念也产生了决定性的影响。这不仅符合美国的情况——无论在地理上还是在文化上，而且也符合旧世界的情况。首先，尽管同自然的遭遇特别突然，但它并不是美国的专利，而是工业资本主义兴起的结果。所以，不同国家在很大程度上都经历到了这种体验。其次，脱胎于旧世界的美国文化经验最终影响了旧世界。美国自然形象当中无疑掺杂着民族主义，但这种形象并非像土地那样被私有。从一开始，确切地说是从莎士比亚时代，美洲的自然形象在某种程度上可以说是欧洲的人造物。列奥·马克思说，"《暴风雨》中的地形地貌预示着

---

① Henri Nash Smith, *Virgin Land* (Cambridge, Mass., 1950), 260; Leo Marx, *The Machine in the Garden* (New York, 1964), 110.

美国精神地理学的想象"。而罗德里克·纳什①在更广泛的意义上指出，美国的自然形象"是对西方野外观念的深度反映"。②如果对上述看待自然的方式稍加考察，我们就可以发现这种诗意的自然观中同样存在着我们在科学的自然观中所能看到的那种将自然区分为外在和普遍的二元论。如同上述，我们将从外在自然开始分析。

1831年7月，青年亚历西斯·托克维尔③从欧洲出发，踏上了北美之旅，在游访了密歇根地区荒野之后，他对于美国的自然风景是如此描写的④：

> 我可以同意美国没有诗人的说法，但我不能接受美国人没有诗的意境的论断。欧洲人大谈美国是一片荒凉，而美国人自己却没有这样的感觉。无生命的大自然的奇观，未打动他们；他们周围的森林，可以说直到被伐光以后，才使他们

---

① 罗德里克·纳什（Roderick Nash, 1939—）是美国著名环境史学家、教育家、社会活动家。纳什一生最重要的著述之一就是《荒野与美国心灵》，该书系统梳理了美国荒野史的历史轨迹，提出了许多值得深思的历史洞见。该书被认为是美国荒野史研究的开山之作。——译者注

② Leo Marx, *The Machine in the Garden* (NewYork, 1964), 72; Roderick Nash, *Wilderness and the American Mind* (New Haven, 1967), 8. 关于自然与民族主义问题的研究，可参看 Perry Miller, *Nature's Nation* (Cambridge, Mass., 1967)。尤其是该书第一章论"美国人性格的形成"。

③ 亚历西斯·托克维尔（Alexis de Tocqueville, 1805—1859）是法国著名的政治思想家和历史学家。其代表作是《论美国的民主》以及《旧制度与大革命》。——译者注

④ Alexis de Tocqueville, *Democracy in America*, 2 volumes (New York, 1945), 2: 78. 并参看托克维尔：《论美国的民主》下卷，董果良译，商务印书馆1996年版，第596—597页。

感到壮丽。他们的注意力完全被另外一个景色吸引去了。当时，美国人只是一心要横越这片荒野：他们一边前进，一边排干沼泽、修整河道、开垦荒地和克服自然困难。他们自身绘出的这幅壮丽的图景，不仅逐渐地进入美国人的想象，而且可以说印在每个人的一举一动上，并成为引导他们智力活动前进的旗帜。

同样的主题在从清教时代到 19 世纪描写征服的文献中反复出现，并时常表现出强烈的地理特征。科顿·马瑟①笔下的马萨诸塞森林是龙、魔鬼和女巫以及"火光、腊蛇"神秘存在出没之所，逼真可信，然而不再是纯粹想象的产物而是纯洁的被想象之物，而散布在真实的事件上。尽管语言被净化、想象力减退，并且关注重点集中在了征服而不是被征服者上面，但是 19 世纪关于征服的文献对野外自然同样表现出反感情绪②。野外是文明的反题，它贫瘠、可怕，甚至邪恶，它是野蛮的发源地，也是自然的栖息地。野外与野蛮是一回事，它们是进步和文明征程中势必要加以克服的障碍。

这种反感的传统直接源自外在自然被切身体验到的那些领域本身。用纳什的话来说，在"城市荒野"或"城市新前沿"等这些当代术语当中，无论有心还是无意，同样反映出上述那种反

---

① 科顿·马瑟（Cotton Mather, 1663—1728），美国神学家。著有《基督教在北美的辉煌》（Magnalia Cristi Aericana, 1702）一书，该书是一部阐释清教主义和叙述北美殖民地历史的作品。——译者注

② Roderick Nash, *Wilderness and the American Mind* (New Haven, 1967), 28—43.

感情绪①。但当荒野被驯化之后,外在自然就不再让人感到那么咄咄逼人。对自然的砍伐为科学对自然更加缜密的分析所替代,好奇取代了恐怖。在对自然的艺术表现方面,一种特殊的自然油画的出现见证了上述转变,这种油画专门近距离地仔细描绘单个植物或动物物种,即所谓的自然研究。具有艺术细胞的科学家如亚历山大·洪堡②、弗里德里克·埃德温·丘吉③,以及 J. J. 奥杜班④等以植物、花朵和鸟儿为题所做的绘图、素描与油画,对这种研究传统有所贡献⑤。而这些对自然客体的专门研究又反过来推动了社会运动的更广泛发展,其影响力绝不亚于野外体验,只不过两者的内容相反。野外的边疆是充满敌意的,而被 19 世纪晚期的"回归自然"运动所尊崇的人性自然则极其友善。然而,不管敌意还是友善,自然都是外在的,它是一个需要被征服或回归的世界。

---

① Bass Warner, *The Urban Wildness* (New York, 1972) "城市边疆"与"城市拓荒者"这些比较时新的词汇是指内城的工人阶级社区被白人中产阶级职业人员所占领:邪恶与都市衰亡的黑暗弥漫由此被制服,而文明以社会进步的名义为所有人服务。这个比喻确切。
② 亚历山大·冯·洪堡 (Alexander von Humboldt, 1769—1859),德国著名的科学家、思想家、语言学家,与哥哥威廉·洪堡共同创建洪堡大学。——译者注
③ 弗里德里克·埃德温·丘吉 (Frederic Edwin Church, 1826—1900),美国自然风景画家。——译者注
④ J. J. 奥杜班 (J. J. Audubon, 1785—1851),美国鸟类学家与博物学者。——译者注
⑤ Barbara Novak, *Nature and Culture*: *American Landscape and Paining 1825—1875* (New York, 1980), 101—134.

第一章 自然的意识形态

"回归自然"运动不是边疆拓荒者而是都市人的回应:"对野性的观赏始于城市。第一批向强烈的反感倾向发出挑战的是舞文弄墨的文学绅士们,而不是挥舞斧头的拓荒者。"[1] 19世纪末,这些"文学绅士们"在《房子与家园》《女性之家杂志》《自然研究评论》《好管家》等流行刊物上撰文立说,从而把自然请进了郊区的画室当中。自然受到了驯养和净化,爬上了人们的咖啡桌,因此像一只家猫一样被人占有。通过一系列的活动(其中很多都是针对孩子们的),崇尚自然首先成为中产阶级、继而又成为其他美国城市居民不可或缺的生活方式(但与前者相比,后者受到更多限制)。到野外度假成为时尚,尤其是当摄影技术使得对野外美景的真实再现成为可能的时候;越野变得流行,夏令营活动带领城市中的学龄儿童走进各种原生态的自然环境当中。自然被带进了学校,社会改革人士还专门为贫民窟的孩子们设立到野外呼吸新鲜空气的救济基金,供他们郊游。通过在野外体验中培养孩子们的朴素情感、同志般的合作精神和个体主义,"童子军"训练营成为一种灌输市民价值的手段[2]。如今,美国的乡村俨然变成了城市的大操场,而且这种转变越来越快,但夏令营、"童子军"训练营以及季节性的狩猎依然如火如荼,每到周末,在这些大规模的"撤离城市"活动中,"回归自然"运动中所固有的那种自然观便在当代得到了表达。

19世纪末渗透于流行文化和活动中的那些东西,在更为封

---

[1] Roderick Nash, *Wilderness and the American Mind* (New Haven, 1967).
[2] Peter Shmitt, *Back to Nature* (NewYork, 1969).

闭的知识分子圈子当中早就十分明显地表现出来了。比如，19世纪的风景画家习惯上认为"自然与文明之间存在基本的对立，假设所有的美德、恬静和尊严都隶属于'自然'，她被大写并指涉女性；而文明则丑陋、肮脏、混乱，人们用一个简单的'它'就将其打发了"。随着托克维尔所游访的那些地方日趋减少，而铁路的发展则使人们能更方便地抵达这些地方，在自然与文明之间所做的上述区分必然在19世纪中叶产生普遍而深刻的影响。但是，正如具有敌意的荒野观念承担着社会功能一样，即，使得对自然的占领合法化，这种赋予自然以美德的观念同样发挥着社会功能。保守的历史学家乔治·莫瑞①就认为，对自然与户外的热情体现了一种生态乡愁，它"在政治上便捷地服务于美国的经济统治阶级"，以"培养乡村美德"②。

尽管在对自然的态度上，充满敌意和盲目崇拜这两种传统都将自然视为外在的，但是从边疆人粗陋的功利主义到回归原始自然中的那种精致的唯心主义，并不是一个简单的线性发展过程。那些对后一种自然观做出贡献的城市文学绅士从他们的前辈文学绅士和艺术家中受益良多，后者则是19世纪浪漫主义传统的奠基人。自然的普遍性而非外在性正是随着这一传统而变得格外显著起来。这些才华横溢的作家关于浪漫主义的作品如此之多，观

---

① 乔治·莫瑞（George Mowry, 1909—1984），美国历史学家，加州大学洛杉矶分校教授。——译者注
② Perry Miller, *Nature's Nation* (Cambridge, Mass., 1967). 197; George Mowry, *The Urban Nation 1920—1960* (New York, 1965). 2; 有关"反都市意识形态"问题，并参看 Morton White and Lucia White, *The Intellectual Versus the City* (Oxford, 1977).

第一章 自然的意识形态

点如此多样,从而使得浪漫主义便于理解或富于表现性。对于这些关于普遍自然的富有启发意义的讨论,我们也只能涉猎其中一些主要的主题。

把自然研究视为对鸟类和植物个体的素描——它们分别都被当成像某一物体自身那样的现实主义的存在,被当成某种对自然不加解释的呈现,而非浪漫的风景画的产物——这只是当代的一种先入之见。艺术家在植物素描中省略或贬低环境或背景,正像他们运用光芒表达圣灵出现,或者在万能和崇高的大自然中勾勒人的藐小形象时将其遮掩甚或完全隐去一样,都是一种解释行为。对于科尔①、丘吉和杜兰德②以及其他许许多多艺术家而言,后面的传统只是他们表现其浪漫景观的最为常见的形式中的两种而已。这些作品中的通常主题就是自然当中的上帝。自然是一个神圣的文本,其中万物身上都铭刻着神所留下的胎记,人只是这种自然的一部分。简言之,就是"上帝、人和自然的三位一体"。这样,如果上帝就存在于自然当中,那么自然的文本就被认为是囊括了所有的道德真理,它们直接被19世纪的浪漫主义艺术家涂抹在风景画当中。在这种"基督教化的自然主义"中,上帝和自然不再有别;自然不再是上帝的文本,而是上帝自身:"自然的统一完全体现着上帝的统一"。如果在某些情况下,尤其是在美国,这种基督教化的自然主义也呈现出一种强烈的民族

---

① 托马斯·科尔(Thomas Cole, 1801—1848),美国著名风景画家与历史画家,"哈德逊河画派"奠基人。——译者注

② 阿瑟·杜兰德(Asher B. Durand, 1796—1886),美国著名画家,科尔之后"哈德逊河画派"的领军者。——译者注

主义色彩的话，那么它依然寓意着人类在整体上同上帝和自然保持一致。天命昭彰①这种意识形态，同民族主义和宗教普遍主义暧昧地掺杂在一起，确切地说，它们都建立在这一基础之上②。

同自然的统一相似的观点在众多其他的当代作家那里也得到了反映。举一个十分明显的例子，爱默生③就将自然视为不过是某种更深的精神意义的现象性形式。"自然所显现的一切形象都对应于某种思想状态，而思想状态只能被描述为它将自然显现的形象呈现为自己的图画……每一种自然过程都是某种形式的道德命题（moral sentence）"。这种"自然的统一"如此紧密，所以"它蛰伏在自然外观的最深处，并在普遍精神中背叛其起源。""自然最为尊贵的工作就是作为上帝的幽灵而屹立着。正是通过这一职能，普遍精神同个体对话并将个体带回它自身。""人"是自然的"头脑和心脏，它在每一处伟大和渺小的事物中，在每一座山峦的岩层中，在每一种供人们观察和分析的色彩规则、天象或者大气影响当中，均能找到属于自己的某些东西。"④

---

① manifest destiny，又译"天命论""天命观""天命昭彰""昭彰天命""天命我朝""天定命运论""美国天命论""天赋使命观""上帝所命""神授天命""命定扩张论""昭示的命运""天赋命运"，为惯用措词，表达美国凭借天命对外扩张、散播民主自由的信念。——译者注

② Bertell Novak, *Nature and Culture*: *American Landscape and Paining 1925—1975* (New York, 1980). 17; "基督教化的自然主义"这个术语是佩里·米勒的。并参看 Albert K. Weinberg, *Manifest Destiny* (Gloucester, Mass', 1958)。

③ 拉尔夫·华尔多·爱默生（Ralph Waldo Emerson, 1803—1882），19世纪美国著名思想家、散文家、诗人。——译者注

④ Ralph Waldo Emerson, "Nature", in *Selected Writtings* (New York, 1965), 186—223.

第一章 自然的意识形态

这种唯心主义的自然统一与牛顿科学的唯物主义统一明显不同，尽管对两者而言，上帝都是不可替代的。然而它们又非完全相异，正如列奥·马克思下述极具说服力的话所揭示的那样：

> 尽管科学知识似乎消除了那些传统的宗教神话的说服力，从而使得人们不再像从前那样阅读《创世记》，但是同样的知识也使得艺术家将新的神话创作的价值投向自然界。天体运动，空间（那种让人敬畏、广阔无垠的空间）以及景观自身都变成了为贮存崇高的上帝的情感而预先准备的仓库。"美"不再足以形容这一新发现的世界，它是壮丽的①。

因此，即便是对那些超验主义者而言，在工业发展与自然的壮丽之间并无必然的矛盾。如果说像梭罗②这些人对工业向乡村的进军倾向于持对抗态度的话，那么爱默生则欢迎铁路等新兴事物，将其视为诱发一种更加彻底和完善的自然观的工具。那种以上帝为中心的伊甸园式的自然观日趋为更具人类中心主义的自然观所挤兑而被边缘化。如果原始的野外是上帝赐予的家园，那么对某些人而言，新的人类家园则意味着人类试图磨平自然的每一寸角落以达到更加和谐的统一。人类形象及其作品在景观中散发出更强的光晕，而圣光则日益暗淡。

不过，潜在的矛盾并未消失。问题是，如果科学和工业的进步将逐渐征服自然，那么它势必也将征服内居于自然中的上帝，这将是不可接受的亵渎。以诺瓦克（Barbara Novak）之见，正

---

① Leo Marx, *The Machine in the Garden* (NewYork, 1964). 96.
② 梭罗（Henry David Thoreau, 1817—1862），美国作家。——译者注

是"便利"（expediency）"强烈地表明自然能够不经触犯作为上帝的自然（nature-as-God）就被'人化'"①。它确实被人化了。人的形象被勾勒得更长。就美国人而言，他们对自己的天命，普遍接受如下这样一个观点，即他们认为自己在"按照家园的形象创造一个社会"。既然机器索性就在家园中，那么，家园里也就会出现"对技术之崇高的溢美之词"②。机器技术被顺理成章地视为景观当中的一部分。莫瑞认为，被描绘成纯洁的外在自然具有意识形态功能，同样，列奥·马克思指出，家园景观的那种形式中也内含着阶级偏见。他首先提到的就是18世纪的英国家园，他说"亚迪逊（Addison）的后代所抵制的那种家园的规规矩矩的风格体现了一种纯粹贵族式的、有闲阶级的炫耀性的浪费。它将美同实用和工作分割开来"。列奥·马克思暗示，这种分析将延伸至"全部农村景色"当中，并认为亚迪逊的后代就是这么做的③。

至此，矛盾的泡沫已经破裂。自然浪漫主义的迅速破产一般被认为是由达尔文促成的，但这绝非是一个孤立的事件，而是将引起一系列连锁反应的事件。浪漫主义的终结并不意味着普遍自

---

① Barbara Novak, *Nature and Culture: American Landscape and Painting 1825—1875* (New York, 1980), 157. 这个矛盾的牢固确立仍然徘徊在弗里德利克·特纳的关于边疆已经终结的声明之中。参看 Fredrick Jackson Turner, *The Frontier in American History* (New York, 1920) 以及 Henri Nash Smith, *Virgin Land* (Cambridge, Mass., 1950)。

② Leo Marx, *The Machine in the Garden* (NewYork, 1964), 195.

③ Ibid, 93. 关于对缺少雕塑风景的劳动的最好的处理，参看 Raymond Williams, *The Country and the City* (St. Alban's, 1975)。

第一章　自然的意识形态

然的结束。这种观念要么依旧寄生于科学和当代的"回归自然"的唯心主义意识形态当中，要么就作为两者的混合物而裹挟在生态运动的怀旧派当中。工业生产的现实即便还没有在个体传统的领域战胜自然浪漫主义，也至少在艺术家和知识分子传统的领域中战胜了自然浪漫主义。

此处所表明的这种关于自然的二元论——外在自然与普遍自然的对立——在哲学领域尚未引起明显的关注。不过，它有时被暗示出来。乔舒亚·泰勒（Joshua Taylor）在其《作为艺术的美国》中评论说，"作为与自然现实的超验式统一的那种野外观念，和摆脱了文明限制的那种野外观念，尽管迥然相异，却也具有某些模糊的相似性"。爱默生则在其文章的导言中区分了"自然"的两种含义，它们分别同普遍自然与外在自然的概念相类似[①]。为使这种二元论公开化，我们将这两种概念分离开，然而在现实中它们却是紧密相连的。这在浪漫主义自然观同将自然视为工业进程践踏对象的自然观的联系中可见一斑。美国19世纪的浪漫主义直接回应了劳动过程中自然被成功地对象化这一事实。这在两个层次上是成立的。

首先，在自然未被实质性地征服之前，对自然的浪漫化处理就是不可能的，因为只要多数美国人尚在为获得生存资料而同自然进行斗争，那么，浪漫主义就是发疯，甚至是自杀。在响尾蛇的毒牙被拔掉之前，人们不会走向前去抚摸它；只有毒牙被拔掉

[①] Joshua C. Taylor, *America as Art* (Washington, D. C., 1976), 178; Emerson, Ralph Waldo, *Selected Writtings* (New York, 1965), 187.

之后，人才敢将其带上街，他以及所有的人才有兴致对它的天然之美啧啧赞叹。

其次，浪漫主义不单是一种可能，在意识形态上它也是必要的。就对荒野的征服而言，没有哪个地方能像美国的边疆开拓那样迅速、残忍和露骨，文明对上帝和自然之身砍斫得愈深，将此行为合法化的企图就越大。"历史上为人所知的最具实用主义特征的征服，不应被理解为是受到了对逐步增长的土地价值和精打细算的投资的驱使，而是（尽管也有投机时的狂欢）精神的无限施展"。或如艺术史家诺瓦克所言，浪漫主义传统中那种"宗教的、道德的以及通常带有民族主义色彩的自然概念"，成为"实现对乡村的侵略式征服的遮羞布"[①]。

上文也扼要提及，自然一般被设想为女性，这已是常识。正如自然概念十分复杂以及浑身布满隐喻一样，或许也没有哪种隐喻能像将自然女性化那样如此盛行并深入人心。值得注意的是，资本主义社会对女人的态度同它对自然的态度极其相似。作为外在自然，女人是人类试图支配、压迫、蹂躏并加以浪漫化的对象；是欲以征服、识破、崇仰和膜拜的对象。此言甚当矣。女人被供上了神位，但是只有当对她们的社会控制变得安全之后，恰如对自然那样，浪漫化才是一种控制形式。但女人决不完全是外在的，因为生育能力和生态再生产的资料是由她们主宰的。在此意义上，她们构成了普遍自然、母亲和哺育者、具备神秘的

[①] Perry Miller, *Nature's Nation* (Cambridge, Mass., 1967), 199; Barbara Novak, *Nature and Culture: American Landscape and Paining 1825—1875* (New York, 1980), 38.

第一章 自然的意识形态

"女性直觉"的人等的要素。在这里，我们不打算对自然的女性化隐喻的历史进行考察和分析，尽管这类研究也提供了一些洞见——就对女人的压迫、自然意识形态以及社会同自然之间关系的发展等方面而言——但是相对来说，这项工作做得还远远不够[1]。我们的目的只是想指出，对待女人如同对待自然的相近性，它使得女性很容易就成为了自然的"天然"（natural）隐喻。

最后，从对自然的科学与诗意体验的角度，我们能够更加清晰地阐明外在概念同普遍概念的相互关联性。19世纪对美国景观的体验通常被视为走进自然而最终折回城市的旅行。但最终的目的地并不是行程开始的那个旧城，而是像伯纳德·罗森塔尔（Bernard Rosenthal）所说的那样是"自然之城"[2]。这是一次踏进原生的野外并一直通往田园牧歌的遥远风景的旅程。就此而言，可以认为它是一个从外在自然走向普遍自然、从自然的真实而粗陋的外在性走向她的生机勃勃的精神普遍性的不间断的旅行。在乡下的国家公园、度假山庄和周末旅行中，我们体验到从自然的外在性（正如我们在城市中所体验到的那样）走向自然的普遍性（在其中，我们尽情沉浸在自我当中）的那种相似旅程。科学旅程结束之地，正是走进自然的诗意旅行开始之处。如

---

[1] 参看：Annette Kolodny, *The Lady of the Land* (Chapel Hill, 1975). Carolyn Merchant, *The Death of Nature* (San Francisco, 1980). Sherry B. Ortner, " Is Female to Male as Nature Is to Culture?" in Michelle Zimbalist Roasaldo and Louise Lamphere (eds), *Woman, Culture, and Society* (Stanford, 1974), 67—87; Friedrich Engels, *The Origin of the Family, Private Property, and the State* (New York, 1972).

[2] Bernard Rosenthal , *The City of Nature* (Newark, De., 1980).

果诗意旅行启程于自然的外在性,并企图将这种外在性普遍化;那么,科学旅行则接受了自然的普遍性(就像物质或时间与空间那样),并企图把这种普遍性持续地转化为劳动的外部对象。在此,自然浪漫主义是对工业进程的回应,科学和诗意的体验通过生产过程联系起来,而正是在这一过程中,外在自然和普遍自然找到了它们的共同点。

总之,在自然概念内,存在着外在和普遍这样一种基本的二元论。关于自然的这两种观念既相互联系又相互矛盾。事实上,没有自然的外在性,也就没有必要强调自然的普遍性,在此意义上,我们可以认为,一方都以另一方为存在的前提。自然的外在性观念是生产过程中自然的对象化的直接结果。然而,不论生产过程多么高效,它对自然的外在化影响有多么彻底,一句话,不论它多么成功地把人类社会从自然当中解放出来,人类及其社会以及他们的产品都将持续受"自然"法及其过程的约束。因此,外在性观念只是为我们呈现了自然的部分画面;一个用于界定自然的概念是必要的,借助它,我们才能深入(in nature)① 到人类社会的本质去解释它。

至此,我们看到,自然概念上的二元论是成问题的。现实中真的存在着两种自然吗?如果不存在,如果这种二元论据说只是"认识论上的而非本体论上的",那么我们是否满足于在一个单

---

① 原文是 in nature,该词组本意为"本质上",但为了与前面的外在自然 external nature 进行比对,作者运用了双关修辞法,使得 in nature 既表示它表面的含义即"本质上",又通过将 in 斜体表示"在自然内部",从而表达出作者认为自然概念要把内外两个方面统一起来的观点。——译者注

第一章 自然的意识形态

一的现实上面构建一个二元论的概念呢？然而，哲学对上述二元论的不满，并非唯一甚至也不是最重要的问题。自然概念是个社会的产物，正像我们在美国的边疆对待自然的态度中所观察到的那种关联一样，自然概念具有明确的社会和政治功能。敌视外部自然是为支配自然提供合法性，普遍自然的精神道德规范是为社会行为树立榜样。这正是所谓的"自然"的"意识形态"。我把意识形态理解为"对现实的颠倒的、片面的、歪曲的反映"。意识形态并非人们简单地认为的那样是一组错误的想法，而是一组根植于实践经验的想法，不过这些经验只能是特定社会阶级的实践经验，他们从其特定的视角观察现实，因而也只能观察现实的一部分。然而，尽管某一阶级通过实践的方式所反映到的只是现实的一部分，他们却极力把从他们的角度观察到的世界宣称为普遍经验[①]。

现在，人们是否真正同意对意识形态概念的这一界定，或者，人们是否赞成在自然的相互矛盾的二元论之上贴上一个意识形态的标签，都已经无关紧要。要旨就在于事情本身，尽管与一百多年前的美国景观自然相比，自然在今天更加暧昧，但是不断更新的自然概念承担着相似的功能。首先，自然已被高度驯服，所以，那些对自然充满敌意的指称只适合形容海上狂澜、洪灾和飓风。不管是否带有敌意，自然的外部性这一事实足以使对自然

[①] Henri Lefebvre, *The Sociology of Marx* (New York, 1968), 64, 亨利·列斐伏尔《马克思的社会学》，谢永康、毛林林译，北京师范大学出版社2013年版，第46页等处。Jorge Larrain, *The Concept of Ideology* (Athens, Ga., 1979); Bhiku Parekh, *Marx's Theory of Ideology* (Baltimore, 1982)。

的征讨师出有名，实际上，这一征服过程本身最终也被看成是"自然"的了。在今天，更为重要的是自然的普遍观念的意识形态功能。它不再是对外在自然的征服而进行粉饰的遮羞布，也不再是为引导符合统治阶级的社会行为而进行说教的道德观。这些功能全都汇合在一起。而效果依旧是某种征服，或者更准确地说是控制，目标则依然是社会行为。当前，自然的普遍观念之压倒一切的功能是借助自然事件的筹码投资社会行为，这也由此意味着这些行为和特征是正常的，上帝赐予的，不可更改的。竞争、利润、战争、私有财产、性别歧视（sexism）、异性恋、种族主义、有钱人和穷鬼、老爷和仆人（chiefs and indians），等等，都被奉为是自然的。我们要对之负责的是自然，而不是人类历史；资本主义不是被视作历史的偶发现象，而是被笃信为自然之不可避免的和普遍的产物，这种资本主义虽在今天才达到全盛，但在古罗马甚至在风餐露宿的猴群中就已出现，因为在那里，适者生存是唯一的法则。资本主义是自然的，挑战它就是挑战人类本性（human-nature）。

人类本性论是资产阶级全部有价证券中回报率最高的投资之一。它是普遍自然这顶王冠上的宝石[①]。但是，如果自然的外在性不论出于何种理由被否定了，那么人类本性之说也就会瞬间化为泡影，理解这一点很重要。"人类本性"若要实现其意识形态功能，就必然要分离出另一种拥有神圣不可侵犯权力的自然，人

---

① Milton Fisk, "The Human-Nature Argument", *Social Praxis* 5 (1980), 343-361.

类本性论正是依仗着这种自然才得以为继。现在，为在其所有不堪一击的矛盾中维护这一具有强烈意识形态色彩的概念，概念本身也就出现了荒谬和公开的纰漏。借助于概念，外在自然排除了人类活动，但除了劳动在最抽象的意义上是必须的和高贵的这一点之外，普遍自然同样也排除了人类活动。列奥·马克思所言的"对技术之崇高的溢美之词"以及家园中的机器形象意外地旁证了这条规律。在此，我们看到，尽管已经出现了人工制品，但是人化的"中间景观"（middle ladscape）① 所传递的观念是，机器技术对景观来说是完全不可缺少的，但是要实现这一点，只能将具体劳动排除在外，只能将人工制品自然化，否则，人工制品就将吞噬自然②。将具体劳动从自然的外在性中排除出去，这样做不仅是为否认工人阶级的历史寻找托辞，也不仅仅是礼节性地绕开有闲阶级的敏感神经，对这些有闲阶级而言，一旦触及他们财富的真实来源，一旦提及工作，他们就会立即昏厥。这同从普遍自然当中招引驱魔术以缓和外在与普遍自然之间的矛盾的道理是一样的。普遍自然得以社会化的可能性最终被否决，其理由并不是建立在历史经验的基础之上，而是基于它同外在自然之间的矛盾。这就是自然的意识形态。

---

① 列奥·马克思：《家园中的机器》（*The Machines in the Garden*，NewYork，1964）一书中的概念，指介于城市和野外之间的一种空间，人们在此工作和生活，充满着农村和田园情调。

② Leo Marx, *The Machine in the Garden* (NewYork, 1964), 32; Raymond Williams, *The Country and the City* (St. Alban's, 1975).

第三节 马克思与自然

如果上述关于自然意识形态的讨论是正确的,那么在社会科学中自然被忽视就一点也不足为奇了:自然是自然科学研究的对象,社会则是社会科学的研究对象。但并非总是如此。在19世纪的政治经济学传统当中,重农学派(Physiocrats)把"自然"当作价值的直接来源。他们把农业劳动视为生产价值的唯一手段。随着亚当·斯密的劳动价值理论的兴起,农业生产的优先性,连同外在自然观念都被否定掉。从那时起,古典传统日益不再把自然视为经济理论的中心要素,而是经济发展的限制性边界,或者认为其变幻无常而导致危机。从李嘉图(David Ricardo)到马尔萨斯(Thomas Malthus)和穆勒(John Stuart Mill),自然逐渐被整合进外部因素当中。自然在理论上的被贬低是同其在现实中的失势相对应的,不论在乡村还是在工厂都是如此。随着政治经济学日益流露出让人尴尬的政治内涵从而变成了单纯的经济学,学术中的劳动分工也就开始大显风头,进而产生了一系列社会科学以对分化的知识进行分门别类的解释,而这些知识过去都曾被归于政治经济学的门下。从心理学到人类学,从政治学到地理学,凡是探讨到自然的地方,这个二元概念都不停地被重申。虽然各学科探讨的侧重点各有不同,但在它们那

第一章 自然的意识形态

里,自然依然要么是外在的,要么是人性自然①。

如今,在反对这种二元论的自然观当中有一种传统脱颖而出。马克思在 19 世纪中期的著作中就明确提出在分析自然与历史时,要把两者统一起来,并清醒地意识到普遍自然当中所隐藏的意识形态内涵。他从 19 世纪的政治经济学公式当中观察到,"在政治经济学的资产阶级意识中,它们竟像生产劳动本身一样,成了不言而喻的自然必然性。因此,政治经济学对待资产阶级以前的社会生产有机体形式,就像教父对待基督徒以前的宗教一样"。② 马克思有力地坚持自然与历史的统一,甚至在他那个时代就认为在人类历史之前的自然实际上已经不再存在了。就马克思本人的自然观而言,从中看出其自然概念的某种形式的二元论也并非是无稽之谈。在其早期著作中,他大量讨论的是与自然的关系,重点是直接强调自然的统一,而在后期著作中,其哲学色彩已经减弱、更加具体和精确也更具分析性,自然已经明显更加频繁地作为生产过程中的劳动对象而出现。统一的自然与历史的前景在其早期著作中被清晰地呈现出来,但在后期著作中,他不再特别专注于详尽阐述他的自然观念。

马克思意识到了二元论自然概念的诸多问题,但他并没有对其著作进行更为详细的省察,他本人在实践上是否避开了这一陷

---

① 有关经济理论中的自然,参看 Dieter Groh and Rolf-Peter Sieferle, "Experience of Nature in Bourgeois Society and Economic Theory: Outline of an Interdisciplinary Research Project," *Social Research* 47 (1980), 577—581。关于 19 世纪其他社会科学发展的情况参看, Martin Shaw, *Marxism and Social Science* (London, 1975), 75—79。

② 《马克思恩格斯全集》第 44 卷,人民出版社 2001 年版,第 99 页。

阱，以及由此是否形成了某些真知灼见、从而有可能提供一个合理的替代性自然概念，也并不十分清楚。我们所要关注的正是这样一个问题。一开始就打算把马克思的全部文献搜刮一遍以分拣出他对自然的观点，是没有必要的。这项艰苦卓绝的工作已经由艾尔弗雷德·施密特（Alfred Schmidt）在《马克思的自然概念》一书中通过其艰难而又执着的研究完成了。施密特的工作隶属于法兰克福学派，公允地说，比起后来的几代马克思主义者而言，这一学派更加用心于对马克思自然观念的解释。同马克思的自然概念本身颇有几分相像的是，施密特的著作也被许多马克思主义者热情却毫无批判地接受下来了；同样相像的是，它也应得到更好的礼遇。因此，我们将从施密特以及他所奠定的基础出发展开讨论。在承认施密特对"马克思的哲学解释做出了贡献"[①] 的同时（当然这也直接内承于法兰克福学派的传统），我们也认为，施密特的解释也有例外之处，这便是他有意把关注的焦点放在马克思那些哲学气息更少的后期著作——《资本论》和《政治经济学批判大纲》之上。

自然与社会

在其对马克思自然概念的全部解释中，施密特的考察维度主要集中在自然同社会的关系，而不是自然本身。正如他通过引述马克思的话所指明的那样，脱离社会的自然没有任何意义，因为

---

① Alfred Schmidt, *The Conception of Nature in Marx* (London, 1971), 15; A. 施密特：《马克思的自然概念》，欧力同等译，商务印书馆1988年版，第2页。

"在今天，任何地方都不再存在先于人类历史的那种自然"①。同自然的关系是历史的产物，即便是假定自然存在于社会之外（例如，实证主义"科学"中那种首要的方法论原则）也显然是荒谬的，因为这种假定行为本身也要同自然发生联系。不论这种关系有多么理想化，然而它总是同自然的关系。自始至终，施密特都坚持主张，"自然的先在性不容置疑"，但是他也认为，先在的自然与非先在的自然（即"由社会所中介的"自然）之间的这种区别只有在人类与自然之间做出区分之前才有意义。不过在施密特看来，这种区分是在自然之中做出的。为表明此种自然观所带来的自然与社会之间区别的统一特征，施密特采用了主客体这种哲学语言，认为马克思的自然概念在根本上应被看作是一种主客体的辩证法。

马克思把自然——人的活动的材料——规定为并非主观所固有的、并非依赖人的占有方式出现的、并非和人直接同一的东西，但他决不是在无中介的客观主义的意义上，即决不是从本体论意义上来理解这种人之外的实在。在费尔巴哈那里，具有纯粹自然性质的类本质的人，它作为空洞的原始主观性，不是能动地、实践地而是被动地、直观地同自然的死一般的客观性相对立……在他看来，自然作为整体，是非历史的匀质的基质；而马克思批判的实质就是把它消融在主体与客体的辩证法之中。在马克思看来，自然概念是人的实

---

① Alfred Schmidt, *The Conception of Nature in Marx* (London, 1971)、33；A. 施密特：《马克思的自然概念》，欧力同等译，商务印书馆1988年版，第23页。

践的要素，又是存在着的万物的总体。①

在做出这种一般界划之后，施密特紧接着阐明了构成马克思自然概念内部辩证法的那些具体关系。他有效区分了"第一自然"和"第二自然"。它们是黑格尔曾使用过的两个概念，施密特此处则要努力把马克思同黑格尔区别开来，同时证明马克思对黑格尔的继承性："黑格尔把存在于人之外的物质世界这个第一自然，说成是一种盲目的无概念性的东西。在黑格尔那里，当人的世界在国家、法律、社会与经济中形成的时候，是'第二自然'，是理性和客观精神的体现。施密特评论道，马克思的看法"与之相反：倒不如说黑格尔的'第二自然'本身具有适用于第一自然的概念，即应把它作为无概念性的领域来叙述，在这无概念性领域里，盲目的必然性和盲目的偶然性相一致；黑格尔的'第二自然'本身仍然是第一自然，人类终究不会超脱出自然历史"。② 施密特解释说，对马克思而言，"社会本身（第二自然）是个自然环境"，原因即在于"在用来对付自然的他们自己的生产力方面，人依旧没有成为主人"。③

施密特强调，社会内在于自然，但并不与自然直接同一。自然受到社会的中介，社会也受到自然的中介。马克思把这种中介

---

① Alfred Schmidt, *The Conception of Nature in Marx* (London, 1971), 27. A. 施密特：《马克思的自然概念》，欧力同等译，商务印书馆1988年版，第14—15页。
② Alfred Schmidt, *The Conception of Nature in Marx* (London, 1971), 42—43. A. 施密特：《马克思的自然概念》，欧力同等译，商务印书馆1988年版，第34—35页。
③ Alfred Schmidt, *The Conception of Nature in Marx* (London, 1971), 16. A. 施密特：《马克思的自然概念》，欧力同等译，商务印书馆1988年版，第3页。

第一章 自然的意识形态

更准确地命名为物质变换(metabolism)或代谢式(metabolic)的相互作用,在施密特看来,这是马克思的自然观中一个十分关键的概念。"借助于物质变换概念,马克思提出了关于人与自然之间关系的全新理解,又远远地超越了一切资产阶级启蒙主义所提出的自然理论"[①]。施密特十分敏锐地捕捉到了马克思历史原创性的根源所在,因为马克思见解的新颖之处并非在于他提出了物质变换这一概念,而是他使用这一观念的语境。特别之处在于,马克思把劳动过程视为物质变换式相互作用的动力。施密特解释说,在劳动中,"正如人使他的本质力量和被加工的自然物同化一样,反过来,自然物在历史的进程里,作为越来越丰富的使用价值而获得新的社会的质"。由此,"自然被人化而人被自然化"[②]。在这种物质变换的相互作用当中,自然既为劳动提供了主体,又提供了客体——劳动者(以及他或她的自然能力和意图)处于一方,劳动的对象(其物质形态将得到改变)处于另一方。

获取知识同样是这种人与自然之间物质变换的一部分。由此,施密特坚持认为,"在唯物主义者马克思看来,自然及其规律是不依赖于人的一切意识和意志而独自存在的",但是这些规律"只有运用社会的范畴,有关于自然的陈述才能定型,才能适

[①] Alfred Schmidt, *The Conception of Nature in Marx* (London, 1971), 78—79. A. 施密特:《马克思的自然概念》,欧力同等译,商务印书馆1988年版,第78页。

[②] Alfred Schmidt, *The Conception of Nature in Marx* (London, 1971), 78. A. 施密特:《马克思的自然概念》,欧力同等译,商务印书馆1988年版,第77页。

用。如果没有人为支配自然而努力奋斗，就谈不上自然规律的概念①。"恰如知识对象是第一和第二自然的统一一样，科学（掌握知识的过程）也是一种统一行为。因为马克思方法论的核心是辩证法，但又由于他把自己的理论严格限制在社会科学领域，这就立即提出了一个自然辩证法的问题：自然科学的辩证法是个什么样子？恩格斯试图通过把自然过程视为其自身的辩证法来回答这一问题，施密特对这一影响深远的"自然辩证法"所展开的批判是准确而富有洞见的。在斯大林体制下，自然辩证法被修撰成苏联的官方教条，被推到了形而上学的程度，而施密特正确地发现，这正是恩格斯概念的最初理论形象中出现的一种症候。因为最终，"恩格斯的自然辩证法只是必然的、外乎事实（subject-matter）的考察方法"②；把辩证法注入自然的企图已经事先假定了自然是外在于人类社会的存在，一种同主体分离的客体，从而拒绝了辩证法得以发挥作用的条件。"不存在那种独立于人之外的外部自然辩证法的问题，因为如果那样的话，辩证法的所有基本环节（主体关联着客体）都是缺席的。"③ "自然辩证法"无非源自于人类社会同自然的物质交换式的相互作用：

> 由于自然产生出作为意识活动之主体的人，自然才成为

---

① Alfred Schmidt, *The Conception of Nature in Marx* (London, 1971), 70. A. 施密特：《马克思的自然概念》，欧力同等译，商务印书馆1988年版，第67页。
② Alfred Schmidt, *The Conception of Nature in Marx* (London, 1971), 52. A. 施密特：《马克思的自然概念》，欧力同等译，商务印书馆1988年版，第46页。
③ Alfred Schmidt, *The Conception of Nature in Marx* (London, 1971), 59. A. 施密特：《马克思的自然概念》，欧力同等译，商务印书馆1988年版，第56页。

辩证法的,人作为'自然力'是和自然本身对立的。劳动资料和劳动对象在人那里相互发生关系,自然是劳动的主体-客体。由于人逐渐地消除外部自然界的疏远性与外在性,使之和人自身相作用,为自己而有目的地改造它,自然辩证法才存在于人变革自然的活动中。[1]

自然与乌托邦

在完成了这一基本概述之后,施密特对马克思的自然概念进行了解释性评估,旨在使自然与历史的关系变得更为具体。他指出,人类与自然的物质变换关系在马克思那里是绝对给定的;这种关系"可以被改变,但根本不可能被废除"[2]。因为"借助于物质变换概念,马克思把社会劳动过程描述为一种自然过程的状态",同时这也表明马克思认为劳动过程就其基本的物质层面而言是不变的,即"永恒的自然必然性"[3]。不过,这种物质变换的具体形式会发生历史地变化,施密特进而把同自然的关系区分为前资产阶级的和资产阶级的。在前资产阶级时代,"人就像被束缚在自己身体上一样,被束缚在自然的存在上",所以才有"原始的从而是……抽象的人与自然的同一"。随着资产阶级生

---

[1] Alfred Schmidt, *The Conception of Nature in Marx* (London, 1971), 61. A. 施密特:《马克思的自然概念》,欧力同等译,商务印书馆1988年版,第57—58页。

[2] Alfred Schmidt, *The Conception of Nature in Marx* (London, 1971), 76. A. 施密特:《马克思的自然概念》,欧力同等译,商务印书馆1988年版,第75页。

[3] Alfred Schmidt, *The Conception of Nature in Marx* (London, 1971), 91—92. A. 施密特:《马克思的自然概念》,欧力同等译,商务印书馆1988年版,第94页。

产条件的出现,这种同一变为其同样抽象的反面:劳动同其客观的自然条件的彻底分离①。他把前资产阶级社会视为"似自然性的和非历史的"②,以同资产阶级社会这种社会性和真正历史性的社会相对照。施密特把这些时期表述为"人类支配自然"的两个世界-历史性阶段,随即他指出,这种早期的自然对历史、客体对主体的支配,在资产阶级社会当中颠倒过来了,资本主义的历史支配了自然,主体支配了客体③。因而,施密特认为,"严格来讲,马克思主义理论只有两种真正的历史辩证法:一种是从古代—封建时代向资产阶级时代转变的辩证法,另一种是从资产阶级时代向社会主义时代的最终解放转变的辩证法④"。

作为物质变换作用的一部分,对知识的获取必须把物质变换的抽象的非历史性及其历史上的变化形式具体表现出来,这一区分体现在马克思的认识论当中。由此,施密特把马克思的"经济范畴"同其"逻辑-认识论范畴"界划开来。经济范畴是在历史上偶发地形成的,而马克思的逻辑—认识论范畴却"具有更

---

① Alfred Schmidt, *The Conception of Nature in Marx* (London, 1971), 81—82. A. 施密特:《马克思的自然概念》,欧力同等译,商务印书馆1988年版,第81—82页。
② Alfred Schmidt, *The Conception of Nature in Marx* (London, 1971), 171. A. 施密特:《马克思的自然概念》,欧力同等译,商务印书馆1988年版,第185页。
③ Alfred Schmidt, *The Conception of Nature in Marx* (London, 1971), 121, 177. A. 施密特:《马克思的自然概念》,欧力同等译,商务印书馆1988年版,第128页,第188—189页。
④ Alfred Schmidt, *The Conception of Nature in Marx* (London, 1971), 180. A. 施密特:《马克思的自然概念》,欧力同等译,商务印书馆1988年版,第195页。

第一章 自然的意识形态

一般更普遍的有效性"①。正是在马克思的认识论上所得出的这一结论,连同作为其基础的"物质变换"论点,为施密特探讨马克思的乌托邦主义提供了平台。"正由于马克思在否定一切抽象的乌托邦这点上完全和黑格尔相一致,恐怕他就成为哲学历史中最大的乌托邦主义者。"②

施密特在马克思的物质变换概念中捕捉到了他所称的"否定本体论"。该否定本体论源自马克思认为物质变换是"永恒的必然性"这一观念,这导致其陷入"自然的思辨主义(nature-speculation)",因为他的否定本体论暗示出他在同自然的未来关系上存在某种预期或赌注③。然而,马克思并非通常意义上所说的目的论者,而是,马克思"作为一位唯物主义者,把自身限制于黑格尔所言的'有限-目的论立场上'"④。依据该立场,人类通过"有目的的意志"将其实践行为中介到自然当中;所以,施密特说,"在《资本论》中,马克思详尽地讨论了人类

---

① Alfred Schmidt, *The Conception of Nature in Marx* (London, 1971), 123—24. A. 施密特:《马克思的自然概念》,欧力同等译,商务印书馆1988年版,第131页。

② Alfred Schmidt, *The Conception of Nature in Marx* (London, 1971), 127. A. 施密特:《马克思的自然概念》,欧力同等译,商务印书馆1988年版,第135页。

③ Alfred Schmidt, *The Conception of Nature in Marx* (London, 1971), 80, 127. A. 施密特:《马克思的自然概念》,欧力同等译,商务印书馆1988年版,第135页。

④ Alfred Schmidt, *The Conception of Nature in Marx* (London, 1971), 99. A. 施密特:《马克思的自然概念》,欧力同等译,商务印书馆1988年版,第102页。

'有目的的意志'战胜自然的方式"①。既然这种有目的的意志成为所有物质变换作用的积极的、必要的部分,施密特进而总结道,"正像尼采那样,马克思也认为,在人的精神活动后面最初存在着同各个事物及事物的类似对应的'权力意志'"②。

这样,马克思的乌托邦主义就内含在他的"未来观"当中,他认为未来(共产主义)是这样一个时刻,"人同自然"和谐相处而不是彼此冲突,主客体将在人同自然实现充分的物质变换作用这一更高的假设上达成和解。依施密特之见,这种"无法苟同的乌托邦意识"非常明显地体现于马克思的早期著作当中,而马克思则试图将其删掉。然而,施密特认为,这种意识在马克思的后期著作中依旧被保留下来,他立即指责马克思预言意识形态将走向终结,批评马克思把自由问题还原为自由时间,以及把文化视为"完全与物质劳动对立"③。更为重要的是,施密特声称,马克思对待技术发展的态度在本质上是积极的,认为技术是一种解放力量。马克思"想到的是工业的完全自动化,将日趋把工人的角色转变为技术'监督者和调控者'"。马克思由此希望"资本主义条件下'机器系统的高度发展'将造成'劳动过

---

① Alfred Schmidt, *The Conception of Nature in Marx* (London, 1971), 100. A. 施密特:《马克思的自然概念》,欧力同等译,商务印书馆1988年版,第102页。(并参看《马克思恩格斯全集》第44卷,人民出版社2001年版,第207—208页。)

② Alfred Schmidt, *The Conception of Nature in Marx* (London, 1971), 111. A. 施密特:《马克思的自然概念》,欧力同等译,商务印书馆1988年版,第116页。

③ Alfred Schmidt, *The Conception of Nature in Marx* (London, 1971), 142—144. A. 施密特:《马克思的自然概念》,欧力同等译,商务印书馆1988年版,第152—154页。

第一章 自然的意识形态

程的人性化'"①，这将最终导向社会主义；同样，"在社会主义条件之下，工业之中的自然转化将不间断地持续下去"②。

施密特反对这种明显的乌托邦主义，他认为，作为同自然的物质变换作用的必要部分，技术的发展成为统治的工具，而非解放的手段。即便是在人类以新的形式团结起来的无阶级社会，"自然（作为应给予征服的物质）的问题依旧存在"③。同自然的斗争普遍存在于包括社会主义在内的一切社会形式，即使人类社会通过废除阶级统治而成功地解放其内在本性，它同样无法摆脱对外在自然的支配。"新社会只是更好地为人服务，而这无疑地使外部自然界成为牺牲品……甚至在真正的人的世界中，也达不到主体与客体的完全和解"④。施密特设想，对更加基始性的自然所不断加深的技术性破坏远远胜过马克思所预料的：

> 今天，人类的技术的可能性已数倍于往日的乌托邦主义者的梦想，这种否定地实现了的可能性，今天又反过来转化成一种破坏力，因此，它即使是受到人的控制，也无法加以

---

① Alfred Schmidt, *The Conception of Nature in Marx* (London, 1971), 146—147. A. 施密特：《马克思的自然概念》，欧力同等译，商务印书馆1988年版，第159—160页。

② Alfred Schmidt, *The Conception of Nature in Marx* (London, 1971), 147. A. 施密特：《马克思的自然概念》，欧力同等译，商务印书馆1988年版，第159页。

③ Alfred Schmidt, *The Conception of Nature in Marx* (London, 1971), 136. A. 施密特：《马克思的自然概念》，欧力同等译，商务印书馆1988年版，第145页。

④ Alfred Schmidt, *The Conception of Nature in Marx* (London, 1971), 155-158. A. 施密特：《马克思的自然概念》，欧力同等译，商务印书馆1988年版，第168—171页。

挽救。成为惹起全部灾难性结果的苗头是可以看得到的,可以说它不是马克思所考虑的变革,即不是使主体和客体的和解,而是被毁灭①。

哲学与政治：对施密特的批判

施密特的讨论旁征博引,十分严密。他对马克思自然概念全面而锱铢必较的阐释,既让人印象深刻,也可谓是目前最为详尽的。假如施密特的这本著作已经广泛受到人们的批判性关注,那么此处也就无需再费口舌对其讨论加以评述,但鉴于目前这种关注极为匮乏,因此,我认为还有必要对其解说中的亮点、核心逻辑及其特征进行说明。因为在归根结底的意义上,施密特通过其杰出的哲学性阐释所要表达的自然观,不论在思想上还是在实践上,都似乎有违马克思后期著作的本意。因此,当阅读施密特的时候,让我们无法释怀的是,其文本透射出相互协调的双重意义,而随着讨论的深入,这种双重意义又分道扬镳了。一方面,我们游走于其著作表面,认为马克思和施密特在本质上是很难分清楚的;直到马克思被描述成一个乌托邦主义者之前,我们一直以为施密特的分析都十分入理。但也正是在这里我们被绕进来,随着论述的展开,我们才发现文本还对马克思进行着第二种更深层的解读,这种解读把一些单个的新颖解释逐步累积起来,从而最终构成一种同马克思的自然观根本相异的观点。在马克思的后

---

① Alfred Schmidt, *The Conception of Nature in Marx* (London, 1971), 163. A. 施密特:《马克思的自然概念》,欧力同等译,商务印书馆1988年版,第177页。

第一章 自然的意识形态

期著作中存在着某种自然乌托邦概念,这显然是可能的,甚至是合理的。但是,由于施密特本人的工作只限于指认"马克思1850年以后的著作中的哲学内容(或至少是与哲学相关的内容)"①,因此,同样合理的是,乌托邦主义的来源不是马克思,而恰恰是施密特。

我认为,这正是确切发生的事情。施密特的上述乌托邦主义绝非无中生有,而是其所刻画的自然哲学的逻辑后果,这种自然哲学完全是施密特式的(Schmidtian)。在施密特那里存在着两种自然概念,而非一种,如同资产阶级概念矛盾的二元性一样,也是施密特概念中的这种二元性为浪漫主义和乌托邦主义打开了方便之门。已经明确的是,这种二元性导源于施密特在解释马克思时所采用的特殊的哲学眼光。这种哲学眼光深刻地影响了其对马克思的看法,影响之深甚至令人难以置信,施密特最终提供给我们的竟然是经过处心积虑地加以阐释的资产阶级自然概念。在施密特那里,同样也存在着外在性自然观念(作为劳动对象的自然,外在于社会)和普遍性自然观念(作为社会与自然相统一的自然)。不论施密特如何试图证明这些概念之间的"辩证"关系,也不论施密特如何把这些哲学观点宣布为统一的,所有这些概念都在实际上同其解释相脱离。

从施密特的论述中很容易就能摘出一些例子以证明其二元性的自然概念。如果仅仅是为了例证,举三个例子就足矣:"正如

---

① Alfred Schmidt, *The Conception of Nature in Marx* (London, 1971), 9-10. A. 施密特:《马克思的自然概念》,欧力同译,商务印书馆1988年版,第4页。

不依赖于人的自然过程在本质上是物质的、能量的转换一样，人的生产也不能置诸自然关系之外（自然的普遍性观念）"①；"自然同社会的相互渗透（自然的外在性观念）……在自然之内发生（自然的普遍性观念）"②；"自然的社会烙印（自然的普遍性观念）与自然的独立性（自然的外在性观念）构成了统一"③；等等。一句话，尽管施密特承认在这些不同的观念或环节中有必要"展开具体的辩证法"④，但这一任务根本没有完成。他总是强调这些观念之间的统一，但从未在任何地方加以证明，而他只是向我们呈现了他所谓的（在不同的语境中）"真理是在不真实的形式中所表达的内容"⑤。这种二元观念诱发了施密特整个自然概念中的其他大量二元性表现，而且随着这些二元现象的展开，二元论已经不仅仅是在试图进行精确解释的过程中而在哲学上出现的瑕疵，这一点已经越来越清楚。例如，施密特试图通过把历史分为两个时代并指认两种历史辩证法，而把同自然的物质变换历史化。在前资产阶级时代，"在以农业的方式占有自然时，自然完全是不依赖于人的，"施密特声称，由此"人和自

---

① Alfred Schmidt, *The Conception of Nature in Marx* (London, 1971), 77. A. 施密特：《马克思的自然概念》，欧力同等译，商务印书馆1988年版，第77页。
② Alfred Schmidt, *The Conception of Nature in Marx* (London, 1971), 16. A. 施密特：《马克思的自然概念》，欧力同等译，商务印书馆1988年版，第3页。
③ Alfred Schmidt, *The Conception of Nature in Marx* (London, 1971), 70. A. 施密特：《马克思的自然概念》，欧力同等译，商务印书馆1988年版，第67页。
④ Alfred Schmidt, *The Conception of Nature in Marx* (London, 1971), 67. A. 施密特：《马克思的自然概念》，欧力同等译，商务印书馆1988年版，第64页。
⑤ Alfred Schmidt, *The Conception of Nature in Marx* (London, 1971), 27. A. 施密特：《马克思的自然概念》，欧力同等译，商务印书馆1988年版，第16页。

第一章 自然的意识形态

然是抽象同一的。从某种意义上说，人淹没在自然的存在里"。施密特继而说，但在资产阶级时代，"由于人使自然转化为一个机械的世界，如果全面地从技术上、经济上以及科学上支配自然得以成功的话，自然就凝固成一个抽象的、对于人是外在的自在了。"① 这便是说，普遍自然观念适应于前资产阶级时代，而外在自然观念则可以恰如其分地描述资产阶级时代。

这种历史区分对于施密特最终讨论人对自然的支配显然是一个极大妨碍。然而，在理论上这却是相当机械和简单化的。此处以及在他的整本著作中，施密特提到的都是人（men），这并不奇怪，因为这样做就使得我们无法直接看出来这个"人"是否与女人相关。他把前资产阶级历史视为"似自然性和非历史的"，把劳动在生理上的分工（以性别和年龄为标准）视为劳动的自然分工，从而与在资本主义条件下的社会分工进行对照②。把历史范畴塞进其二元论的自然观念当中所造成的政治后果是十分明显的。因为女人作为女人所受到的压迫，起因于"资产阶级时代"之前就已经存在的劳动分工，所以，对施密特而言，对女人的压迫就成为"自然的"了。他从真实的社会特征中抽

---

① Alfred Schmidt, *The Conception of Nature in Marx* (London, 1971), 82. A. 施密特：《马克思的自然概念》，欧力同等译，商务印书馆1988年版，第83页。
② Alfred Schmidt, *The Conception of Nature in Marx* (London, 1971), 170—71. A. 施密特：《马克思的自然概念》，欧力同等译，商务印书馆1988年版，第185—186页。

象出劳动的生理分工。①值得注意的是，如果男人同女人的区分在施密特的著作中能得以澄清并进一步展开的话，那么，只有女人被当成自然的一部分，他的哲学才有意义。恰如他的自然概念存在外在和普遍之分一样，施密特"人"的概念有时既指男人又指女人，有时仅指男人。

此处，有必要指出两个关联：首先要戳穿这种导向二元性自然观念的特殊哲学；其次要识别出对马克思的具体误读在哪里，它直接造成了施密特错误的自然观，同时要指出它的政治后果。尽管已有大量研究表明马克思深受黑格尔的影响——这种影响也是施密特所承认并予以讨论的，但是人们对马克思受康德的影响这一点却关注不多。施密特的工作就是要试图弥补这一疏漏②。因此，他认为马克思在康德和黑格尔之间采取了一种"折中立场"，并且，尽管施密特在其著作中只是"粗略地加以概述"，然而其目的却是要更加准确地裁定这一折中立场③。康德曾纠结于主客体的严格区分，他尝试过，但最终并没有把能动的、创造性的主体同作为自在的（in-itself）存在的客体协调起来。黑格

---

① 当然，马克思特别是在其早期著作中也把劳动的生理分工视为自然性的，不过，这样做并不意味着对于施密特而言，是与他从社会中抽象分工唱反调，因此，例如，所有权的核心的、第一个形式存在于"家庭中自然形成的分工之中"，"在那里妻子与孩子是丈夫的奴隶。家庭中这种诚然还非常原始和隐蔽的潜在的奴隶制，是最初的所有制"。参看马克思恩格斯：《德意志意识形态》，载《马克思恩格斯文集》第1卷，人民出版社2009年版，第535—536页。——译者注

② "对于马克思而言，康德的认识对象的构成因此是'客观性的'，但并不是简单地回到超验哲学意义上的，而是在黑格尔对康德的批判基础上而获得的一种确定性基础。" Alfred Schmidt, *The Conception of Nature in Marx* (London, 1971), 12.

③ Alfred Schmidt, *The Conception of Nature in Marx* (London, 1971), 12.

第一章 自然的意识形态

尔紧随康德之后,虽然完成了康德的使命,却是通过把客体消解到主体当中实现的,自然最终化为历史——它自己的观念史①。马克思的任务就是重建辩证法:从黑格尔那里分离出主客体的最终同一,同时又要避免像康德那样导致两者的冲突。

然而,施密特所得出的结论却有别于马克思对辩证法的重建,依施密特之见,马克思

> 对黑格尔的主观与客观的同一性进行唯物主义批判,虽然把他和康德联结起来了,可是在他那里,与思维不同一的存在不是再次作为不可知的物自体出场的。……而马克思既保持康德关于主观与客观的非同一性观点,又坚持康德之后的不排除历史的观点②。

这些主客体之间"变化着的构型",显然是施密特用来证明他关于同自然的物质变换的历史解释的——一个是自然支配历史、客体支配主体的前资产阶级时代,一个是上述关系被翻转的资产阶级时代。但由于同自然的物质变换关系是一个非历史的给定,而且只有其形式可变,所以在施密特那里,一个二元性观念在主客体之间的关系上就发挥了作用。这是他自然的二元性观念

---

① 黑格尔在其《自然哲学》一书中这样得出结论说:"在自然界中概念对着概念说话,而隐藏在无穷多外在形态之下的真正概念形态最终将会向理性展现出来。"Hegel, *Philosophy Of Nature*, London, 1970 edn, 445. 中译本《自然哲学》梁志学等译,商务印书馆1986年版,第618页。有关对康德的另外的极其简单的正统的解释,建议参看 Richard Kroner, *Kant's Weltanschauung* (Chicago, 1956)。——译者注

② Alfred Schmidt, *The Conception of Nature in Marx* (London, 1971), 121. A. 施密特:《马克思的自然概念》,欧力同等译,商务印书馆1988年版,第127页。

的哲学要害。一方面,他把主客体视为统一,另一方面,他又坚持认为在两者之间存在着"不可打破的边界"。就主客体的统一而言,他反对的是康德;就两者的绝对非同一而言,他反对的是黑格尔。这两种观念决不能合二为一,而是始终分别存在。由此,施密特认为"马克思的唯物主义"是某种"辩证的二元性"① 而非辩证的统一,就不足为奇了。这种同哲学相关的、先入为主的辩证观深藏在其自然的二元论观念当中。自然不是一个有差异的统一体,而是一方面是差异,另一方面是统一②。在他反对康德和黑格尔并试图界定马克思的自然概念的时候,他一下子从黑格尔滑到了康德,但等他回来的时候,却仍旧没有冲破藩篱。他身上仍然深嵌着康德和黑格尔的那些矛盾。因此,自然的两种观念中,一个比康德还康德,另一个比黑格尔还黑格尔:"人和应加工的材料相分裂,而自然处于这种分裂之中,但这种分裂总以自然自身为原因。"③ 施密特确如其所愿地完成了任务:他把马克思完全置于康德和黑格尔之间,而不是超越他们。结果

---

① Alfred Schmidt, *The Conception of Nature in Marx* (London, 1971), 136. A. 施密特:《马克思的自然概念》,欧力同等译,商务印书馆1988年版,第145页。

② 在施密特这里有特别的"一方面/而另一方面"的分析。这是一种症候。当他一起提出两个方面时他得出一个通常的结果:祈祷—统一。

③ Alfred Schmidt, *The Conception of Nature in Marx* (London, 1971), 79. A. 施密特:《马克思的自然概念》,欧力同等译,商务印书馆1988年版,第78页。

第一章 自然的意识形态

是太多的康德，较多的黑格尔，而唯独没有马克思的影子①。

在论及哲学抽象的起源与社会功能方面，阿尔弗雷德·索恩-雷特尔（Alfred Sohn-Rethel）的观点富有洞见并发人深省，他指出尽管概念二元论同哲学一样久远，但是在资本主义之下，这些二元论依旧具有特殊的意义，它们是直接源自康德的资产阶级哲学的标志。"尽管在试图清除它们的那些杰出的后康德主义者身上也能够发现这种哲学中顽固的二元论踪影，然而与此相比，它更为忠实地反映了资本主义的现实，既然如此，那么除了二元论之外，还有什么能表现资产阶级的真理呢？"② 尽管这一评论的目的既不是为了详细地讨论自然概念，也非针对施密特（而实际上，索恩-雷特尔已经发现了施密特的"杰出研究"），但如果将其用于评论施密特和资产阶级的自然概念，都是合适的。

就施密特对马克思的误释而言，此处他同样抓住了某些真实的东西，但是在进一步推进其研究过程中，他先将真理歪曲成半真理，继而歪曲成谬误。他开始时强调，对自然的考察必须集中

---

① 施密特持之以恒地实施着他的计划，他更多的求助于康德而不是黑格尔，结果在这种思想中，一种二元论的自然概念获得了成功。在此理论中他所关注的决定性环节是"在马克思与康德之间，存在着人们历来尚未充分考虑的关系"。Alfred Schmidt, *The Conception of Nature in Marx* (London, 1971), 120.（《马克思的自然概念》中译本第126页）——他试图削足适履地让马克思适应康德：在黑格尔的辩证法中，施密特认为，"唯心主义的同一性在体系的终结处获得了胜利。而在马克思的辩证法之中情况正好相反，获得最终胜利的是非同一性"。Alfred Schmidt, *The Conception of Nature in Marx* (London, 1971), 28.（《马克思的自然概念》中译本第17页。）——译者注

② Alfred Sohn-Rethel, *Intellectual and Manual Labour*, (London, 1978), 15. 参看阿尔弗雷德·索恩-雷特尔：《脑力劳动与体力劳动——西方历史的认识论》，谢永康、侯振武译，南京大学出版社2015年版，第2页。

关注使用价值领域,并将其同交换价值明显区分开来。正如马克思在《资本论》第一章中从使用价值开始进行抽象一样,施密特从交换价值开始,他认为:"不管怎样,商品的交换价值不包含任何自然物质在内。"[1] 这一绝对的界划似乎颇有道理,甚至富于洞见,但是其所显现的结果就远非如此了。比如,施密特把劳动过程描述为历史地发生变化的,但这只是就其十分抽象的物质性(使用价值)方面而言的。然而,一旦我们对使用价值同交换价值的关系进行考察,我们就会立即发现生产方式在历史上都是独特的(historically separated)——事实上,它们只能通过考察交换价值关系才能被指认。然而,施密特却想当然地以为能够将对自然的支配作为一种历史必然加以讨论,并信心十足地声称即便是在社会主义社会"自然也是被支配的"[2],他还指责马克思不认同这些就是乌托邦主义——施密特的所有这些看法都是建立在固守于纯粹使用价值的抽象领域之上的。至此,马克思反而成了不进行这种哲学抽象的牺牲品。在整个《资本论》中,马克思只在补充其经济学论证的时候才提及使用价值。施密特并不知道这一点,那是因为在《资本论》中通篇都没有哪句话直接告诉他,作为《资本论》经济学讨论的必要组成部分,一种关于使用价值的具体观念是如何潜在地形成的。然而,马克思在《政治经济学批判大纲》中却有明确的表达:

---

[1] Alfred Schmidt, *The Conception of Nature in Marx* (London, 1971), 65. A. 施密特:《马克思的自然概念》,欧力同等译,商务印书馆1988年版,第62页。

[2] Alfred Schmidt, *The Conception of Nature in Marx* (London, 1971), 155. A. 施密特:《马克思的自然概念》,欧力同等译,商务印书馆1988年版,第168页。

第一章 自然的意识形态

价值借以存在的使用价值，或者说，现在表现为资本躯体的使用价值所具有的特殊性质，本身在这里表现为规定资本的形式和活动的东西……认为使用价值与交换价值的区别——在简单流通中，只要这种区别得到实现，它就不属于经济的形式规定了——根本不属于经济的形式规定，那是莫大的错误。①

如果施密特理解了交换价值在决定同自然的历史关系上的重要性，那么他关于劳动过程——他正确地将其置于理解马克思自然概念的核心地位——的观点，就将是截然不同的。这样，也只有这样，他的"自然概念"才可能站在真正反映马克思著作精神的起点上。通过将使用价值同交换价值分割开来，并只关注前者，再通过将自己置于马克思之前的哲学地平之上，施密特从而为从马克思的解读中再现经典的资产阶级自然观埋下了伏笔。将自然同使用价值等同起来，从而导致物化和神秘化合为一体，这些是资产阶级概念的显著特征。

施密特的自然概念所具有的政治内涵，如同它们得以产生的著作一样，是极其多元而全面的。我们已经看到，革命的女性主义不可能得到施密特的支持。革命的社会主义同样如此。因为他从阶级差异中得出完全的抽象②，他在实践上给人的印象是这些运

---

① 《马克思恩格斯全集》第31卷，人民出版社1998年版，第37页。
② "在对于创造使用价值的劳动过程的要素进行考察时，当前没有必要去规定使这一过程得以进行的生产关系的特征。" Alfred Schmidt, *The Conception of Nature in Marx* (London, 1971), 93. (中译本第94页。)施密特并没有把阶级视为首要的也没有把它视为最次要的东西。他回避阶级关系正像他回避交换价值一样。

动无关紧要。因此，无须奇怪，他会认为资本主义除了情况更糟一点之外，同社会主义没什么两样：在社会主义之下，对自然的支配依旧是必需的；意识形态和劳动分工仍然保留着；社会主义同资本主义一样都拥有"两个生活区"——"劳动与非劳动"[1]。事实上，施密特不太关心政治，因为，他除了解释作为"权力意志"（用尼采的话说）的人类活动所具有的实践意图之外，还能怎样呢？即便是伯特兰·罗素（Bertrand Russell）也只能毫无愧色地把后者（即"权力意志"。——译者注）描述为"在政治上被纳粹和法西斯主义者所实现的"哲学[2]。然而，不论是否有意，施密特的哲学有着广泛的政治含义。在建立一个人道社会的要求中，其绝望的政治学让人感到的无力无以复加。在这里我们看到了充满希望的思考、乌托邦主义和自然思辨的真正源泉：

> 我们应该问，未来的社会是否是一架庞大的机器？……"自然界中的巨大喧闹场"？未来社会充其量给人们留下一种模糊的希望，那就是人类将在叔本华（Arthur Schopenhauer）的哲学意义上达成和解，将最大限度地学会同被压

---

[1] 当施密特的哲学引导他把社会主义思辨为也将是对自然的支配之时，阿尔都塞的哲学引导他思辨说在社会主义与共产主义条件下意识形态依然存在。参看《保卫马克思》[Louis Althusser, *For Marx* (London, 1969), 223; *Essays of Self Criticism* (London, 1976), 123] 及以下内容。在阿尔都塞与法兰克福学派之意存在着有趣的平行现象，我们通常将他们视为与传统相对立的典型表现，但他们分享着令人震惊的一系列结论与观点。共同的线索是一种分享着的哲学唯心主义。

[2] Bertrand Russell, *A History of Western Philosophy* (New York, 1945), 790.

迫的动物界之间形成团结①。

第四节 支配自然？

"支配自然"（domination of nature）一直是法兰克福学派的主题。他们认为，借助于不断发展的技术能力，人类可以肆无忌惮地扩大对自然的支配，但是自然会施以报复，因为伴随着对"外在自然"支配的，是对"内在自然"（人类自身）日趋强化的支配以及日渐脆弱的人类存在。这种论点出现于霍克海默（Max Horkheimer）、阿多诺（Theodore Adorno）及其他人的早期作品当中，但在广岛事件以后，它成为法兰克福学派的核心关切。马尔库塞（Herbert Marcuse）或许是他们当中最执着于此且其见解或许也是最为复杂的代表人物。但正如我们已经看到的那样，这种观点是建立在一种关于自然的二元论且相互矛盾的观念之上的，它最终倒向了一种精致的拜物教。法兰克福学派的主题是把同自然的某种社会关系视为自然而然的关系，因此这些关系就成了永恒的和不可避免的。他们对技术的分析为这种无意识的拜物教提供了最好的佐证。即使是马尔库塞，在承认技术是社会产物的同时，也倾向于在技术调节人与自然关系的必然性上陷于抽象的哲学玄想。支配自然就是来自于这种抽象的必然性，而不

---

① Alfred Schmidt, *The Conception of Nature in Marx* (London, 1971), 156. A. 施密特：《马克思的自然概念》，欧力同等译，商务印书馆1988年版，第169页。

是源于技术在其中得以产生并得到运用的具体的社会和历史关系。尽管马尔库塞寄希望于新技术，寄希望于能带来自由而非奴役的支配自然，但那仅仅是希望。哈贝马斯（Jurgen Habermas）（和施密特一起是法兰克福学派第二代人物中最杰出的代表）很容易就拒斥了这种孱弱的希望，他断言："如果技术最终要立足于一项规划（project），那么它只能回溯到作为整体的人类'规划'，而不是那种在历史上曾被淘汰的规划。"① 在最严格的意义上，不论在内容还是形式上，技术都被视为永恒的。

如同马克思在商品中所识别出来的拜物教一样，法兰克福学派的自然拜物教同样源于其在使用价值与交换价值上的严格二分。这在施密特那里尤其明显，但他绝不是最典型的。法兰克福学派传统是在回应庸俗的经济主义过程中形成的。最初，"经济优先论"受到了挑战，学派成员醉心于文化、心理、社会以及更为宽泛的政治学研究。但是这种从交换价值及其所产生的自然拜物教中的撤离，最终滑向了科学技术决定论的分析。这种决定论在第二代理论家身上体现的尤为明显。我们终于发现施密特和

---

① Jurgen Habermas, *Toward a Rational Society* (Boston, 1970), 87. 有关"自然的报复"，参看 Horkheim, Max. *Eclipse of Reason* (NewYork, 1974), 92-127, 并参看马尔库塞的学生莱斯对"自然的支配"的批判："如果控制自然的观念有任何意义的话，那就是通过这些手段，即通过具有优越的技术能力———一些人企图统治和控制他人。人类共同控制自然的概念是毫无意义的……这里的'人'是一种抽象，只是隐瞒了一个事实，即在人与人的现实暴力斗争中技术工具发挥一部分作用。"——William Leiss, *The Domination of Nature* (Boston, 1974), 122, 123. （莱斯：《自然的支配》，岳长龄、李建华译，重庆出版社1993年版，第108、109页）并参看 Jurgen Habermas, "Toward a Reconstruction of Historical Materilism," *Theory and Society* 2 (1975), 287-300。

第一章 自然的意识形态

盘托出了其哲学决定论的精髓:"逐步克服同主观不相同一的东西,这既是黑格尔的辩证法的事,也是马克思辩证法的事。自然领域的越来越多的部分在纳入人的控制之下。"[①] 施密特显然是把马克思关于从"统治"中解放出来是可能的观点视为乌托邦了。深藏于这种决定论之中的绝望政治学一开始就是十分明显的。事实上,在早期理论家当中,马尔库塞是唯独宣称不放弃革命希望的人,尽管他对此表现出明显的焦虑。然而后一代则在一开始就继承了浓厚的反对革命的传统,认为革命只是不诚实的表现。

马丁·杰伊在其奠基性著作中观察到,1945年以后,"法兰克福学派经过长期的跋涉,最终远离了正统的马克思主义。最有力的证明就是研究所置换了阶级斗争,而它是任何真正马克思主义理论的基石。现在的焦点则集中在了更为广泛的人同自然的冲突上面"[②]。因此,在同自然的斗争中,资本主义条件下同自然的关系已经屈居次要的地位,政治斗争不再瞄准资本主义对自然的占用和生产,而是指向了人类对自然的不当利用和支配。"人类条件"而非资本主义成了历史的恶魔和政治的目标。这样一来,法兰克福学派给1960年代的左翼环保运动所带来的就不仅仅是一种错误的、二元论的自然观念。他们直接和间接导致了政

[①] Alfred Schmidt, *The Conception of Nature in Marx* (London, 1971), 136. A. 施密特:《马克思的自然概念》,欧力同等译,商务印书馆1988年版,第146页。

[②] Martin Jay, *The Dialectical Imagination* (London, 1973), 256. 马丁·杰伊:《法兰克福学派史(1923—1950)》,单世联译,陈立胜校,广东人民出版社1996年版,第290—291页。

治上的精神分裂症,对人性的渴望(如果确实有的话),存在于对现行体制进行的变革当中(既然这种资本主义并非是一种过错)。如果没有希望——如果人类状况真的具有决定意义——那么,在某种意义上来说,孤注一掷而又神秘地撤退到自身将是唯一的选择。

最近,雷蒙·威廉斯声称他在马克思主义当中识别出某种"人定胜天的必胜信念"。他正确地发现了我们在本章第一部分所观察到的那些东西,即这种人定胜天论(Triumphalism)是整个资产阶级思想的特征,仅就其一开始就将自然与社会分割开来这一点而论[1],这种乐天派对自然与社会的观点是一致的。这用来批评法兰克福学派同样是合适的,即使对他们而言,无情的支配自然是绝望而非欢愉的根源。它至多是否定性的乐天派。这种乐天派在20世纪俄国对待自然的态度以及关于自然的意识形态当中同样十分显见[2]。

其他所谓的西方马克思主义者在自然概念上同样存在问题。而在路易·阿尔都塞(Louis Althusser)的认识论系统当中,因其自身所产生的困难,自然则被完全取消。塞巴斯蒂亚诺·廷帕纳罗(Sebastiano Timpanaro)[3] 则至少试图解决这些困难,他旨在重申自然在生态上的优先性,认为人类的"生态条件"被马

---

[1] Raymond Williams, "Problems of Materialism," *New Left Review* 109 (1978), 3-17.

[2] Boris Komarov, *The Destruction of Nature in the Soviet Union* (London, 1980).

[3] 塞巴斯蒂亚诺·廷帕纳罗(Sebastiano Timpanaro, 1923—2000),意大利马克思主义哲学家与文学评论家。——译者注

第一章 自然的意识形态

克思主义者所忽略了,从而尝试通过强调"自然施加在人身上的压迫"[1]来对此加以匡正。但最终,廷帕纳罗除了复制了外在自然和普遍自然的一种生态学版本——它同生态社会学的某些方面具有暧昧的相似性——之外,几乎没有什么大的建树。这也是一种否定性的乐天派。

然而,正如威廉斯企图要我们相信的那样,人定胜天论可以捕捉到马克思主义的精髓,这是荒谬的。本章批判性考察的实质就是要指出,社会对于自然的优先性,自然若不是社会的,那它就什么也不是。正如施密特在某些地方所做的那样,仅仅强调这一结论,并不能使我们摆脱对自然的二元论态度。当务之急是要呈现自然被赋予这种社会优先性的具体关系。马克思那里存在着这种自然观的萌芽(即便是萌芽也不错),它比威廉斯的人定胜天论更加精致,在辩证法上也更为复杂。类似于乐天派,支配自然这一观念中的否定性乐天主义,起因于将自然和社会视作两个相互分离的领域,并试图统一它们。但在马克思那里,我们看到的却是相反的情况。他把同自然关系的统一性作为出发点,同时又将这种关系作为历史和逻辑推演的结果,而在历史和逻辑之间又存在着距离。由此一来,自然的社会优先性就不是从外部灌输进去的,而是已内在于同自然的社会关系当中了。所以,我们须关注的是自然的生产中那些更加复杂的过程,而非对自然的支配过程。"支配自然"的论调指向一个悲观的、单向度的并同自由

---

[1] Sebastiano Timpanaro, *On Materialism* (London, 1975), 52. 关于阿尔都塞,可参看 Neil Smith, "Symptomatics Silence in Althusser: The Concept of Nature and the Unity of Science," *Science and Society*, 44 (1) (1980), 58-81。

背道而驰的未来，而自然的生产这一思想则指向一个历史性的未来，它依然由政治事件和力量所控制，而不是诉诸技术决定论。但是，这些政治事件和力量恰恰是决定着资本主义生产方式特征和结构的事件和力量。在马克思的著作中，我们捕捉到，也仅仅是捕捉到这样一种自然观。下一章我们将具体展开自然的生产这样一种观点，以期为二元论的自然意识形态提供一种替代性选择，同时也提供一种新的理论基础，从而能在其之上，对由资本主义发展所引发的那些对于自然的具体而矛盾的态度进行考察。

第二章 自然的生产

在一项著名的声明中，马克思写到："日常经验只能抓住事物诱人的外观，如果根据这种经验来判断，科学的真理就总会是奇谈怪论了。"① 如果仅从自然（即便是资本主义社会的自然）的表面现象判断，自然的生产这一思想实际上也是矛盾的，甚至听起来是荒谬的。自然通常被认为恰恰是不可以被生产的；它是人类生产活动的反题。就其最直接的外表而言，自然景观呈现为日常生活加以使用的物质基础，是属于使用价值而非价值的领域。就此而论，它的特征是显而易见的。但随着资本积累的过程以及经济发展的扩张，这种物质基础越来越呈现为社会生产的结果，其差异的主导性方面也日益具有社会性起源。简而言之，当这种自然的直接表象被置于历史语境中的时候，物质景观的发展就表现为自然的生产过程。自然的生产的差异性结果正是不平衡发展的物质性征兆。因此，就其最抽象的层面而言，正是自然的生产把使用价值与交换价值、空间与社会融为一体。本章的主要目的就是，通过下述方式对我们的自然观念进行革新，即资产阶级意识形态的二元世界能够被重整为一个统一的整体。这就要求

---

① 马克思：《工资、价格和利润》，载《马克思恩格斯文集》第3卷，人民出版社2009年版，第53页。

我们必须把不平衡发展的模式视为资本的统一性结果，而不是把这种过程盲目地置于社会与自然的二元论的这种错误的意识形态当中。问题就在于要使自然的生产的本质性环节从其各种表面现象中挣脱出来。

马克思并没有明确地论及这种自然的生产。但其著作中所隐含的对自然的理解将会直接引向这一问题。事实上，马克思那里并不存在一个单独的、连贯一致并得到详细解释的自然概念，而是以不同的方式在使用自然概念。对这一概念的不同用法并非无章可循，仔细阅读马克思的著作就会发现他对自然的看法是合理推进的。最后，马克思并没有为我们完整地建构起一个自然概念，而是在其对资本主义生产方式的分析和批判中，给我们提供了一个理解自然概念的基本框架。

我不赞同在所谓的青年马克思和成熟马克思之间存在着一个根本的断裂这样一种观点[1]，而是认为，他的思想有一个逐步丰富和复杂化的发展过程，这也同样反映在其对待自然的看法上。统揽马克思的著作，他把自然视为具有差异的统一体，但他在不同的时期有时强调的是统一，而有时强调的是差异。在其早期著

---

[1] 关于马克思的著作是否应当被当成一个连续过程或当成一系列实际上是断裂的时期，这并非一个新问题。该问题萌生于一些马克思早年著作在20世纪初期的出版，这些著作到那时为止从来没有被出版。最近以来，最强烈的主张马克思的著作分为不连续时期，已经由阿尔都塞阐述过了。参看 Louis Althusser, *For Marx* (London, 1969). (阿尔都塞：《保卫马克思》，顾良译，商务印书馆，2010) 也有一些作者已经针对这种把马克思区分为青年时期与成熟时期的观点作出了反驳。特别参看 Bertell Ollman, *Alienation: Marx's Concep of Man in Capitalist Society* (Cambridge, 1971)。还可参看 William Leogrande, "An Investigation into the 'Young Marx's Controversy," *Science and Society* 41 (1977), 129-151。

作，尤其是《1844年经济学哲学手稿》中，他特别强调的是"人与自然的统一"。此处他主要吸收了黑格尔和康德的唯心主义传统。只是在《德意志意识形态》（与恩格斯合著）当中，马克思才形成了唯物主义自然观。马克思不再讨论"人与自然"之间那种假想的统一的哲学维度，而是更加关注实现这种统一的实际过程。这促使他去讨论人类行为的作用，将其置于人与自然关系的核心位置。进而，马克思把这整个问题视为历史性问题而非抽象的哲学之谜。在《政治经济学批判大纲》中，这些见解有些被加以深化，有些则得到了补充，尤其是在人同自然关系的历史性维度这一方面。在《资本论》中，特别是完成后以备出版的第一卷当中，其对自然的看法依旧是零散的，然而，在此我们可以初次看到在马克思对自然的不同看法之间存在一个连贯的逻辑进程。对自然的讨论之所以是零碎的，原因在于《资本论》的目的不是要分析自然，尤其不是分析资本主义条件下的自然。其目的旨在批判资本主义的生产方式，由此，也要求马克思在一定程度上展开他的自然观念。然而，其首要任务并不在于提出乃至发展出一套完整的自然观念。不过，由于第一卷的分析为马克思的批判提供了一种概念和思想的逻辑进程，所以，自然的概念就被如此处理了。

《资本论》中对自然的初次讨论也具有其早期著作的哲学色彩，但也有额外的收获；它同时提供了一个基础，使得对资本主义条件下同自然的关系的看法更为具体和深入。因而，在随后关于劳动分工、生产和现代工业的讨论中，为了准确说明在资本主义真实条件之下哪些东西变成了自然的，马克思也就显然能够再次论及自然问题。在《资本论》的其他地方,比如关于地租的讨论中,马克思也穿插着对自然观念进行了更为具体和唯物主义的描述,但它们都不统一,甚至也不明显。这正是此处我们要试图说明的地方。这里的关键并不是要作一份马克思关于自然的那些文献的汇编,并试图强行在其中找出某种内在的哲学线索,而是要认真理解马克思著作的指向和意图,并尝试对马克思的自然观念进行阐发和详细解释,这种做法至少能部分地佐证他的意图。就此而言,这种讨论就成为一篇政论文,而非哲学文章。

在《资本论》第一卷当中,马克思证明了自己"从抽象上升到具体"的格言是具有科学上的正确性的方法。以具体的商品作为开端,他推演出一系列的理论抽象:交换价值,使用价值,剩余价值,抽象劳动,社会必要劳动时间。随着分析的深入,这些概念逐步得到具体的阐述,最终都在思维中形成精确的具体。他对同自然关系的处理也遵循了这一方法。但是,与文本中的逻辑进程相统一的是历史进程;不过,总的来说,马克思论证的逻辑反映了历史所发生的真实的历史过程[1]。因此,自然观念的推进体现了"历史—逻辑"的方法,即使这一方法并没有在任何地方得到完全或局部的展示(例如对货币的分析),但是这可以从对自然的分散讨论中整合出来。在《德意志意识形态》的第一部分、《政治经济学批判大纲》的独立章节以及在不够明

---

[1] 《马克思恩格斯全集》第 30 卷,人民出版社 1995 年版,第 44 页。有关对《资本论》第 1 卷第一章的历史逻辑方法的有趣阐述,参看 Harry Cleaver, *Reading Capital Politically* (Austin, 1979)。——译者注

第二章 自然的生产

显却更为系统的《资本论》中，在探讨同自然的社会关系时，我们不时能捕捉到上述逻辑-历史的有关推演。首要的任务是追踪这些线索，其次是把它们揭示出来并把这个拼图拼贴完整。在这个拼图上，马克思已经给我们拼好了四个角以及多数直线边界，他也为我们提供了拼贴所需的大多数物件，但它们却是在迥然不同的分析语境中提供给我们的。为了识别它们的重要性，我们必须把这些物件翻过来，可以这么说吧，让它们的自然面孔露出真容。

我们将从生产一般出发，因为这是人类同自然之间最为基础的物质关系。"生产一般是一个抽象，但是只要它真正把一切生产时代的"共同点提出来，定下来，免得我们重复，它就是一个合理的抽象。""其中有些属于一切时代，另一些是几个时代共有的。[有些]规定是最新时代和最古时代共有的。"由此，"对生产一般适用的种种规定所以要抽出来，也正是为了不致因为有了统一（主体是人，客体是自然，这总是一样的，这里已经出现了统一）而忘记本质的差别"。① 就为交换而进行的生产而言，人类社会同自然关系的一般规定依旧有效，但是，正如我们在批判施密特时所看到的那样，使用价值同交换价值的辩证法给同自然的关系增加了新的要素，这种要素不是对生产一般而只是对为交换而进行的生产才具有特殊意义。最后，以市场交换为

---

① 以上几处引文全部出自：《马克思恩格斯全集》第 30 卷，人民出版社 1995 年版，第 26 页。还可参看马克思的如下陈述：我们"首先要研究人的一般本性，然后要研究在每个时代历史地发生了变化的人的本性"。参看《资本论》第 1 卷，《马克思恩格斯全集》第 44 卷，人民出版社 2001 年版，第 704 页注 63。——译者注

基础的生产存在着很多种模式，但随着资本在全球市场的胜利，一套全新的具体规则映入人们的眼帘，同自然的关系再次被革命化了。

从生产一般到为交换而进行的生产再到资本主义生产，论证的逻辑和历史这两翼都揭示并导向了同一具体显见的结论：自然的生产。作为批判费尔巴哈的一个部分，马克思在其或许是最为清晰地表明了自然的生产之现实性的陈述中写道："这种活动、这种连续不断的感性劳动和创造，这种生产，正是整个现存的感性世界的基础，它哪怕只中断一年，费尔巴哈就会看到，不仅在自然界将发生巨大的变化，而且整个人类世界以及他自己的直观能力，甚至他本身的存在也会很快就没有了。"① 如今，人类如此完整地生产着自然，以至于生产劳动的停滞会导致自然的巨大变化，甚至是人类自然的消失。

第一节 生 产 一 般

在其对商品的抽象要素进行的初次推导中，马克思把生产描述为自然形态被改变的过程。生产者只能"像自然本身那样发挥作用，就是说，只能改变物质的形式。不仅如此，他在这种改

---

① 《马克思恩格斯选集》第 1 卷，人民出版社 2012 年版，第 157 页。

第二章 自然的生产

变形态的劳动本身中还要经常依靠自然力的帮助"。① 通过他或她的劳作,生产者"按照对自己有用的方式来改变自然物质的形态。例如,用木头做桌子,木头的形状就改变了。可是桌子还是木头,还是一个普通的可以感觉的物"。② 就劳动生产出满足人类需要的有用物品而言,"它是一种永恒的必然性,离开它,就不存在人同自然的物质交换,因此也就不存在生命"。但劳动不仅仅是一种改变物质形式的活动;它同时也在改变着劳动者。"劳动首先是人和自然之间的过程,是人以自身的活动来中介、调整和控制人和自然之间的物质交换的过程。人自身作为一种自然力与自然物质相对立。为了在对自身生活有用的形式上占有自然物质,人就使他身上的自然力——臂和腿、头和手运动起来,当他通过这种运动作用于他身外的自然并改变自然时,也就同时改变他自身的自然。"③ 人同自然之间的关系被比喻为一种过程,人类借此以满足其自身需要,并将其他的使用价值返还给自然。很明显,在这一层面上,同自然的关系(物质交换)是一种使用价值关系;作为一种纯粹的使用价值,自然确实进入了同人类的关系。这是马克思早期观点,即"工业是自然对人的现实的

---

① 《马克思恩格斯全集》第44卷,人民出版社2001年版,第56页。在《资本论》这个英文版翻译中,"自然"一词有时是用大写字母开头的,但为了与其他翻译相一致,且因为在德语原文中"自然"一词作为一个名词一直是大写字母开头且没有任何其他附加的意思,所以在整个引用过程中,我一直保持小写字母。马克思在表达人性或人类之时,也用小写字母的"man"和"men"。出于简明之故,而避免任何性别语言问题,我引用时保持原文。——译者注

② 同上书,第88页。

③ 同上书,第207—208页。

历史关系"①的进一步说明和展开。

人类与生俱来就具有某种自然需求——衣、食、性和社会交往——而且,他们所生就的这个世界是自然界能够直接或间接提供满足这些需要的资料的世界。生存资料是直接来自自然并为满足自然需求而消费掉的物质必需品。在无法从自然界中直接获得一定质量和数量的生存资料的地方,生产资料——劳动于其上的生产对象以及工作劳动得以完成的劳动工具——就从自然界中取得并被活劳动用来生产消费品。通过生产满足自身需要的资料,人类集体生产出他们自己的物质生活,并在此过程中生产出新的需要,从而引起满足这种需要的进一步的生产活动。这些需要以及满足需要的方式,在最一般的意义上,是人的本质规定(determinants),就此而言,人类是自然存在;他们把自然能力(体力的和精神的)带到生产当中,这些能力通过生产对象和工具而受到锻炼。所以,人类的社会存在同自然具有抽象的同一性:"人直接地是自然存在物……具有自然力……[并且]有现实的、感性的对象作为自己本质的即自己生命表现的对象……一个存在物如果在自身之外没有自己的自然界,就不是自然存在物,就不能参加自然界的生活。"②

意识的生产是这种一般物质生活的生产之不可分割的一部分。在最一般的意义上而言,意识仅仅是人类实践的意识:

> 思想、观念、意识的生产最初是直接与人们的物质活

---

① 《马克思恩格斯文集》第1卷,人民出版社2009年版,第193页。
② 同上书,第209—210页。

第二章 自然的生产

动,与人们的物质交往,与现实生活的语言直接交织在一起的。人们的想象、思维、精神交往在这里还是人们物质行动的直接产物。……人们是自己的观念、思想等等的生产者,但这里所说的人是现实的、从事活动的人们,他们受自己的生产力和与之相适应的交往的一定发展……所制约。①

需求的意识,满足需求的手段的意识,以及影响需求本身和满足需求的手段的力量(例如科学、早期的自然宗教等)的意识,所有这些对于人类意识的构成都是核心性的。在此意义上,意识本身是人类生产活动的自然的产物,以及为了生产人类彼此相互融和的社会关系的自然的产物。

此处所描述的画面表明自然同社会的统一。在这种统一中,"人们对自然界的狭隘的关系决定着他们之间的狭隘的关系,而他们之间的狭隘的关系又决定着他们对自然界的狭隘的关系"。②这种统一既不是物理学家们所着迷的那种统一,也不是被生态运动的"回归自然"派所推崇的那种统一。对物理学家们而言,自然的统一是纯粹概念抽象的结果;对回归自然派而言,自然的统一不过是一厢情愿的良好愿望。两者都是观念性的抽象。马克思著作中所意指的自然的统一来自自然存在的具体活动,产生自经过劳动的实践。作用于自然存在的劳动把自然的各个方面聚拢一起并整合为一个整体。人类存在作为社会存在通过同自然的合作而生存和发展。但这种自然的统一不是没有分化的,它是一种

---

① 《马克思恩格斯选集》第 1 卷,人民出版社 2012 年版,第 151—152 页。
② 同上书,第 161 页注 2。

统一（unity），而非抽象的同一（identity），而且在这种统一中，理解人类生产性活动在自然的分化中所起到的作用是十分必要的。

首先，在人类和动物之间有个关键的区分，而劳动在此再次扮演着关键的角色。如马克思所指出的，"可以根据意识、宗教或随便别的什么来区分人和动物。一当人开始生产自己的生活资料，即迈出由他们的肉体组织所决定的这一步的时候，人本身就开始把自己和动物区别开来"。① 正是人的生产活动——不是作为一般概念，而是旨在创造生存资料的具体的历史活动——把人同动物区分开来。恩格斯在其未完成的论文《劳动在从猿到人的转变中的作用》中更加详细地阐述了这同一个论点。他说，劳动是"一切人类生活的第一个基本条件，而且达到这样的程度，以致我们在某种意义上不得不说：劳动创造了人本身。"② 从一开始，人化自然就是人的产物，这不单单适用于意识，同样适用于人的生理。手的发展——从一种搬运器官到能够操作其他工具的复杂机体——是经历了千百年的劳动才逐步完成的。或如唐纳·哈拉韦③写到的那样，"就其最基本的字面意义来说，人是自我创造的。我们的身体是工具使用和适应的产物，而这种活动早于作为物种概念的人。我们通过作为人同自然交换中介的工

---

① 《马克思恩格斯选集》第1卷，人民出版社2012年版，第147页。
② 《马克思恩格斯选集》第4卷，人民出版社2012年版，第988页。
③ 唐纳·哈拉韦（Donna Haraway，1944—），美国加利福尼亚大学意识史系和女性研究系荣休教授，著名的女性主义理论家。——译者注

具而主动地决定我们的方案。"①

除了人的生理、人类意识和生存的物资资料之外，物质生活的生产和再生产同样包含劳动者的生产，也就是劳动力的再生产。某些形式的社会关系在这种再生产过程中呈现出来，最基本的就是劳动的性别分工。这是劳动的第一次真正的社会分工，但其起源却存在于前人类的社会组织中。因为这种分工被人类社会继承下来，所以它表现得同时是社会和自然的，这再次证明了自然的统一。自然中的生物分化（biological differentiation）作为社会分工被再生产出来。社会分工是再生产的基础，但同时又扩展到了生产的领域。劳动的性别分工由此在全部人类社会中变得普遍起来，以这种方式，并再次通过有目的性的人类活动，人化自然本身开始分化。劳动的分工产生了系统的社会经验分化，人化自然正是在这种经验基础上不断地成型和再造。

现在，关于生产一般的观点提供了某些关于自然的洞见，但是相当有限的。这里尚隐含着若干的假设，尤其是关于生态和社会的和谐与平衡，而其核心问题在于使用价值的生产和消费之间存在的精确而持续的匹配。但是，年复一年，生产和消费之间不匹配以及发生饥荒和社会剩余的可能性都会日益出现。最初，这种不匹配完全是偶发的，而且一般是由诸如恶劣的天气或极度肥

---

① Donna Haraway, "Animal Sociology and a Natural Economy of the Body Politic, Part II: The Past is the Contested Zone: Human Nature and Theories of Production and Reproduction in Private Behavior Studies," *Signs* 4 (1) (1978), 38. Gordon Childe, *Man Makes Himself* (NewYork, 1939); Charles Woolfson, *The Labour Theory of Culture* (London, 1982).

沃的土壤等自然原因造成的，但通过规避由生产匮乏或消费不足带来的灾难性影响，每一个社会都逐步学会了"提供一种社会保险基金以对抗危险年产量的那些常见灾难。"最初，剩余仅仅是作为一种自然可能性而存在，如今它成为一个社会必然。这种长期社会剩余的创造不仅维系了社会最基本的生存，而且推动了分工的进一步发展和人口的增长①。在社会的基础层面，作为对抗社会危机的工具，剩余成为一种必然。

然而，持续的社会剩余的实现，并非剩余可能性的自动的结果，而是需要专门的社会和经济组织，它们同已远非仅仅维持生计的个体生产保持着一致。但这种日益增长的生产和随此而来的日益增长的劳动分工又反过来提供了新的可能性。简言之，持续的剩余成为社会分化出阶级的基础。这种现象最初同样出现于下面的情况：社会中的一部分人全部或部分地不再从事生产性劳动，并将自己的消遣建立在其他劳动人口的工作基础上。这种现象"最初还只是自愿的和断断续续的，而到了后来则变成强制性和常态的了"。按照恩格斯的说法，这种向以占有剩余为特征的社会的转变必然伴随着国家和奴隶制的发展，由剩余的生产者和消费者的分化向社会阶级分化的转化不断加强："在所盛行的一般历史条件下，劳动的第一次社会大分工注定要将奴隶制带入它的轨道。在劳动的第一次社会大分工中出现了第一次社会阶级分化：

---

① Roasa Luxemburg, *The Accumulation of Capital* (New York, 1968), 77; Ernest Mandel, *Marxist Economic Theory* (London, 1962), 27-28. 有关城市背景下的剩余价值的来源与功能的论战的概括可参看 David Harvey, *Social Justice and the City* (London, 1973), 216-223。

奴隶主和奴隶，剥削者和被剥削者。"但是这种发展同样需要一次"社会革命来打破平等主义的原始社会，造就一个阶级分化的社会。"① 社会的发展打破了自然的和谐与平衡。剩余在大自然中以某种方式被获取，而且为了加速定期性的生产和分配，需要专门的社会制度和组织形式。这反过来又改变了社会同自然的关系。抽象的自然个体（小写的"人"）不再适应同样自然的环境，因为同自然的关系已被社会制度所中介。

持续的社会剩余的生产因此产生了一个似乎矛盾性的作用。它为人类日益掌控同自然的关系提供了手段，因为他们能够更有效地调节使用价值的供给以满足自然需要。概言之，持续社会剩余的生产为人类开启了从自然限制中解放出来的漫漫征程。然而，另一方面，这种日益增长的控制必然是社会控制，而且尽管它坚称这种解放是人类社会整体的解放，但它只能通过发展社会的内部分化和奴役一大部分人口才能实现。这种矛盾的特定形式因不同社会发展出的特定类型而不同，这也正是需要我们做更加具体考察的地方。如马克思所说，

> 就劳动过程只是人和自然之间的单纯过程来说，劳动过程的简单要素是这个过程的一切社会发展形式所共有的。但劳动过程的每一个一定的历史形式，都会进一步发展这个过程的物质基础和社会形式。这个一定的历史形式达到一定的成熟阶段就会被抛弃，并让位给较高级的形式。一旦一个成

---

① 《马克思恩格斯文集》第 4 卷，人民出版社 2009 年版，第 180 页；Ernest Mandel, *Marxist Economic Theory* (London, 1962), 40, 44。

熟的阶段出现，特定的历史形式将被抛弃并为新的历史形式让路。①

第二节　为交换而进行的生产

剩余会表现出各种形式，这部分地取决于自然条件所允许或支持的食物存量、人口增长及非生产性消耗等。在有些形式中，它是供使用的，而在另一些形式中，则不是。如果存在一种不是用来使用的物质形式（如小麦供应在消费和储存后仍有剩余），那么，剩余产品则会用于交换其他的使用价值。剩余的生产是各使用价值间进行普遍交换的必要而非充分前提。随着为交换而进行的生产的出现，同自然的关系就不再单独是一种使用价值关系；使用价值不再是直接为了使用而被生产出来，而是用于交换。随着具体的使用价值彼此按照一定的数量相互进行交换，它们也就转变为一种社会性的商品，与交换价值和价值同时共存。商品的交换价值表现数量关系，通过它来交换其他的商品；交换价值的出现导致它而非使用价值成为生产的直接目的。商品持有者的商品的直接使用价值实际上成为了交换价值的贮存者。物质生活的生产由此不再仅仅是一种自然活动，在这种活动中自然界提供劳动的主体、客体和工具。在交换经济中，对自然的取用日趋受到社会形式和制度的调节，在此意义上，人类逐步生产出比

---

① 《马克思恩格斯全集》第46卷，人民出版社2003年版，第1000页。

第二章 自然的生产

其作为直接的自然存在要更多的东西。

所有这一切都引起了劳动分工的发展和细化,没有这种劳动分工,为交换而进行的生产就几乎不可能存在下去。首先是在那些固定在土地上的劳动同没有固定在其上面的劳动之间即农业劳动和商业劳动之间的分工。随着商品生产的普遍化,各种商业活动和组织势必发展起来以服务于产品交换。由此,市场功能同生产分开并发展起来,以简化和集中那些复杂的交换行为。为这种复杂的交换变得更加便捷,货币商品也就发展起来。其使用价值恰恰在于它所具有的体现"纯粹交换价值"① 的功能。随着市场以及各种其他机构的产生,地区中心也发展起来,并最终形成城镇,不计其数的辅助性活动也开始向城镇集中,从而促进了城镇的发展。就此来说,工业与商业的分工便意味着城镇与乡村的分离,而反过来,这又"构成了一切发达的、以商品交换为中介的分工的基础"②。

持续的剩余价值的生产以及劳动分工的发展为社会阶级的形成奠定了必要的经济基础(如果更广泛的社会条件更加有利的话)。这里一个基本的划分就是构成社会劳动总量的阶级和不从事社会劳动却占有社会剩余的阶级。这种阶级划分源自早先生产性劳动与非生产性劳动划分,但又不必然与其同时发生。许多统治阶级从来不进行劳动,而另有些人发挥着必要的社会功能,不过这种功能不产生社会价值。需要指出的是,随着社会阶级的形

---

① 《马克思恩格斯全集》第30卷,人民出版社1995年版,第118页。
② 《马克思恩格斯全集》第44卷,人民出版社2001年版,第408页。

成和发展，人们获得资源的权利（不论在质量上还是在数量上）是根据阶级而进行不平等分配的。

不论统治阶级是否直接控制社会生产资料，都通过他人的劳动直接控制了从自然那里得到的适当的剩余，而劳动阶级起到了生产资料的作用。对自然分配的不平等由于土地资产的分配不均而显得愈发明显，并表现在城乡之间在可见的、空间上的分离。

随着社会分化成各个阶级，这使得国家历史地表现为政治控制的手段。正如恩格斯写道的，"在经济发展到一定阶段而必然使社会分裂为阶级时，国家就由于这种分裂而成为必要了"①。国家的功能是根据统治阶级的利益，通过军事、思想以及经济手段来管理这个阶级社会。国家也与对女性的压迫相关联，因为劳动力在性别上的分工成为了社会关系与私有财产和生产交换的出现的根本上的不同。这不仅仅是阶级剥削和私有财产的一同出现，还有对女性的奴役和压迫。

现在深深扎根于阶级结构和生产过程中的家庭内部分工是隶属于更广泛的社会劳动分工的。最初在家庭中的只是一种"潜在的奴隶形式"发展成妇女和孩子成为父亲资产的成熟（full-blooded）奴隶制。先前在两性关系中存在的那种抽象统一发展成为其反面。在女人对生产进程进行有效控制的领域，尤其是在农业方面，被男人接管。当建立在商品交换基础上的生产方式形成以后，凡是需要共同分担社会再生产责任的地方，女性越来越

---

① 《马克思恩格斯选集》第4卷，人民出版社2012年版，第190页。并参看：Lawrence Krader, *Formation of the State* (Englewood Cliffs, N.J., 1968); Elman Service, *Origins of the State and Civilization* (New York, 1975).

第二章 自然的生产

被强迫承担所有的重担。并不是说他们不进行生产劳作了。正因为当妇女被强迫承担包括孩子抚养在内的所有家务同时还进行一些商品生产之时,男性则越来越专门从事用来交换的商品生产。这种发展的基本原则和私有财产的出现很相似。私有财产的继承只有在父系家庭中才能被确定。被恩格斯在最后一章中提及的是,如下情况乃世界历史上击败女性的写照,即"母权制的被推翻,乃是女性的具有世界历史意义的失败。丈夫在家中也掌握了权柄,而妻子则被贬低,被奴役,变成丈夫淫欲的奴隶,变成单纯的生孩子的工具了。"① 他继而以私有化的家庭发展对男性和女性之间的社会、政治、经济关系的反应进行阐述。他从以群婚为主的家庭形式追踪到一夫一妻制。对于女性来说,一夫一妻制是调谐出的最美好的历史性的机制。

通过基于性别和阶级的社会分工的生产,人类社会促使人的本性发生更进一步的转变。正如马克思在《关于费尔巴哈的提纲》第六条中讲到的,"人的本质不是单个人所固有的抽象物。在其现实性上,它是一切社会关系的总和"②。随着社会关系的改变,人的本性也会改变。

随着为交换而进行的生产发展起来的劳动分工之一,就是体力劳动和脑力劳动的分工。这开辟了人类意识产生的新前景,自此以后,某些阶级可获得的某些自然属性只是一种观念上的抽象物,而不是在工作中的合作伙伴或竞争对手。正如交换过程在实

---

① 《马克思恩格斯选集》第4卷,人民出版社2012年版,第66页。
② 《马克思恩格斯选集》第1卷,人民出版社2012年版,第135页。

践中表现为商品使用价值的交换，因此人的意识可以从直接的物质存在条件中抽象出来。潜在的抽象思维的产生是在实践中伴随着交换过程的抽象的结果。这是一种从对自身的否定的材料特性中产生的意识的"直接外排"。也就是说，随着抽象的思维和概念的发展以及脑力劳动和体力劳动分离的社会制度化，它不再是把意识简单地视为物质行为的"直接分泌"。现在，意识可以第一次"不用想象某种现实的东西就能现实地想象某种东西，它是和现存实践的意识不同的某种东西"①。当然，脑力劳动可能仍然与寻找新的劳动对象有关，即开发新的劳动机制并整顿劳动主体的工作习惯。但是一些形式的脑力劳动可能会不再成为劳动——不论是生产性的还是非生产性的，因为在这个阶段，对某些人，甚至对于整个阶级来说，自然的可获得性不再诉诸劳动行为，而是"纯粹的冥想"。

生产是为了交换而不是直接使用，因此首先出现了个体异化的可能性，随后则发展成必然性。由于阶级分化的出现，生产过剩以及随之发生的社会财富的增加不能保证一个更加富有的劳动阶级，因此产生了纯粹定量的劳动异化。劳动阶级的剩余劳动被统治阶级占用。但这也是定性的，工人阶级与自然的关系被改变了，因为虽然他们通过自己的劳动力与自然直接联系，却与自己的劳动产品相分离。换句话说，产品的所有者与自然没有任何直接的、实际的关系，因为他剥夺了他自己的劳动。现在工人的异

---

① 《马克思恩格斯选集》第1卷，人民出版社2012年版，第162页，译文略有改动。

化不仅仅是简单的产品的异化,而且由于劳动分工的日益专业化,也是个人同自己的工作伙伴和自身的异化。但可以预见的是,这种异化唤醒了它的反面,在工作中不断增加的是合作的自然力量发展的必然性。然而异化的不利影响在劳动阶级那里没有得到补偿,合作的好处很少给他们。他们放弃增加合作所带来的巨大收益,以剩余劳动力转化为交换价值的形式。和合作利益相关的大多是在生产力而不是劳动个体水平。随着为交换而进行的生产的发展,简言之,人类个体成为了一种社会产物:

> 在现存的资产阶级社会的总体上,商品表现为价格以及商品的流通等等,只是表面上的过程,而在这一过程的背后,在深处,进行的完全是不同的另一些过程,在这些过程中个人之间这种表面上的平等和自由就消失了。一方面,人们忘记了,交换价值作为整个生产制度的客观基础这一前提,从一开始就已经包含着对个人的强制,个人的直接产品不是为个人自己的产品,只有在社会过程中它才成为这种这样的产品,因而必须采取这种一般的并且诚然是外部的形式;个人只有作为交换价值的生产者才能存在,而这种情况就已经包含着对个人的自然存在的完全否定;因而个人完全是由社会所决定的;其次,这种情况又要以分工等等为前提,个人在分工中所处的关系已经不同于单纯交换者之间的关系,等等,也就是说,人们忘记了,交换价值这一前提决不是从个人的意志产生,也不是从个人的直接自然产生,它

是一个历史的前提，它已经使个人成为由社会决定的人了。①

随着严格意义上的物质上的异化，劳动者的异化意味着一种特定意识的异化。这两者是共同发展的。然而抽象思维的来源是少数人的特权，它很快成为每个人的财产。这种产生于人类直接活动的意识的解放为思想的产生提供了可能。直接的自我意识能够被社会意识所代替。马克思、恩格斯在《共产党宣言》中写道："任何一个时代的统治思想始终都不过是统治阶级的思想"②。对于劳动阶级来说，在任何生产方式下，个人和阶级间都存在不断的战争。不管他们有多少是多么成功地来源于直接经验，在日常工作经验中产生的自发的意识和统治阶级传播的统治思想之间，都被抽象思维所充斥。封建社会的农民们明白，他们一周三天为庄园主进行无偿地工作，但是他们也应该明白他们在上帝心目中有正当的、合法的地位这个事实。

伴随着为交换而进行的生产，自然的生产呈现出史无前例的规模。人类不仅生产其存在的直接自然性，也能生产他们存在的全部社会性。他们形成了一个与自然关系的复杂的分化，一个依据性别和阶级分化的社会属性，脑力和体力活动，生产和销售活动等等。在生产中，有一个更复杂的劳动分工。但是之前与自然关系的显著的统一并没有简单地退化为一片狼藉。而是在一个更高级的形式上被再生产出来。由于商品生产和交换关系的普遍

---

① 《马克思恩格斯全集》第30卷，人民出版社1995年版，第202—203页。
② 《马克思恩格斯选集》第1卷，人民出版社2012年版，第420页。

化，先前被孤立的和地方化的群体被编织成一个具体的社会整体。他们不再是通过社会个体的一般性统一而被结合化一起，而是通过必然会发展成市场和国家、财富和阶级、私有财产和家庭的社会机构。社会本身与自然明显地区别开来，它就这样出现了。通过人类的机构，社会和自然之间的分裂在第一自然和第二自然中产生了。后者直接和间接地涵盖了促进和规范商品交换的社会机制。孤立的地方团体为一个更广泛的社会团体让路。第二自然是从第一自然中产生的。

那么，"第二自然"到底指的是什么？直到交换经济的出现，国家机构是第二自然的想法才开始出现。在古希腊，柏拉图特别注意到人类活动改变地球面貌的方式。然而直到西塞罗，第二自然的观念才被真正地创造出来。根据他的观点，第二自然是人类活动产生的自然，而与所继承的非人的自然相对立。西塞罗用一种斯多亚学派的语调写作——这在两千年以后的今天看来仍旧保持着现代气息，他在《神性论》中作出了以下观察：

> 这样，我们看到感觉材料如何导致思想观念的产生，而工匠的手则把这些观念转变为现实，从而满足我们的所有需要，保证我们的衣食住行，给予我们城市、围墙、家园、庙宇。借助灵巧的手，我们为自己找到大量丰盛的食物。大地为探索的手提供了许多果实，这些果实可以即食，也可以储存。我们还捕获或有目的的养殖一些陆上、水下、空中的生物，以此为食。我们能够驯服和驾驭四脚牲畜，使它们的速度与力量为我们所用。我们给有些牲畜套上轭，有些则直接用来负重。为了自己的目的，我们开发大象的灵敏感觉，利

用狗的精明。我们从地底下挖出铁,对土地进行必要的耕作。我们搜寻深埋在地下的铜、银、金,既为了实用也为了装饰。我们砍伐树林,利用各种各样的野生植物和种植的植物,为了取暖和烹调食物,我们发明了取火。我们也建造房子,使头上有屋顶可以避暑御寒。我们还用这些材料造船,航行到任何地方去获取我们的生活所需。只有我们人类才能利用航海知识来驾驭自然的强大力量,即海洋和风浪,从而使自己能够充分享受海洋的富饶。我们还拥有陆地上的所有果实。我们有高山平原,也有河流湖泊。我们播种俗物,种植树林。我们通过浇灌使土壤变得肥沃,我们在河中筑坝以引导流水符合我们的意愿。有人说我们用自己的双手在自然界中创造了第二个自然。①

第二自然的概念完好无损地流传到 18 世纪。因此,法国著名科学家布丰(Count Buffon)伯爵的主要担忧就包括人类改造自然的行为。他写道:"一个新的自然可以被我们创造。"他把这一过程称为"自然的再生"②。但是,到了 18 世纪,第二自然不仅是人类的物质发明,还包含社会运行的机制、法律、经济和政策法规。

---

① Cicero, *De Natura Daorum*, II151-52. See *The Nature of the Gods*, translated by Horace C. P. McGregor (Harmondsworth, 1972), 184—185. 西塞罗:《论神性》,石敏敏译,上海三联书店 2007 年版,第 104—105 页。

② 关于布丰的观点转引自 Clarence Glacken, *Traces on the Rabodian Shore* (Austin, 1985), 655, 663, 664. 有关对西塞罗的进一步讨论,参看 Clarence Glacken, *Traces on the Rabodian Shore*, 144—146. 克拉伦斯·格拉肯:《罗得岛海岸的痕迹》,梅小侃译,商务印书馆 2017 年版。

因此，在人与自然的关系中，"交换价值同使用价值发挥着结伴而行的作用"①。这体现在两种意义上：首先，对自然材料的使用被就业带来的交换价值的数量所规范。这既适用于原料市场也适用于劳动力市场。而且，由于第二自然的物质方面是用来进行商品生产的，所以自然具有生产交换价值的成分。（在这种情况下，它不是对人类施加压迫的抽象的外部自然，而是死劳动的重量单位。）当然，自然的使用价值还是很重要的，只有克服困难（费很大力气）才能让一个屠夫用木匠的工具和材料干一个修鞋匠所干的活儿。但不再是生产的抽象可能性或不可能性决定着对自然的使用，而是由使用各种使用价值时的成本是贵还是贱决定的。使用价值在生产过程中被转换成交换价值（在计算中如同在实际中）。因此，"使用价值一旦由于现代生产关系而发生形态变化，或者它本身影响现代生产关系并使之发生形态变化，它就属于政治经济学的范围了"。② 对于交换价值和自然的关系来说也是同样的道理。交换价值一旦通过商品生产变成由第一自然产生出的第二自然，它就属于自然领域了，和自然的联系既是由交换价值也是由使用价值所决定的。

如果不承认交换价值已进入了自然，第一和第二自然的关系就不可能得到具体地理解。想要超越有限的、含混的和本质上的意识形态观点也是很难的，这种观点一方面认为自然是社会的，另一方面又认为社会也是自然的。同样有限和存在问题的是

---

① 《马克思恩格斯全集》第30卷，人民出版社1995年版，第226页。译文有改动。

② 《马克思恩格斯全集》第31卷，人民出版社1998年版，第293页。

"相关"和"相互作用"的观点，因为相互作用是不能替代辩证法的，辩证法是生产过程中的关键。先前没有被人类活动改变的第一自然的要素在劳动过程中居于从属地位并作为第二自然中的社会物质而再次出现。虽然它们的形式被人类活动改变，但是它们并没有停止成为自然物。在某种意义上，它们免除了非人的力量和过程的干扰——包括重力、生理上的压力、化学上的转化以及生理的相互作用。但它们也将成为一套起源于社会的新的力量和过程。因此，人与自然的关系随着社会关系的发展而发展。因为后者是矛盾的，所以和自然的关系亦是如此。

只要剩余劳动主要表现在农产品中，那么经济和行政权力就会同土地所有权紧密地联系在一起。农业劳动生产直接或几乎直接地用于消费，很少有中间人的阻碍。但是随着劳动的不断分工，越来越多的过程受到干预。一群工人和商人集团，他们之中没有人直接受到土地的牵连，他们开始自我标新立异了。第二自然的生产已经加速了从第一自然的社会解放，在这一过程中本质上完全属于第二自然内部的阶级矛盾进一步激化：一方面是统治阶级，他们与农业用地的原始的第二自然直接相联系。而另一方面，一个新兴的资产阶级的政治基础依赖于对市场和城镇的控制。随着这种矛盾的发展，对于资产阶级来说，势在必行的事情就是，其控制范围不仅要覆盖交换领域，而且要扩大到生产过程。其目的是为了保证用来交换的商品的持续供应。由于对生产与分配的统一控制，他们就能够更好地保证社会财富的持续生产；总体上说，为交换而进行的生产为资本主义生产特别开了方便之门。但是这不像为交换而进行的生产的最初发展，这不是一个逐渐的、势不可挡的、"自然的"转型。第二自然的产物涉及一个政治斗争,资产阶级革命是其高潮。那就是,它卷入了一个统治阶级的失败和另一个阶级的上升的过程。也因此就产生了一个新的、更加特殊的同自然的关系。

第三节 资本主义生产

同自然的当代关系及其特征渊源于资本主义的社会关系。资本主义异于其他交换经济之处在于:它一方面形成了一个占有社会全部生产资料却不劳动的阶级,另一方面,又形成了一个只拥有自己的劳动力并只能靠出卖劳动力为生的阶级。马克思指出,"自然界不是一方面造成货币占有者或商品占有者,而另一方面造成只是自己劳动力的占有者。这种关系既不是自然史上的关系,也不是一切历史时期所共有的社会关系。它本身显然是已往历史发展的结果,是许多次经济变革的产物,是一系列陈旧的社会生产形态灭亡的产物"。①

资本主义条件下的劳动阶级不仅被剥夺了它所生产出来的商品,而且生产所需的劳动对象和工具也被剥夺了。只有当这种雇佣劳动(wage-labour)关系普遍发展起来以后,交换价值才能成为构成其基础的价值的连贯表现。在交换中通过交换价值得到体现的商品的价值,是衡量生产商品的社会必要劳动时间的尺度。

---

① 《马克思恩格斯全集》第44卷,人民出版社2001年版,第197页。

070 劳动力商品也不例外；劳动力所得到的工资是衡量劳动力得以再生产所需的社会必要劳动时间的标准。所以，在资本主义制度下，剩余产品以剩余价值的形式出现。劳动者的劳动力价值仅仅是其在一天的劳动中所创造的全部价值的一部分。随着劳动者同生产资料的历史性分离，他们就只能完全靠出卖自己的劳动力为生。另一方面，同劳动相分离的资本主义又完全依赖对剩余价值一部分的再投资从而创造更多的剩余价值。剩余价值的实现和再投资都是在生产资料私有制引发的竞争条件下发生的。这就迫使个别资本——如果他们还想将自身再生产出来的话——扩大规模。所以，资本主义这种特定的社会结构导致资本积累成为物质生活再生产的必要条件。"为积累而积累"破天荒地成为一种社会必然性。积累过程由价值规律调节，这种规律对自身而言"不过作为内在规律，对单个当事人作为盲目的自然规律起作用"。[①]

作为资本主义特定阶级关系的衍生物，资本主义的经济关系结构也是独特的，这就意味着同自然的关系也是迥然不同的。就同自然的关系是经过社会所中介的这一点而言，资本主义同其之前的生产方式并没有任何不同。但是其显著特征在于这种社会中介的实质和同自然关系的复杂性。这种社会中介的逻辑不是直接源自生产和消费使用价值之需要的那种简单理由，甚至也不是为交换而生产的那种理由。而是出于一种创造和积累社会价值的抽象逻辑，它决定了资本主义条件下同自然的关系。所以，从抽象上升到具体的过程并非只是马克思所凭空想象出的一个好主意，

---

① 《马克思恩格斯全集》第46卷，人民出版社2003年版，第996页。

第二章 自然的生产

而是一种在资本主义条件下同自然的关系中实际发生着的现象的持续转换过程。价值层面上发生的抽象要素在同自然发生关联时不断地转换成具体的社会行为。这构成同自然关系的独特却又复杂的决定性方面——作为生产对象的自然,人的本质(human nature),生产过程,人类意识。同考察生产一般和为交换而进行的生产的方法一样,我们也将通过考察同自然关系的这些一般方面来探究资本主义之下同自然的关系。我们首先来探讨作为生产对象的自然。

受积累过程这一法则的支配,资本主义作为一种生产方式若要获得幸存,就必须不断扩张。物质生活的再生产完全建立在剩余价值的生产与再生产之上。为此,资本就要在地球上搜寻物质资源;自然不仅为生产提供主体、客体和生产工具,而且其本身也全部成为生产过程的原料,就此而言,自然已经成为普遍的生产资料。这样一来,如果有人"把尚未捕获的鱼叫做渔业的生产资料,好像是奇谈怪论,但是至今还没有发明一种技术,能在没有鱼的水中捕鱼"。①

在资本主义条件下,对自然的取用以及自然转化为生产资料首次扩展到了世界规模。在资本主义生产方式之下,对原材料的寻找,劳动力的再生产,劳动的性别分工,雇佣劳动关系,商品以及资产阶级意识的生产,全都普遍化了。在乐善好施的殖民主义旗号之下,资本主义将其面前的所有非资本主义生产方式一扫而光,强暴地把它们收编到自己的逻辑当中。在地理上,资本主

---

① 《马克思恩格斯全集》第44卷,人民出版社2001年版,第211页注6。

义以进步为幌子，试图把乡村城市化。"古典古代（classical antiquity）的历史是城市的历史，不过这是以土地所有制和农业为基础的城市……中世纪（日耳曼时代）是从乡村这个历史的舞台出发的，然后，它的进一步发展是在城市和乡村的对立中进行的；现代的［历史］是乡村城市化，而不像在古代那样，是城市乡村化。"①

资产阶级国家的发展对于资本主义的扩张不可或缺。同之前所有类型的国家一样，其核心功能便是代表统治阶级实施社会控制，这就意味着，在资产阶级社会它成为个别资本家所不愿或不能从事的事务的管理者。通过压迫、意识形态以及一系列其他社会手段，国家试图对海外的前资本主义社会进行统治，而对本国的工人阶级进行压迫，同时保证资本积累所必需的经济条件。一句话，它加速和确保了资本主义的稳步扩张②。由此，同自然关系的矛盾及复杂性特征，就呈现得更为具体了。在资本主义条件

---

① 《马克思恩格斯全集》第 30 卷，人民出版社 1995 年版，第 473—474 页。
② 有关国家的分析的复杂性和相关论争，参看 Colin Barker, "The State as Capital," *International Socialism* 2 (1) (1978), 16-42; J. Holloway and S. Picciotto, *State and Capital* (London, 1978); James O'Conner, *The Fiscal Crisis of the State* (New York, 1973); Suzanne de Brunhoff, *The State, Capital, and Economic Policy* (London, 1978). 关濮兰查斯与米利本德之争大多固定在讨论国家问题上，参看 Ralph Miliband, *The State in Capitalist Society* (London, 1969); Nicos Poulanzas, "The Problem of the Capitalist State," *New Left Review* 58 (1969), 67-68, Ralph Miliband, "The Capitalist State：A Reply to Nicos Poulanzas," *New Left Review* 59 (1969), 53-60; Ernesto Laclau, "The Specificity of the Political：The Poulanzas-Miliband Debate," *Economy and Society* 4 (1975), 87-110; Ralph Miliband, "Poulanzas and the Capitalist State," *New Left Review* 82 (1973), 83-93; Nicos Poulanzas, "The Capitalist State：A Replyto Miliband and Laclau," *New Left Review* 95 (1976), 63-83。

第二章 自然的生产

下,第二自然日益从第一自然中挣脱出来,但这却是通过一种相反相成的过程来实现的,即具有资本主义色彩的同自然的关系的普遍化,以及整个自然在生产过程中所实现的现实的统一。

劳动的社会分工和生产力的提高,使得第二自然开始了持续的内部分化。在此,科学劳动变得日趋重要,并逐步凸显为一种独立的活动。其主要功能就是加快以生产力形式出现的自然的生产。"自然界没有造出任何机器,没有造出机车、铁路、电报、自动走锭精纺机等等。它们是人的产业劳动的产物,是转化为人的意志驾驭自然界的器官或者说在自然界实现人的意志的器官的自然物质。它们是人的手创造出来的人脑的器官;是对象化的知识力量。"① 因此,资本主义工业的技术基础的确立只能通过"机器生产机器"来实现②。如果这一生产方式还将继续作为一个整体而运行的话,那么不同社会分工的扩展以及劳动的细分同样要求劳动之间须加强合作。为保证社会合作,全部经济生活都专门化了,最显著的就是从银行业到大众传播等不计其数的所谓服务活动的兴起。在资本主义条件之下,那种表征人类生产行为同自然的抽象合作关系,呈现出更加具体的面貌。专门化的合作发展成为一种对"劳动社会分工造成的无政府状态"的纠正,这种无政府状态是以生产资料私有制为基础的竞争的逻辑产物。

随着劳动的社会分工的发展,工作场所内出现了劳动的技术分工,正是在这里,我们开始看到资本主义制度下人化自然的生

---

① 《马克思恩格斯全集》第31卷,人民出版社1998年版,第102页。
② 《马克思恩格斯全集》第44卷,人民出版社2001年版,第441页。

产的基本要素。单一商品的生产被分解成无数的细节操作,这样使得每个工人的活动越来越受到限制,最后缩小到只剩下几个动作。这也必须广泛使用工人的"合作的自然力量",但是在资本主义的控制下,这种合作的实施不是个人自然力量的发展,而是正好相反。就像劳动过程中的其他自然因素一样,劳动的合作力也被异化,它们反而作为资本力量同工人相对抗。而这恰恰是固定资本的情况,这种情况不仅代表着一个巨大的科学和体力能力的投资,而且也代表了一个巨大的工人之间合作的锻炼。资本家的机械设备,"物质生产过程的智力……同工人相对立"[1],同他或她个性上的智力无能相对立。体力能力、智力以及合作技巧对于工人来说,是"作为他人的财产和统治工人的力量……总体工人从而资本在社会生产力上的富有,是以工人在个人生产力上的贫乏为条件的。"[2] 如同在供直接消费的使用价值的简单生产中那样,个人在劳动过程中实现了他或她的天性。但是当代劳动的状况是这样的:它不是把劳动者变成浪漫、高贵、白手起家的好莱坞明星,而是"压抑工人的多种多样的生产志趣和生产才能",它把他或她变成了"畸形物"[3]。对工人来说,建立在资本发展基础上的生产方式导致其"没有任何发展的专长"[4]:

>一切提高社会劳动生产力的方法都是靠牺牲工人个人来实现的;一切发展生产的手段都转变为统治和剥削生产者的

---

[1] 《马克思恩格斯全集》第44卷,人民出版社2001年版,第418页。
[2] 同上书,第418页。
[3] 同上书,第417页。
[4] 同上书,第406页。

手段，都使工人畸形发展，成为局部的人，把工人贬低为机器的附属品，使工人受劳动的折磨，从而使劳动失去内容，并且随着科学作为独立的力量被并入劳动过程而使劳动过程的智力与工人相异化；这些手段使工人的劳动条件变得恶劣，使工人在劳动过程中屈服于最卑鄙的可恶的专制，把工人的生活时间转化为劳动时间，并且把工人的妻子儿女都抛到资本的札格纳特车轮下。①

这就是资本主义制度下人的本质的命运。

恩格斯表明，随着商品经济的发展，"个体家庭"成为"社会的经济单位"②。随着一种私人财产的特殊资本主义形式的胜利，家庭的形式得到进一步革命化。特别是，虽然家庭仍然是一个经济单位，但其经济功能是非常特殊的，它不再是社会的经济单位。剩余价值不是在家里，而是在工厂和其他工作场所产生的。恩格斯强调，"随着生产资料向公有制的转移"，个体家庭将不再是社会的基本经济单位，但是资本主义本身不仅是靠着拉动越来越多的妇女进入劳动力市场，而且也靠着把剩余价值的生产从家庭转移到工厂和公共工作场所而开始打破个体家庭的过程③。

---

① 《马克思恩格斯全集》第44卷，人民出版社2001年版，第743页。
② 《马克思恩格斯选集》第4卷，人民出版社2012年版，第85页。
③ Joan Smith, "Women and the Family," *International Socialism 100* (1977), 21-22. 关于父权制与阶级的概括及不同观点的评论，可参看 Joan Smith, "Women Work, Family, and the Sconomic Recession"。该论文在霍普金斯大学"女性主义与资本主义批判"学术研讨会（24-25, April 1981）上宣读过，马克思与恩格斯关于无产阶级化可以使妇女从传统家族中解放出来的论点，从后见之明的角度来看有一点乐观主义了。

随着雇佣劳动在家庭以外的公共活动领域得以确立，许多和再生产相关的功能在核心家庭是私有化的。后者是"妇女工作"的领域，虽然大多数工薪阶层的妇女也外出打工。私人家庭的再生产模式对资本主义来说具有许多优点：再生产的成本由私人家庭负担，尤其是由女人来负担，因为她并不被支付再生产劳动力的工作的工资；私人家庭通过使下一代工人社会化而接受"自然"权威；而且它要求私有化的消费，伴随着它所有的思想上和经济上的后果。但是，资本主义的阶级结构遍及社会结构的各个方面，再生产也不例外。资产阶级的家庭和工薪阶层的家庭在许多方面不同。因此，资产阶级的家庭可能购买劳动力（"女仆"或"保姆"）来做他们的家务，而工薪阶层的妻子不仅做自己家的家务，而且还可能像她的丈夫一样为了工资而出卖她的劳动力。因此，这就是工薪阶层妇女的"双重负担"。总的来说，虽然家庭是私有化的，但是再生产仅仅只是一部分。政府积极地参与组织再生产，它不仅控制着如此关键的过程，并把它作为教育，而且还通过法律制度控制家庭本身的形式；它通过结婚和离婚的法律——堕胎法、继承法等——来实施对女性的压迫[1]。

劳动力的生产，像任何其他的商品一样，容易受积累周期的周期性波动影响。并且和其他的商品生产一样，一些尝试已经在

---

[1] 关于家庭对于资本主义来说的必要性，参看 Barbara Winslow, "Women's Alination and Revolutionary Politics," *International Socialism* 2 (4) (1979), 1-14。有关不同的观点，参看 Irene Bruegel, "What Keeps the Family Going?" *International Socialism* 2 (1) (1978), 2-15。

第二章 自然的生产

利用一系列技术创新——避孕药，医疗技术，基因工程——来调节这种波动。在这一领域也是一样，自然生产是一个被完成的事实。商品以一种特殊的形式被制造成一个社会的产品。试管婴儿通常被视为自然的生产的第一步，但现在日益被更正确地视为自然的生产的最后的阶段。开始一边利用手的无心插柳，而另一边利用最原始的方法来调节怀孕，这样的两种情况已经聚合在一起成为了一个单一的过程——生命本身的生产。

随着雇佣劳动关系的普遍化，意识快速发展。强调人在神创的宇宙中的合法位置的宗教意识形态被保留下来，但对于证明雇佣劳动关系的合法性，其作用有限。因此，资产阶级社会的崛起是由资产阶级意识形态的兴起来补充的，这种意识形态基于交换关系而不是生产关系。如果资本主义生产关系是以为了榨取剩余价值而对工人进行剥削为特征的，那么资本主义交换关系就是建立在平等和自由的原则上的。自由交换个人财产和平等交换是交换的原则，而且正是从这里开始，资产阶级思想开始产生。因此，马克思带着讽刺的口吻指出，在交换领域，"那里占统治地位的只是自由、平等、所有权和边沁。"[①] 代表着这种生产过程特征的劳役（wage slavery）、不平等和财产权的阶级基础，一旦进入市场就烟消云散，因为这是买卖双方彼此平等相待的地方。每个人都是一个消费者。随着大众消费、广告、电视、观赏性体育项目等的出现，资产阶级思想代表了从直接生产过程中分离得最成功的意识。资产阶级思想最成功的地方，就像在美国，它导

[①] 《马克思恩格斯全集》第44卷，人民出版社2001年版，第204页。

致了阶级差异不再存在的结论；似乎每个人都成为了中产阶级。

这种意识的同质化从生产系统本身的发展中得到了加强。为了积累，资本必须不断开发生产的技术手段，这意味着科技的不断进步。如果科学是由于发展生产力的目标而提高的，它就具有非常重要的意识形态功能，而这几乎成为一个世俗宗教的观点。但这种意识的同质化是有条件的，它只有在意识从直接的工作过程中分离出来时才会出现，虽然这是靠增长的劳动分工和科学思维的抽象性来推动的，但是资本主义生产方式仍然是基于工人阶级和拥有资本的阶级之间最根本的区别。这导致一种相反的方向，即沿着阶级路线走向文化分化，而且这种分化会在性别和种族的基础上进一步强化。如果承认意识形态的功能，意识仍然是物质实践的直接反映；但就像社会被分化一样，意识也被分化。实践中的阶级斗争越集中，那么意识分化也就越集中。"物质生活的生产方式制约着整个社会生活、政治生活和精神生活的过程。不是人们的意识决定人们的存在，相反，是人们的社会存在决定人们的意识。"①

资本主义生产自然的能力并没有什么独特之处。生产一般就是自然生产：

> 动物和植物通常被看作自然的产物，实际上它们不仅可能是上年度劳动的产品，而且它们现在的形式也是经过许多世代、在人的控制下、通过人的劳动不断发生变化的产物。尤其是说到劳动资料，那么就是最肤浅的眼光也会发现，它

---

① 《马克思恩格斯全集》第 31 卷，人民出版社 1998 年版，第 412 页。

第二章 自然的生产

们的绝大多数都有过去劳动的痕迹。①

资本主义的独特之处在于,人类第一次在世界范围内生产自然。因此,马克思在120年前已经敏锐地观察到,"先于人类历史而存在的那个自然界……这是除去在澳洲新出现的一些珊瑚岛以外今天在任何地方都不存在的"。② 当然,这种认识在今天是传统的地理学智慧,尽管它未从自然生产的角度获得普遍的解释。

然而,就与自然的关系来说,资本主义的发展涉及的不仅是一个数量问题,更是一个在质量上的发展。它不仅是人类征服自然的线性膨胀,更是以牺牲第一自然为代价对第二自然的扩张。与世界范围内的自然生产相一致,自然是逐渐地从内部生产出来并作为所谓的第二自然的一部分。第一自然被剥夺了它的第一性和原初性。与自然的关系发生了质的变化,其根源在于改变了使用价值和交换价值的关系。在"经济关系发展的不同阶段上,交换价值和使用价值是在各种不同的关系中被规定的。"③ 在资本主义制度下,交换价值的作用不再仅仅是使用价值的陪衬。资本主义在世界范围的发展和雇佣劳动关系的普遍化,使得交换价值关系成为同自然关系中的首要关系。当然,自然的使用价值仍然是重要的,但随着生产力的高度发展,特定的需求可以通过日益增长的使用价值体系来满足,而特定的商品也可以从日益增长

---

① 《马克思恩格斯全集》第44卷,人民出版社2001年版,第212页。
② 《马克思恩格斯选集》第1卷,人民出版社2012年版,第157页。
③ 《马克思恩格斯全集》第31卷,人民出版社1998年版,第37页。

的原材料中生产出来。向交换价值的转变是由资本主义实践实现的。资本主义生产（以及对大自然的挪用）不是为了基本需要的满足而进行的，而是为了满足一个特定的需要：利润。为了追逐利润，资本踏遍整个地球。它将价格标签贴在了它看到的每件东西上，从此，正是这种价格标签决定了自然的命运。

一旦与自然的关系由交换价值的逻辑决定，第一自然被作为第二自然的一部分并被生产出来，那么第一自然和第二自然本身就被重新定义了。由于生产用于交换，那么第一和第二自然之间的差异仅仅是非人类创造的世界和人类创造的世界之间的差异。一旦第一自然也被生产，这种区别就不再有真正的意义。相反，现在是在具体的和物质的第一自然——总的来说是使用价值的自然——同抽象的第二自然之间，以及内在于交换价值并从使用价值抽象出的派生物之间的区别。早期对人类和非人类世界观念的反对声如今仍然存在，并且直到19世纪才受到挑战。第二自然的新观点最极端的发展并非出现在布丰伯爵生活的法国（这里还残存着犹豫不决的反对派），而是出现在有着特殊哲学传统的黑格尔思想统治下的德国。黑格尔的第二自然是唯心主义的第二自然。它不仅是物质世界的改造和人的行为创造的，而且是自由意志，它通过权力系统而体现为现代社会的经济和政治机构。占据黑格尔的第二自然位置的，并非人造结构，而是法律体系、市场的法律，以及现代社会的伦理规则——"实现了的自由王国，是精神从它自身产生出来的、作为一种第二自然的那个精神的世界。"①

从黑格尔唯心主义自然观推演而来的现实，也包含了一种比西塞罗和布丰更高级的物质性第二自然概念，并且更适合新兴的资本主义现实。对第二自然最好的描述是由阿尔弗雷德·索恩-雷特尔提出的：

> 在德语中，"使用"通常被称为"第一或首要的自然"，其质地是物质的，而在交换领域被称为"第二、纯粹社会的自然"，在构成上是完全抽象的……
>
> [第一自然是] 具体的和物质的，包括作为使用物品的商品和作为物质，与自然相互交换的我们自己的活动；[第二自然是] 抽象的和纯粹的社会，有关商品的交换价值和数量的对象②。

同一件事同时存在于两种自然当中；由于物质的商品受万有引力和核物理学规律的支配，它存在于第一自然中；然而由于交换价值受市场规律的支配，它存在于第二自然中。人类劳动生产了第一自然，人类的关系生产了第二自然。

人类劳动的起源及其基本特征上的抽象潜能，如今在资本主义制度下首次成为现实。不仅是人类存在的当前或局部的性质，而且作为整体的自然也是在资本主义制度下生产的。建立在资本基础上的生产方式力求"创造出社会成员对自然界和社会联系

---

① 黑格尔：《法哲学原理》，邓安庆译，人民出版社2016年版，第34页。
② Alfred Sohn-Rethel, *Intellectual and Manual Labour* (London, 1978), 28, 56-57. A. 施密特：《马克思的自然概念》，欧力同等译，商务印书馆1988年版，第56-57页。

本身的普通占有，由此产生了资本的伟大的文明作用：它创造了这样一个社会阶段，与这个社会阶段相比，一切以前的社会阶段都只表现为人类的地方性发展和对自然的崇拜"。① 物质自然在劳动过程中作为一个整体被生产出来，它反过来也被第二自然的需求、逻辑和喜好引导着。地表、大气、海洋、地质层或者生物上层的任何部分，都难逃被资本转化的命运。通过贴上价格的标签，每一种使用价值都受邀而被委派到劳动过程之中，而资本——本质上是标准的上层人士——被驱使着利用好每一个邀请机会。

这似乎符合马克思的论述逻辑，但是，在《资本论》中，他难道不是已经说明劳动过程仍然利用"这样的生产资料，它们是天然存在的，不是自然物质和人类劳动的结合"②？这岂不是让人对自然是被生产出来的观念产生疑问吗？这里，很有必要考察两种情况。首先，在政治经济学意义上，自然物质不体现交换价值，尽管如此，但在使用价值意义上，自然物质却通过人类劳动，能够直接或间接地发生深刻的改变。例如，对农业土地的改良已经收回了它们所有的价值，因而土地已彻底贬值，但在肥沃度和土壤结构方面得到了大大的改善③。更明显的劳动产品，如建筑物，也是如此，它在生产过程的起源方面不再有任何的经济痕迹，尽管还保持人的技巧留下的物理特性。更广泛地说，通过

---

① 《马克思恩格斯全集》第30卷，人民出版社1995年版，第390页。
② 《马克思恩格斯全集》第44卷，人民出版社2001年版，第215页。
③ 《马克思恩格斯全集》第46卷，人民出版社2003年版，第843-844页。David Harvey, *The Limits to Capital* (Oxford, 1982), 337. （中译本《资本的限度》，第521页）。

人类活动，自然界的一些方面可能已大幅度改变了它们的物理形式，在没有任何社会必要劳动时间投资的情况下。在生产中造成的中毒性休克综合征、癌症和其他的人造疾病作为人类活动导致气候变化的实例，凡此种种，兹不一一列举了。他们虽然不是作为商品被生产出来的，却是作为第一自然的元素而被生产出来的。

但还存在一种更难理解的情况，这就是，事实上确实有一些天然物质的形式从前并没有被人类活动所改变。地质底层的部分可能算是这种情况了，如果走得足够深的话。如果走的足够远，超出了月球和其他行星以及被抛在空间中的各式各样的碎片，那可能太阳系了。但这些相当极端的例子，很难证明"自然生产"命题的错误，特别是当一个人看到所谓的非生产性的更具体的例子，如黄石公园（Yellowstone Park）或优胜美地国家公园（Yosemite Park）。无论从何种意义上说，它们都是被生产出来的环境。从野生动物管理到由人类占用的景观改造，物质环境打上了人类劳动的烙印。从美容院到餐馆，从野营公园到瑜伽熊的明信片，优胜美地国家公园和黄石公园都是精心包装的环境文化体验，这些地方每年都有可观的利润记录。这里说的不是对自然生产的怀旧，尽管这可能看起来很像，而是要证明自然已经被人力改变了。在自然生存的太古时代，在地球表面的英里以下或光年之外，这样做是可望而不可即的。如果我们非要这样不可的话，我们可以让这个可望而不可即的自然支持我们的像伊甸园一般的自然观念，但这始终是一个理想的、抽象的想法，一个事实上我们永远都不会知道的观念物。人类已经将自然生产出来了，无论它对人类来说是否可得。

资本主义所驱动的自然的统一过程当然是一种唯物主义的统一，而不是自然科学家的物理或生物的统一。毋宁说这是一个集中在生产过程的社会性统一。但这种统一不应被看作是指未分化的自然。正如上面所看到的，第一和第二自然之间是有区别的。但是资本主义所指向的自然生产努力要使这个过程更加普遍，如此说来，相互对峙的自然的区别与自然的统一又是如何相关联的呢？当然，经济结构表现为第二自然："在以往的全部无计划和无联系的生产中，经济规律都是作为人们无力驾驭的客观规律，就是说，以自然规律的形式，同人们相对立的"。[1] 因此，马克思把揭露现代社会运动的经济规律视为他的《资本论》中的一项任务。他"把经济的社会形态的发展理解为一种自然史的过程。不管个人在主观上怎样超脱各种关系，他在社会意义上总是这些关系的产物。同其他任何观点比起来，我的观点是更不能要个人对这些关系负责的。"[2] "人们自己创造自己的历史，但是他们并不是随心所欲地创造，并不是在他们自己选定的条件下创造，而是在直接碰到的、既定的、从过去承继下来的条件下创造"[3]。

但是，以这样一个看似自然主义的方式审视经济和社会的规律，也存在着一个潜在的问题，正如马克思自己在1868年7月11日给库格曼（Leo Kugelmann）的那封著名的信中所说："自然规律是根本不能取消的。在不同的历史条件下能够发生变化的，只是这些规律借以实现的形式。"[4] 如果资本主义经济规律

---

[1] 《马克思恩格斯文集》第9卷，人民出版社2009年版，第372页。
[2] 《马克思恩格斯选集》第2卷，人民出版社1995年版，第101—102页。
[3] 《马克思恩格斯选集》第1卷，人民出版社1995年版，第585页。
[4] 《马克思恩格斯选集》第4卷，人民出版社1995年版，第580页。

第二章 自然的生产

确实是自然法则，马克思似乎在诉说和暗示资本主义是不可以被取消的。不过，这对于一个毕生致力于争取社会主义斗争的坚定的革命者马克思来说，也许并没有什么意义，但这也不是马克思的疏忽，以及他要重新审视自然，将其简单视为外在于社会的东西，因为这里的自然规律指的并不是引力或物理规律，而是指社会劳动的分配规律。（顺便说一句，正是这种看似意外的矛盾，导致了施密特认为马克思把逻辑认识论范畴和经济范畴区分开来，并由此出发指责马克思的乌托邦主义）

就像我们一直主张的那样，解决方案不在于哲学范畴之间的区别，而是存在于人类实践中，特别是存在人类历史中。像地心引力一样，市场规律可以服从或抵制，以此种方式，我们可以改变它们的运行形式以及对它们的经验形式。但又不同于地心引力，价值规律并没有什么自然性；社会生活无不受引力摆布，但许多人的社会生活中却并没有价值规律。尽管价值规律和其他市场规律都被人们以自然法则的形式所体验，但它们仍不同于引力。这恰恰是马克思的观点，他说，资本主义的失败，使得人类貌似自然的历史结束和真实历史的开始变得可能，也使得以自然规律的形式所体验到的社会规律的终结成为可能，以及真正的社会控制的历史的开始成为可能。随着生产力的巨大发展，资本主义已经把自然的生产的问题提上了议事日程。但它是一个资本主义生产方式本身没有能力解决的问题。自然的生产在未来具有统一性质，但目前还做不到。

因此，第一和第二自然间的区分也越来越过时。这种区分，作为一种抽象的或本体论的对应物，甚至是相类似的实在性之间的哲学区分，只要它不再是指人的与非人的世界之间的区分，就是过时的。作为物质性和抽象性之间的区分，第一和第二自然之间的区分的确把握了社会组织及其与原始自然之间的复杂性。但资本"按照自己的面貌"① 生产物质世界的能力让自己成了这种区分的受害者本身，一种与不断变化的现实和人类历史的潜能失去了联系的抽象物。不是第一或第二自然本身，而是从第二自然之中并作为它的一部分将第一自然生产出来这一事实，使得第一自然的生产成为占主导地位的现实。但仍然要做个重要的区分。

恩格斯在指出我们对自然的"支配"时曾暗示了这一区分，"我们对自然界的整个支配作用，就在于我们比其他一切生物强，能够认识和正确运用自然规律"。② 识别和运用自然规律才有可能生产自然。但自然规律的识别必然涉及对这些规律界限的清醒的认识，而且要区分哪些规律是真正自然的，哪些是在特定社会形式下变得貌似是自然的。这是一个实际的而非哲学的区分。引力和价值规律的区别并不涉及什么是能够或什么是不能够生产的，因为只需通过对其他规律性质的识别和社会应用，引力的影响就可以轻易地被抵制和被改变并获得与之截然相反的结果。例如，飞机每起飞一次，我位就抵制了一次地心引力。一定要做出的根本区别，并不是什么能够被毁灭与什么不能够被毁灭之间的区别，这种区别是在社会历史实践过程而不是在哲学思辨中实现的。追溯历史，可以断定，万有引力定律是不能被毁灭

---

① 《马克思恩格斯文集》第2卷，人民出版社2009年版，第36页。
② 《马克思恩格斯选集》第3卷，人民出版社2012年版，第998页。

第二章 自然的生产

的,不管它在多大程度上可以被抵制或它的运作的实际形式可以被社会地决定;而价值"规律"则是可以被毁灭的。展望历史,只有通过发现和识别自然规律,我们才能够最终区分和揭示作为人的本质基础的自然规律。只有在摧毁和推翻以自然规律面目呈现出来的社会金字塔的过程中才能实现人的本质。那些在社会中对于人性有着最准确理解的人并不是那些宣扬许多人类行为和社会行为的自然性(其实就是必然性)的大祭司,而是那些有着最敏锐的直觉能够识别出哪些社会怪物会被消灭的人,正是这些人最了解人类能够创造出更人性化的东西①。

---

① 这显然赋予科学一种核心的作用,但这是一种批判的科学,因为科学的意识形态功能已经使得特定的社会关系变得像是自然形成的,即成了必然的东西。正如马克思所写道的,政治经济学的公式"在政治经济学的资产阶级意识中,它们竟然像生产劳动本身一样,成了不言而喻的自然必然性"(《马克思恩格斯全集》第44卷,人民出版社2001年版,第99页)。自然科学与社会科学之间的区别使得自然的拜物教作为自然科学的研究对象,而它允许社会科学按照自然科学的方式塑造自身,把社会当作一种研究的自然对象。按照马克思与恩格斯的观点,只有一门唯一的科学,即自然科学与社会科学不可分割的科学。但科学的统一是一个实践的过程,一种有待于创造的统一体。正如马克思在写给恩格斯的信中所说的:科学必须通过修正"以便达到能把它辩证地叙述出来的那种水平"(《马克思恩格斯文集》第10卷,人民出版社2009年版,第147页)。对于某些科学特别是所谓自然科学来说,恢复它意味着恢复一种政治,它原本合法地属于科学,却已经被剥夺与排除。如果我们关于自然的生产的观点正确,那么科学的政治所涉及的自然规律与科学的创造的区别,就是自然科学与社会科学的区别,而是科学与意识形态的区别。有关这个关系问题,参看瓦连廷·吉拉坦斯(Valentine Gerratans)对后达尔文主义的进化主义的批判:那些关注进化的科学家们,"他们与另外的那些阐述自然之历史性的贡献者不同,却是把作为自然历史的重要部分的人类历史的历史过程加以否定与排除,并以此而告终"。这种"方法论的颠倒"的象征——即倒退回到"把社会发展的历史规律视为永恒的自然规律的错误道路上去了"。V. Gerratans, "Marx and Darwin," *New Left Review* 82 (1973), 60-82.

资本主义在其不受限制的普遍化进程中，也给自己的未来创造了新的障碍。它制造了必需资源的匮乏（Scarcity），恶化了那些尚未被吞噬的资源的质量，制造出新的疾病，开发出威胁着全人类的未来的核技术，污染了整个环境。为了再生产我们不得不在其中消费，并且它在日常运转过程中对生产重要的社会财富的那些人的存在构成了威胁。但在同样的资本主义之下，必须将其一部分发展得非常好，这样可以揭示这种生产方式的非自然性和脆弱性，以及它的历史临时性。表明资本主义的历史是暂时的，不仅有其晚近性，还有其自身内部矛盾的生产。自然生产是那些具体矛盾的手段。在早期社会，自然与矛盾的关系，表现为稀缺的危机，而且其效果是直接的。和生产过程的集中性一样，稀缺的危机也代表了社会的外围界限。自然的稀缺性决定了社会发展的界限。在资本主义制度下，社会危机仍然集中于生产过程，但是现在却在一个复杂的社会系统心脏地带。自然生产是普遍的，但在这个过程中的内部矛盾同样具有普遍性。今天，危机并不是从社会和外部性的接口间而是从社会生产过程本身的矛盾中弹出。由于社会危机在今天仍然被归结为自然的稀缺性，在此意义上，这应当被看作是在本质上被生产出来的稀缺。

无论是以核能的形式抑或以工人阶级反抗的形式，被写入自然生产的矛盾产生于资本主义形式本身。因此我们应该理解，当马克思写道：资本主义创造了"在资本本身的性质上的障碍"时，他用的并不都是隐喻，其中最后一个就是工人阶级，它作为资本的雇佣奴隶而区别于其他的人类。这个"在资本本身的性质上的障碍"，"在资本发展到一定阶段时，会使人们认识到资本本身就是这种趋势的最大限止,因而驱使人们利用资本本身来消灭资本"。①在反资本斗争的过程中,工人阶级将会赢得真正地规定人的本质的机会。这完全不是主张今天的工人阶级比其他阶级更具有自然的规定性。它是一个由雇佣他们的阶级所控制的社会中的被异化的阶级,工人阶级方方面面都是非自然的,并且是资本主义的产物。这也不是意味着社会主义的必然性。而是暗示着反抗的必然性;这是一种人类动物的自然规律,他们被剥夺了用以满足其自然需求的资料,从而也会对这种剥夺做出反应,有时是暴力的,有时又以社会组织的形式。反抗的形式并不受自然法则而是受一种社会产物的控制。反抗的胜利将给人类带来史上独一无二的机会,一次成为具有自由意志的社会主体而非自己历史的自然主体的机会。

第四节 结论

伟大的皇家地理学家以赛亚·鲍曼(Isaiah Bowman)在耶鲁教书时,曾对他的学生说过,"人们能够在南极建立一个拥有十万人口的城市,并提供电灯和电影院。人类文明掏得起这个钱"。他说这番话的时候,皮艾里(Peary)刚刚在1909年踏上南极。一方面,南极可以被城市化这种观念,或许是鲍曼对其早期的环境决定论(Environmental determinism)观点的一种矫枉过

---

① 《马克思恩格斯全集》第30卷,人民出版社1995年版,第390—391页。

正，但他无疑是正确的。他以同样的口吻声称，"我们同样能在撒哈拉沙漠建造一座山脉，它可以高得足以形成瀑布。" 20 年后，他则更确切地指出，"人不能移山"，在尚未发行债券①之前——不能。

可以预见的是，自然的生产所走的路径，主要不是某种无法想象的物理力量，而主要是经济上的盈利空间；同样可以预见的是，正是在北美这个 1918 至 1973 年资本主义世界得以大肆扩张的世界，我们能够发现关于自然生产的最成功的案例。在让·戈德曼《大都市》(Megalopolis) 的打破常规的分析中，他这样描述道：

> 独创性 (Promethean)② 的努力一直局限于欧洲人的梦想，决定着自己家园的现状，在荒野中打破旧的界限……虽然在时间上结束了辽阔的免费土地，大城市的发展，通过细致的劳动分工，交流更多的服务、更多的贸易、更多的资金和人才的积累，为一个丰裕社会提供了无限的资源和广阔远景。
>
> 如果没有出类拔萃的独创性驱动，大城市的扩张是很难发生的。当边疆在本质上更加城市化，荒野明显从森林和大草原被驯化成为城市街道和拥挤的人群，秃鹫对普罗米修斯的威胁可能更难防范③。

---

① Isaiah Bowman, *Geography in relation to the Social Science* (New York, 1934).
② 也可以译作"普罗米修斯式的"。——译者注
③ Jean Gottmann, *Megalopolis* (NewYork, 1967), 79.

第二章 自然的生产

这一愿景中的机会与启示混合着潜在的矛盾,同马克思对待自然的态度并非完全不同。尽管不是以单向度的视角,马克思和恩格斯在传统上还是坚持逐渐控制或支配自然的自然关系:"随着手的发展、随着劳动而开始的人对自然的统治,随着每一新的进步又扩大了人的眼界。"① 资本主义的太阳正在升起,对自然的支配在逐步加快。以资本积累形式所实现的经济增长首次在历史上变成一种社会必然性,而对自然支配的持续扩大也同样成为一种必然。但是资本以及孕育了资本的资产阶级社会同自然所形成的关系,不论在质上还是在量上都发生了改变。资本主义继承了全球的世界市场———一种商品交换和循环的体系———它消化并反哺了世界资本主义体系,一种生产的体系。为实现这一点,人的劳动力本身转化为商品,也像其他商品一样依据特定的资本主义社会关系被生产出来。实现全球范围内的自然生产———不只是日益增强对自然的"支配"———是资本的目标。

这应该是马克思自然观中合乎逻辑(或者是未明说)的结论,并适用于恩格斯的一部分著作,尽管其"自然辩证法"将他明确引上了一条十分不同的道路(而我却仍然认为这条路是错的)。问题是他们为何仍保留了"支配"和"统治"自然这样的语言并局部地持有这种观念。在实践中,一旦前人类的第一自然(被支配者)和人类的第二自然(支配者)之间的区分变得过时,人与自然的关系也就超越了"支配"和"统治"这样的范畴。"支配"不是新的第一和第二自然之间关系的全部,物质

---

① 《马克思恩格斯选集》第 3 卷,人民出版社 2012 年版,第 991 页。

性和抽象性之间的区别继承了早期的、简单的区别。物不是被抽象世界在某种程度上控制或支配的——这将会迅速导向唯心主义——但全世界的物的生产（即它们的形式被改变），都根据抽象的法律、需要、权力，和资本主义社会的机遇来进行。自然生产的现实性，在今天的20世纪末比19世纪中叶表现得更加明显，这就更解释了为什么马克思坚持"支配"这陈旧观念。受到过度追求相对剩余价值驱使的资本主义的进一步发展，本该让自然生产的思想变成一个令人讨厌的陈词滥调。但它远未成为一种陈词滥调，而是一种新奇的、几乎仍然是理想主义的观念，是对自然的意识形态力量的证明。

自然的生产不应与对自然的控制（control）相混淆。尽管在生产过程中一般都伴随某些控制，但并非确定如此。自然的生产并不等同于对自然的支配，两者在性质上是十分不同的。甚至恩格斯也谨慎地对自然的支配（比"生产"有更多地控制内涵）和控制做了区分，他说："我们不要……过分陶醉于我们人类对自然界的胜利"，然后举出一段例子来说明胜利的代价和自然的"报复"。他总结说，每走一步，

> 我们都要记住：我们决不像征服者统治异族人那样支配自然界，决不像站在自然界之外的人似的去支配自然界，——相反地，我们连同我们的肉、血和头脑都是属于自然界和存在于自然界之中的；我们对自然界的整个支配作用，就在于我们比其他一切生物强，能够认识和正确运用自

第二章　自然的生产

然规律。①

自然的报复这种说法夹带着某种在"支配"思想中所蕴含的二元论，但是，如果考虑到恩格斯说这番话时所处的 19 世纪的科学胜天论的语境，那么它无疑是一个真知灼见。工业生产形成的、并已排到大气中的二氧化碳和二氧化硫已导致无法控制的气候影响：如果要进行某种竞猜（speculative ring）的话，那么温室效应（greenhouse effect）和随之而来的冰山融化的可能性已得到越来越多科学家的支持，尽管反对这种想法的人们还在期待着同样戏剧性的凉爽；而空气中增加的二氧化硫含量已经造成了酸雨。甚至，也许尤其是，人手（human hand）的生产也是无法控制的过程。资本主义这一人类生产中最彻底者和最处心积虑者，同时也是最无法无天的。正如污染物是生产过程的必然产物（虽然不是直接的目标）一样，自然的生产并不是生产有意设定的目标。（资本主义的）生产过程是有目的的，但其直接目的——利润——是依据交换价值而非使用价值设定的。因此，控制问题是非常重要的，但这要看发生在什么语境当中。首要的问题不在于自然是否受到控制或被控制到何种程度，这是一个在第一自然和第二自然、对自然的前资本主义的支配和非支配的二元论话语中形成的问题。真正的问题是，我们如何生产自然以及由谁来控制这种自然的生产。

资本主义的生产力已经发展到有望能再次实现自然的统一这样一种历史高点上。但是，在资本主义条件下，这种统一只是一

---

① 《马克思恩格斯选集》第 3 卷，人民出版社 2012 年版，第 998 页。

种趋势，这种希望是资本主义走向普遍化的动力所激发的。资本主义为这种统一创造了技术条件，但它本身并不能实现这种统一。正如马克思所说，替代性选择是要么进入社会主义要么退回野蛮状态，两者都是对自然的统一。不过，今天这种颇具讽刺意味的选择变得更加尖锐，由于核战争的威胁，野蛮对自然的统一只能诉诸清除自然。但是，威胁着人类退回野蛮时代的阶级社会也孕育着社会主义的可能。社会主义既不是乌托邦也不是保证书。它是自然的统一获得真正可能性的某个时间和地点，是为实现对自然生产的真正社会性控制而斗争的舞台。马克思早年曾把共产主义描述成"人与自然之间矛盾的真正解决。[①]"这是否是真的，还有待于观察和实践。

可以肯定的是围绕这种冲突的斗争和对剥夺的反抗。从许多方面来看，它都是一种控制"社会必然性"的斗争。例如污染，很多的自然生产都是无意的，是生产过程不受控制的结果。它们可能是劳动过程中不可避免的产物，但污染和许多其他被生产出来的自然部分不是"社会必要劳动时间"的承担者。为社会主义而斗争就是为由社会决定哪些是或不是"社会必然性"而斗争。在最终的意义上，它是为决定什么是价值什么不是价值的斗争。在资本主义制度下，它由市场做出判断，这种市场将自身打扮成一个自然的结果。社会主义是争取根据人类需要而非市场及其逻辑、根据使用价值而非交换价值和利润来判断是不是必然性的斗争。

[①] 《马克思恩格斯文集》第1卷，人民出版社2009年版，第185页。

第二章 自然的生产

马克思晚年的著作较少探讨与自然的关系,而是更关心共产主义是什么或不是什么。下面一段出自《资本论》的话说明了这一点,但从政治上来说,比他的早期作品更具体、更简明扼要,立场更坚定:

> 事实上,自由王国只是在必要性和外在目的规定要做的劳动终止的地方才开始;因而按照事物的本性来说,它存在于真正物质生产领域的彼岸。像野蛮人为了满足自己的需要,为了维持和再生产自己的生命,必须与自然搏斗一样,文明人也必须这样做;而且在一切社会形式中,在一切可能的生产方式中,他都必须这样做。这个自然必然性的王国会随着人的发展而扩大,因为需要会扩大;但是,满足这种需要的生产力同时也会扩大。这个领域内的自由只能是:社会化的人,联合起来的生产者,将合理地调节他们和自然之间的物质交换,把它置于他们自己的共同控制之下,而不让它作为一种盲目的力量来统治自己;靠消耗最小的力量,在最无愧于和最适合于他们的人类本性的条件下来进行这种物质交换。但是,这个领域始终是一个必然王国。在这个必然王国的彼岸,作为目的本身的人类能力的发挥,真正的自由王国,就开始了。但是,这个自由王国只有建立在必然王国的基础上,才能繁荣起来。工作日的缩短是根本条件。[①]

如同我们已指出的那样,缩短工作日是一种过渡性的需

[①] 《马克思恩格斯全集》第46卷,人民出版社2003年版,第920-921页。

要。它仍需按照交换价值来计算。工作日越短,工人为资本家所创造的表现为利润形式的剩余价值就越少。最终的目的是为了实现工人的控制和管理,控制生产的过程从而控制自然的生产。这就意味着通过控制交换价值体系推翻资本主义及其所实现的社会控制。这就是为了控制使用价值领域。在此意义上,"自然的生产"概念做到了施密特的"自然的概念"想做却永远也无法做到的事情:即把它"转化为政治行动的概念"①。

有人会将这种分析——实际上也就是自然生产的想法——看作是对自然内在的美丽、圣洁和神秘的无耻亵渎和粗暴干涉。自然的意义对于他们不仅是神圣的,而且由于避开了诸如从真正的劳动生产所作的这种庸俗考察,而变得甜蜜。至于"庸俗",他们并不错,不过他们只是回避了它并进而予以否认,然而它却是真实存在的。现代工业资本主义和它所揭示的一切正是资本主义的庸俗,它并非"必然性"产生的庸俗。它是现实存在的产物,而非马克思主义理论编织的幻影。还有其他人会抱怨,即便算不上十分庸俗,对于一种自然理论而言,它仍然称得上是可恶的人类中心主义的。然而,同以明显的浪漫口吻将自然的生产指控为"庸俗"的做法类似,这种抱怨同样是怀旧的产物。从人类从事生产自己的生活资料从而把自己与动物区别开来开始,他们就一步步趋向自然的中心了。借助人类劳动和全球范围的自然生产,人类社会堂堂正正地将自己摆在了自然的中心。妄想别的,就是

---

① Alfred Schmidt, *The Conception of Nature in Marx* (London, 1971), 196.(《马克思的自然概念》第212页)。

怀旧。正是这种在自然的中心地位驱动了资本控制自然的疯狂需求，但是控制自然的想法是白日做梦。这是资本与资产阶级每夜都在为第二天的劳动做准备而做的梦。然而，对于自然生产的真正人的、社会性的控制，是社会主义可实现的梦想。

第三章 空间的生产

除非把空间概念化为一种完全独立于自然的现实存在，否则，空间的生产就是自然的生产的逻辑结果。在空间的含义以及空间同自然的关系方面，需要几个假设，但论证空间的生产应当说也不是十分困难。难点就在于假设上，这是因为空间概念与"自然"概念一样，也倾向于被视为一种想当然的东西，其含义似乎毫无争议。然而事实上空间具有多重的、有时甚至是矛盾的含义。不管对空间概念持何种立场，我们都难免对空间形成如下几个基本的观念，即把空间视为一种场域、一种容器或一种简单的空无；在今天的西方社会中，这种空间观事实上已经成为习以为常的看法。但是，正如爱因斯坦在明确论及空间和时间概念的时候所写到的那样，"在对于科学的兴趣当中，有必要反复对那些基本的时空概念进行批判，以避免我们无意识地受到它们的左右"。[1]我们将试图根据空间的生产的理论自身的优点推导出其论证，而非简单地依赖于以前章节的权威；因此，仅仅在最后阶段中我们才把它与围绕自然的论证相联系。这将不仅提供一种关于

---

[1] Albert Einstein, "Foreword", in Max Jammer, *Concepts of Space* (Cambridge, Mass., 1969), xii.

第三章 空间的生产

空间的生产理论的更加强硬的争辩,而且将提供给我们一个挑剔性地考察空间概念的机会。这反过来为考察资本主义的地理学,尤其是为具体明确地呈现自然的生产和资本主义的不平衡发展之间的关系,提供一个合适的概念上的依据。

我们此处关注的是从较小尺度的建筑空间到整个地球表面,即在最一般意义上作为人类活动空间的地理空间。另外,随着分析的深入,一个更加具体的关于地理空间的概念将逐步形成。这里重要的一点就是把地理空间与此处无法考虑的许多其他空间的含义与讨论区分开来①。自从20世纪60年代早期以来,对地理空间的概念化已是大量讨论的对象。关于空间的两个特殊概念已被突出强调:绝对空间与相对空间。这些讨论是在回应1960年代早期形成的所谓地理学计量革命(quantitative revolution)② 中出现的。以前,地理学者已趋于几乎完全依赖绝对空间的概念,

---

① 尽管心理学与人类学、文学中对空间的处理与地理空间的态度有些重叠,但我们还是并不特别地致力于讨论这些问题。例如,参看 Edward Hall, *The Hidden Dimension* (NewYork, 1966); Levi-Strauss, Claude, *Structural Anthropology* (New York, 1963); J. Piaget, *The Priciples of Genetic Epistemology* (London, 1972); Carl Jung, *Man and His Symbols* (London, 1964)。

② 计量革命是西方地理学的一次地理学研究方法的革新,始于20世纪50年代,于60年代兴盛。在计量革命中,地理学家们把数学统计方法应用在人文地理学研究中,其他学科的定律、规律也用来研究人文地理问题,使人文地理从定性分析走向定量分析,揭示了人文现象的相互关系、相互作用的空间规律性。计量革命仅仅是一种研究手段的更新,并不能完全取代传统的研究方法,也不能完全解释地理现象,它只有和定性分析方法相结合才能更好地发挥作用。

但是"计量革命"① 的技术创新，开阔了人们在该主题（subject-matter）上的视野。在这些不同的空间概念中，暗示着同自然和物质事件的不同关系。在谈论空间的生产时，我们尝试着把这些讨论推向深入。为此，了解绝对空间与相对空间差异的缘起和意义是十分必要的。事实上这些概念起源于物理科学和科学哲学。因此，我们先转向关于空间的科学论述，这样做是为了理解空间概念之更加广泛的历史和认识论来源，从而帮助我们形成对资本主义地理学的当代理解。

第一节　空间与自然

1920 年，也就是在广义相对论发表以后的几年，阿尔弗雷德·诺斯·怀特海就宣称："关于自然意义的问题基本上可以还原为关于时空特性的探讨，这样说一点也不过分。"② 怀特

---

① Fred Schaefer, "Exceptionalism in Geography: A Methodological Examination," *Annals of the Association of American Geographers* 43 (1953), 226-240; William Bunge, *Theoretical Geography* (Lund, 1966); Peter Haggett, *LocationalAnalysis* (London, 1965); Ian Burton, "The Quantitative Revolution and Theoretical Geography," *Canadian Geographer* 7 (1963), 151-162; 戴维·哈维是第一位在地理学背景下详细讨论绝对与相对空间概念的学者：David Harvey, *Explanation in Geography* (London, 1969). 大卫·哈维：《地理学中的解释》，蔡运龙译，商务印书馆 1996 年版）。而在 *Social Justice and the City* (London, 1973) 一书中哈维补充了第三个概念"关系性空间"（relational space），但对相对空间与关系性空间之意的区别他并未给出充分的澄清。

② Alfred North Whitehead, *The Conception of Nature* (Cambridge, 1920), 33. 阿尔弗雷德·诺斯·怀特海：《自然的概念》，张桂权译，中国城市出版社 2002 年版，第 31 页。

海受相对论的启发，提出了格外新颖的后牛顿空间观。但是，就他把空间视为优先于自然这一点来看，他仍延续了那种至少是在牛顿以来就一直存在于社会科学和自然科学中的正统空间观念。在历史上，空间总是在同自然的关系中得到概念化，但对这种关系本质的考察方式却迥然不同。牛顿的绝对空间观只是证明这一规律的反例。为了把空间视作某种同物质（绝对空间）相分离而独立存在的实体，牛顿也必将确立另一种与绝对空间观相平行却又次要的相对空间观，这种观念只能通过与物质事件的关系来确立。正如牛顿本人所明确指出的那样，绝对空间观念表明同之前的空间观念的断然决裂，后者多少都同物质事件相混淆：

> 时间、空间、运动这些众所周知的词语我就不再一一定义了。我必须说明的是一般人在没有其他任何理解下，但从与实用实体有关的方面去设想的这些数量，并且因此出现一定的偏见，如果排除这些偏见将很方便地区分出绝对和相对，一个真实，一个未必真实，一个精确，一个粗糙。绝对空间就其本质来说，不同任何外在的东西发生关联，它总是相似的、不变的。相对空间则是绝对空间的某种运动着的视角或尺度，它们由我们的感觉根据同我们身体的位置所确定①。

在差不多三个世纪之后的今天，不是牛顿对手的概念而是

---

① 牛顿《自然哲学的原理》，转引自 Max Jammer, *Concepts of Space* (Cambridge, Mass., 1969), 99。参看牛顿：《牛顿自然哲学著作选》，王福山译，上海世纪出版集团2001年版，第26—27页。

牛顿自己的抽象概念间接地形成了有关空间的一致性偏见。在先进的资本主义世界中，人们今天把空间设想为空无，一个物体存在于其中、事件发生于其中的普遍容器，一个关系的框架，一个囊括了（同时间一起）所有现实存在的相互协调的系统。这种对于空间的想法如此不证自明，以至于尽管因持续被用作隐喻而致使其含糊和歧义不断，我们在日常使用中却仍对其毫无批判。空间不过是一个既定（given）的普遍存在。

在牛顿之前及紧随其后，相对空间观开始趋于流行。根据相对性概念，空间是不能独立于物质而存在的。空间实际上是具体的物质形体之间的关系，并由此同物质和物质性事件的运动、行为以及构成相关。虽然希腊的原子论者可能已提出一个一定程度上比较先进的绝对空间概念，然而，只是到了牛顿这里，才把绝对空间和相对空间的差异明确区分开来。尽管爱因斯坦的相对论似乎也强调相对空间的优先性（仅仅把绝对空间视为相对空间的特例），但是，20世纪物理学的相对空间同前牛顿时代的空间相对性还是截然不同的。现在，尽管数学、物理学中的这种空间观并没有自动转译到社会科学当中，但物理学的相对论还是对地理学家产生了强大的影响，直接导致了他们对自己的空间观念进行重估。不过，物理学中的空间概念史比此处首次得以界定的绝对空间和相对空间观念所表明的情况更加复杂，物理学和哲学关于这方面的争论直到今天仍在继续①。这种历史中包含了三条线索，它们对我们手头的任务都休戚相关，每一条都关注空间与自然在某方面的关系，对这条线索，我们一一加以考察。

第一，空间概念是从物质中逐步抽象出来的，这是空间概念史的一大特征。我们今天在空间和物质之间的这种区分在早期社会是不适用的。空间同物质、力量或权力、人类或其他什么东西是不分的，是彻底同自然统一的。空间、本质和意义是一回事。罗伯特·萨克（Robert Sack）准确地描述了这种原始的空间观：

> 在原始的观念中，土地不是一个可以被分成若干块，然后按块出售的东西。土地并不是一个更大空间系统中的一小块空间。相反，它被当作社会关系来看待。人作为自然的一部分，与土地亲密地联系在一起。人属于哪个领域或地方是个社会概念，也就是首先要明确他归属于哪个社会单元。土地归作为整体的集体所有。它不被私自分割和拥有。此外，土地被赋予了人的精神和历史，它充满了活力，土地上的地方（places）都是神圣的②。

在这一阶段，人们所体验到的是地方（place）而非空间。

---

① 对相对空间概念的辩护，参看 Hinckfuss, *The Existence of Space and Time* (Oxford, 1975)。有关新牛顿主义的绝对主义辩护很少达到牛顿原初概念的水平，参看 Graham Nerlich, *The Shape of Space* (Cambridge, 1976)。有关绝对空间概念的古典主义态度，并没有与此同时复制出相对空间概念，参看 Adolf Grunbaum, *Philosophical Prolems of Space and Time* (New York, 1963)。

② Robert Sack, *Conceptions of Space in Social Thought* (Minneapolis, 1980), 22. 罗伯特·戴维·萨克:《社会思想中的空间观：一种地理学的视角》，黄春芳译，朱红文等校，北京师范大学出版社2010年版，第23页。

人们尚未从具体的地方抽象出一般的空间。空间及其使用（包括神性的和物质性的）同社会的和物理的空间是无法分开的。空间意识是实践活动的直接后果，卡西尔提供了一个典型的地理学例子：

> 人种学向我们表明，原始部落对空间通常有一种与生俱来的、极其敏锐的感知。这些部落的土著民能够捕捉到他所在环境的所有最细微的细节。他对他所处环境中常见物体的任何位置的改变都极其地敏感。即使在很困难的情况下，他也能找到自己的路。当划行或航行时，他很准确地沿着河道上上下下。但是，经过更细致地考察，我们惊讶地发现，即便是在这种场合下，他对空间的理解也似乎莫名地缺乏。如果你让他给你做一个概括性的描述，给出一个关于河流流程的轮廓，他是做不到的。如果你希望他画一张该河流及其不同流向的地图，他甚至不明白你的问题。这里我们就能够很鲜明地感受到，对空间和空间关系的具体理解和抽象理解的那种差异了。土著民对河流的流程非常熟悉，但这种熟悉同我们所称的抽象和理论意义上的知识之间，还有相当的距离[①]。

正如在其他地方已指出的那样，空间概念作为一个可辨认的

---

① Ernst Cassirer, *An Essay on Man* (London, 1944), 45-46. 卡西尔：《人论》，甘阳译，上海译文出版社1985年版，第58-59页。

意识对象，可能是先于时间概念而存在的①。区别于特定空间和地方的那种空间概念的形成，同人类历史上一个更大的里程碑即哲学和概念思想——它们不再是直接实践活动的衍生物——的出现是同步发生的。最早的希腊哲学家接二连三地把空间与物质混淆起来，但他们也能用更加抽象的概念化方式看待空间，这在毕达哥拉斯那里已表现得相当明显。后来亚里士多德和柏拉图以及希腊原子论者的理论已更看重空间，进一步将它同物质分开，日益将其视为独立的。对柏拉图来说，空洞的空间被看作是无差别的物质基础，为他将物质还原为空间铺平了道路，这一主题延续到今天。亚里士多德则另辟蹊径，把空间比拟成力场，这同样是一个延续至今的辩题。但是，在柏拉图那里，空间在某种意义上比物质更基础，而对亚里士多德来说，相反的情况似乎更正确。杰莫尔②为此解释道，对于亚里士多德来说，空间是"物质的偶然"（accident of matter）③。不过，对于此处我们的目标来说，这里有趣的倒不是他们的观念以及他们提出的不同理论间的差别，而是他们两个在关于空间与物质不可分离这一点上达成的一致。几何学起到了关键的连接作用。对柏拉图和亚里士多德两者共同而言，几何学是连接空间与物质的粘合剂。当几何学描述空间结构的同时，显然它也是从实际存在的物体中抽离出来的。

---

① Max Jammer, *Concepts of Space* (Cambridge, Mass., 1969), 3-4. 并参看 John G. Gunnell, *Political Philosophy and Time* (Middleton, Conn., 1968), 117.

② 杰莫尔（Max Jammer, 1915-2010），出生于德国的以色列物理学家，其代表作是《空间的概念：T物理学中的空间理论史》一书（*Concepts of Space: The History of Theories of Space in Physics* (Cambridge Mass.: Harvard University Press, 1954)）。

③ Max Jammer, *Concepts of Space* (Cambridge Mass., 1969), 22.

这表明，不是一个而是更多的前牛顿的空间概念经常相互依存，并且只有或多或少的关联。牛顿的成就就是把这些纳入一个统一的概念化空间框架内；借助于绝对空间及其与相对空间的关系，他提供了一个仿佛是多种抽象物的单一抽象。空间本身就是一件东西。但是用绝对空间概念所换来的一般性是付出了代价的。单个空间的具体情况可以被看作是仅仅与物质事件或实体有关，也就是相对空间，这个相对空间必须遵守物理学普遍规律，它由若干具体的且不能直接由物理规律决定的过程和关系所组成。用不太精确但更易懂的语言来说，从物质获得的关于物理空间的彻底抽象激发了通过与物理空间相界划来定义其他类型空间的可能性；当物理空间变成绝对的，它留下了一个概念上的"空间"，这个"空间"最终会被诸如"社会空间"这样的概念所填充。只要空间和物质还在某种程度上含混在一起，人类的物质活动便无法从物理空间的抽象中得到概念化。但是，由于人类活动的空间同构成这种活动的物质对象和事件不可分离，所以绝对空间无法定义这个"社会空间"，因为它是独立于物质现象的空间。可以肯定的是，社会活动仍可被视为在绝对空间"之内"发生的，但正是在其绝对性中，这种空间并未受到人类空间活动的特定影响。相对空间同绝对空间的分离，因此提供了一个将社会空间从物理空间中分离出来的方法，这种社会空间并不和一个独立的、外在的第一自然相关，而是同人造的第二自然相关。正如牛顿的相对空间是绝对空间的一个子集一样，社会空间也成为物理空间的一个特殊子集。尽管，作为一个离散出来的概念，社会空间一直等到相对空间吞噬了曾经包含它的那个集合以后才出

第三章 空间的生产

现,然而,这恰恰构成社会空间之独立性的源泉。

现在看来,似乎相对论的出现和相对空间的回归标志着抽象过程的逆转。在这个意义上,空间关系再次被视为物质关系所必不可少的部分,但愿这是真的。但伴随相对论出现的还有其他事情的发生。牛顿关于从物质分离出绝对物理空间的学说并不能减弱几何学连接空间和物质的粘合剂角色,但它的确给欧几里得几何学提出了问题,这可在物质经验中得到直接证实。只要空间和物质是相连的,这种直接的可证实性就是几何学的必要条件。而它们的分离则意味着对物理空间的描述不再需要这种直接经验的证实。19世纪见证了非欧几何的发展,特别是黎曼几何的出现,但直到相对论的出现,这些仍都是纯粹抽象的数学结构才开始同物质经验相分离。空间被概念化为一个N维流形。尽管爱因斯坦的工作仍奠基于这一数学成就,但到他这里,N维空间显然获得了物质上的支持。正如怀特海所言,这不仅意味着自然的意义被还原为空间和时间的意义,而且时空的形态和结构似乎也被还原为了数学关系。三维的空间或四维的时空给多维的数学空间让路,物理空间被数学空间所取代。尽管物理空间的概念作为现实的人类实践经验的某种参照始终被保留下来,但数学空间已超越了这一点而成为一个彻底的抽象。关于"现实结构是数学的"这种宣称,只能由行星系统规模上或亚原子物理学规模上的物质现象来验证。即使对于那些在办公室里(朝九晚五,from nine-to-five)将宇宙绘制成N维世界的数学物理学家,也不会把他们自己去往街角店的那一段路视为是在N维空间里的操演。总之,如果我们的空间概念是持续抽象的产物,那么作为抽象框架

(所有现实存在其中)的空间定义,至少也要被质疑。空间"自身"是现实的框架吗?或者,空间的抽象概念就是我们如何看待现实的框架吗?

如果说空间概念史上的第一条线索是一个静态的抽象,那么第二条则是一个辩证的发展。这是一个既定性又定量的运动。汉斯·莱辛巴赫(Hans Reichenbach)在他论时空哲学的经典著作中,对从托勒密到哥白尼再到爱因斯坦的宇宙观的历史演进做了如下观察:

> 相对论并没有说托勒密的观念是正确的,相反,而是对两种理论的绝对重要性提出质疑。它能够捍卫这一点,只是因为历史的发展穿过了他们两个人,因为哥白尼战胜了托勒密的宇宙学,给人们带来了新的力学,这反过来也给我们机会认识到哥白尼世界观的片面性。在这里,通往真理的道路严格遵守了黑格尔辩证法的形式,这种辩证法被黑格尔视为历史发展的本质所在①。

宇宙是这样,空间也不例外。宇宙概念的演化也意味着空间概念的辩证发展。因此,一方面,广义相对论中蕴含的相对空间概念成为对绝对空间概念的一次综合逆转,并最终超越了绝对空间概念;另一方面,它与牛顿之前的空间观相比是一个极大的进步。这是质的变化。牛顿之前的空间论同时具有物质性和社会性;爱因斯坦之后的空间观则具有数学性。

---

① Hans Reichenbach, *The Philosopht of Space and Time* (New York, 1958), 217.

比起本质上混乱的带有前牛顿特征的空间观，爱因斯坦的广义相对论提出空间和物质的重新结合是以一种更加复杂的方式。早在爱因斯坦发现前的几十年，马赫（Ernst Mach）就完整地表达过了这个提议。马赫旨在使空间结构完全服从于物质的分布和运动，那就是通过证明物质相较于空间的优先级来实现相对空间相较于绝对空间的胜利。相对论提供的实验证据似乎使之达到了精湛的胜利，并且爱因斯坦亲自证明他所命名的"马赫原理"。但成功地发现了这个证据的既不是爱因斯坦也不是在他之后的其他人。如果说导致这种情况的直接原因是同马赫原理相矛盾的实验结果，那么我们同样可以指出此处所使用的空间概念的抽象性。

而马赫的原理意味着空间和物质的重组，而相对论中蕴含的数学空间观则表明将空间从物质中抽取出来的最彻底的抽象。无论实验证据是什么都难以看出（这不是贬低其重要性），以完全是从物质事件中抽象出来的空间概念作为开始，是怎样以凭借物质证明空间相对性的方式来作为结束的。至于数学空间的概念，在这种情况下被认为是理所当然的，它也许是爱因斯坦自己都无法逃脱被已在概念束缚的困境。爱因斯坦无法证明马赫的原理，但仍坚持广义相对论，因此他回到他所熟悉的区别本体论和认识论的哲学领域中；科学前沿的激进主义很快被改头换面的保守主义所取代。"虽然此事可能为测量领域提供认识论基础"，杰莫尔写到，他站在爱因斯坦会坚持的立场总结道："该领域并不一定有本体论的优先性。"① 虽然爱因斯坦在实践中不断争取有新的突破，这还是意味着保留了牛顿的空间优先于物质的假设。因此，尽管当时相对论已被广为接受，怀特海却仍将自然还原为时空，物质仍然从属于空间，而非相反。传统的哲学假设和区分（他们本身即是概念抽象的产物）导致了具有潜在革命性的空间和物质重组的短路。因此，莱辛巴赫所指认的空间概念的辩证发展在历史上仍是未完成的。

我们要考察的第三条线索是空间概念发展的物质基础。莱辛巴赫所说的黑格尔辩证法也有一定的物质基础；空间概念，毕竟是一个社会产物。牛顿明确地表达了如下事实，"几何学是建立在力学实践基础上的，但力学不过是宇宙力学的一部分，这种宇宙力学准确地提出并证明测量的艺术。"②牛顿坚持的欧氏几何学是早期希腊时代人类实践活动的产物，然而是非欧几何支撑了

---

① Max Jammer, *Concepts of Space* (Cambridge, Mass., 1969), 198. 有关爱因斯坦的近乎同一性立场的论辞，参看 Adolf Grunbaum, *Philosophical Prolems of Space and Time* (New York, 1963), 421。所谓的认识论上的与本体论上的优先性是有区别的甚至是对立的，是什么意思呢？它难道不是指我们所知道的真实性应该与所谓的实际上的真实性根本对立的吗（尽管后者可能已被知晓）？

② 转引自 Max Jammer, *Concepts of Space* (Cambridge, Mass., 1969), 96。通常几何学会以充足理由而与空间结构混为一谈。但它们之间存在的区别必须加以澄清才是。按照一种现代的几何学概念，它并不是一个独立的概念体系。它更表现为一种来自物质客体与事件的具体化的抽象；因此，几何学语言是诸多点、线与面之一种语言。作为一种操空间结构的语言，几何学保持着某些与物质性的关联，尽管是抽象的。当然由于不断的抽象化，欧几里得几何学被另外的更加抽象的几何学所取代，通常是万维的几何学发挥着作用。不过空间结构一直意味着物质客体与事件的秩序与系列，而几何学则是用以描述这些结构的抽象语言或语言集合体，参看 Max Jammer, *Concepts of Space* (Cambridge, Mass., 1969), 126-176。

第三章 空间的生产

后牛顿物理学。在考察了高斯(Karl Gauss)、黎曼和现代数学空间概念的影响后,杰莫尔明确了该物质基础的重要性。"再一次",他说道,"从历史的观点来看,抽象的空间理论起源于实际的大地测量工作,就像古代的几何起源于土地测量的实际需要"。①

不仅是空间概念的定性发展,而且就连对空间的持续抽象也具有其物质基础。阿尔弗雷德·索恩-雷特尔认为,从直接实践中把空间抽象为一个概念,这同商品交换的发展息息相关。从商品的使用过程和物质方面而来的抽象,是内在于商品交换中的,它激发了从直接的物质存在中对空间进行抽象的可能性:

> 在商品交换的孕育下获得抽象性的时空明显带有整个自然和物质实体——无论是有形的或无形的(如空气)——所具有的同质性、持续性和空虚性特征。交换抽象排除了一切构成历史、人类、甚至自然历史的东西……时间和空间由此具备了绝对历史的那种永恒性和普遍性特征,这种永恒和普遍性必须把交换抽象作为其整体和每个环节的特征②。

---

① Max Jammer, *Concepts of Space* (Cambridge, Mass., 1969), 162.
② Alfred Sohn-Rethel, *Intellectual and Manual Labour* (London, 1978), 46-49.(参看中译本第42-44页。)乔治·汤姆逊提供了一个关于这个论点的更早的版本,追踪空间概念更特别的归诸早期希腊的原初的货币经济。参看 George Thmson, *The First Philosophers* (London, 1972)。在这个问题论点上并没有绝对的历史一致性,但重要的事情在于这些观点统一了不同的时代也指出了不同社会之间交换是这种抽象的催化剂。例如还可参看奥托·纽格鲍尔关于巴比伦的研究著作,Otto Neugebauer, "Vorgriechsische Mathematik," in *Vorlesunggen uber die Geschichte der Antiken Mathematischen Wissenschaften* (Berlin, 1934)。

如果索恩-雷特尔关于空间概念发展的物质基础的看法是正确的,那么随着时间的推移,他的论述提供了某些洞见,让我们能洞察到作为概念的空间对于时间的历史优先性①。更重要的是,他的论证不仅仅表明,我们的空间概念是历史性地发生变化的,而且这些概念的发展是同不断变化的空间活动和经验相联系的。随着人同自然关系的历史性发展,人类活动的空间维度及由此引发的人的空间概念也不断发生改变。我们应明确聚焦于资本主义制度下把空间当作商品来处理的问题,但是在转向这个中心论题之前,还是得先完成当前的工作,把讨论的重点从科学领域的物理空间转向明确的地理空间。

如同绝对空间的例子所表明的,至少从牛顿开始,科学的空间概念极大地影响了更广泛的社会空间的概念。然而,当代的社会性空间概念与数学物理学中的抽象 N 维空间没有相似之处。无论曾经的历史关系怎样,今天的社会空间概念是完全不同于科学空间概念的。空间科学力图从社会活动和事件中完全抽象出来,而社会空间则被普遍视为只是这些活动的领域。如上文已指出的,独立的社会空间形成所需的概念基础,存在于牛顿在相对空间和绝对空间之间所作的分离。有了牛顿的绝对空间,物理、

---

① 这种分析偶尔地也提供了有关空间概念对于时间概念的历史优先性的线索。从使用价值的生产向交换价值的生产的转变,并不需要包括生产与流通中的时间领域的变化,与之相反,在空间领域中它确实包括着一种清晰的变化。由某个共同体在某地生产和消费的物品只在边界之外交换。消费的时间性很大程度上未被打扰,但其空间性显然不可避免地被改变了。生产与消费的社会分离变成了空间性分离;生产的空间与消费的空间相分离了。同样的时间分离则仅仅发生于较晚的商品交换阶段,那时交换关系开始折返到生产领域并对工作过程中的时间组织发生影响。

生物和地理世界的现象就可被视为物理空间的自然基础。另一方面,社会空间可被视为在绝对空间内存在的一个纯粹的相对空间;社会空间的相对性是由在一个既定社会里获得的特定社会关系决定的。

物理空间和社会空间发生分化的物质基础存在于脱胎于第一自然的第二自然的发展。在社会空间可以彻底从物理空间中界划出来之前,社会必须首先在实践中从自然中分化出来。这种绝对的物理空间与给定的、第一自然的自然性空间相关;物理空间和自然空间在这里还没有区别。另一方面,社会空间概念从与自然空间所指的领域一再被抽象。自然哲学从哲学中脱离出来发展成为一个专业,而自然经济学则从相反的方向朝着亚当·斯密等人的古典政治经济学发展。但如果自然空间和社会空间之间的哲学区别可以追溯到康德,如果18世纪和19世纪早期的古典政治经济学代表了对社会空间最早的、事实上的承认,那么,社会空间的概念直到19世纪末才被明确地、正确地设定下来。埃米尔·涂尔干(Emile Durkheim)是被公认为创造了社会空间这一术语的人。在19世纪90年代的写作中,他谨慎地提出社会空间完全不同于"真实的"空间并同其相分离,他所指的真实空间是物理空间[1]。由于这一点,社会空间似乎仅在隐喻意义上是空间。正如数学空间最终代表了自然事件的抽象领域,社会空间是人类活动构成的社会事件的抽象领域,并可以多种方式来定义。一个

---

[1] Emile Durkheim, *The Division of Labour in Society* (Glencoe, III, 1947). 并参看 Anne Buttimer, "Social Space in Interdisciplinary Perspective," *Geographical Review* 59 (1969), 417-426.

对象或一种关系可能真的足够了，例如工人阶级或雇佣劳动关系，但他们在社会空间中的定位完全不代表他们在物理或自然空间中的位置。

现在的地理空间再次不一样了。不论社会空间如何，地理空间总是表现为物理形态的；它是城市、田地、道路、飓风和工厂构成的物理空间。一定程度上继承了绝对空间的自然空间不再是物理空间的同义词，因为物理空间的定义具有了社会性。这种区别之所以出现在有关地理空间的讨论中，是因为地理学家不得不面对广义的物理空间，而不只是第一自然的自然空间。由于其研究对象已光明正大地处于社会空间之中，所以大多数社会科学可以从物理空间进行抽象，仅将其作为一个偶然的、外部的给定因素纳入分析。但显然地理学还没有那么大方，只不过是在近几年，它才不得不直接面对物理空间和社会空间之间的明显矛盾，以及自然空间与广义物理空间的内在分化。地理学家越是试图将社会意义上的相对的（socially relative）并由社会决定的经济区位模式和过程确定在绝对的自然空间中，自然空间和社会空间之间的关系就变得越有问题，物理空间的含义也就变得越来越模糊。这样一来，起初在空间和社会关系问题上存在的那种二元论就日益成为焦点。对大多数从事早期经济地理学分析的人来说，这个二元论不成问题。因为他们方法论上的实证主义建立在哲学二元论的根基之上：客体-主体，事实-价值，自然-社会，等等。对他们来说，绝对意义上的空间存在同按照经济标准进行的社会使用没有必然的矛盾：空间在一边出现，社会在另一边使用它；

至多出现一个不同领域的"交叉地带"①。

尽管这项植根于彻底的实证主义范式的工作,宣告了相对空间在地理学议程上的首次正式亮相,但这仍只是牛顿观点的完成而非对它的颠覆。没有人会否认绝对空间在本体论上的优先性;然而经济空间却被视为绝对空间的衍生物,是绝对空间中处在一个完全相对位置上的子集。但对其他人而言,对地理空间的这种相对化处理还远远不够。1960年代的城市起义激起人们对城市社会空间形式和发展的巨大兴趣,像已预见的那样,对既有的对待城市社会的方法,出现了一系列的激进批评。这些批评中涌现出多股派别,但在目前的情境中,有两股脱颖而出。两者都批判空间和社会的二元论,并都把批判置于后实证主义地理学理论发展造就的更广阔的舞台当中。第一股是人文地理学,它的主要工作是将社会空间概念导入地理文献。立足于现象学而崛起的人文主义传统,反对实证主义科学的专断和自负,强调主体认知模式的重要性。地理空间不仅仅是个客观结构,而更是一种渗透着层层社会意义的社会经验;客观性空间仅仅是诸多社会空间概念中的一种。在人文地理学中,"社会空间"而非物理空间或客观空间才构成研究的对象。涂尔干的基本概念被采纳了,而且还加了附文,即社会空间现在被明确视为是属于地理学的;"社会空

---

① Walter Christaller, *Central Places in Southern Germany* (Englewood Cliffs, N. J., 1966); William Bunge, *Theoretical Geography* (Lund, 1966). Peter Haggett *Locational Analysis* (London, 1965). 罗雪尔的著作在这个大趋势中是一个杰出的例外。参看 August Losch, *The Economics of Location* (New Haven, 1954).

间"被用于解决由它（地理学）制造的二元论[①]。

第二股是激进的政治传统，它刨出了空间和社会问题。这种传统从 1960 年代末和 70 年代初盛行的政治运动中发端，而后逐步将自身建立在各种受到马克思主义启发的理论传统之上。其关注点不是去否认地理空间的客观性，而是把它解释为同时具有客观性和社会力量的产物。不同的社会以不同的方式使用和组织空间，由此造成的地理模式被清晰地烙上了使用和组织这种空间的社会的印记。例如，资本主义城市的空间形态完全不同于封建城市。在一次对城市物理空间之历史相对性的赏心悦目的极具象征性的描述中，哈维（David Harvey）指出，"教会和教堂塔尖遍布牛津（一个在教会势力兴盛时代创建的小镇）这并不是偶然现象，正如在垄断资本主义时代，克莱斯勒大厦和大通银行大楼遍布曼哈顿一样。"[②] 这不单单是空间与社会的"互动"；更是一个由特定历史逻辑（即资本积累）引导的空间和社会的历史性

[①] 近些年来对社会空间进行地理学版本的阐述中最为重要的是法国地理学家马克西米里安·索里，他的著作已经被英语译介，参看 Anne Buttimer, "Social Space in Interdisciplinary Perspective," in *Geographical Review* 59（1969），417-426。并参看她涉足社会地理学之论，参看 "Social Geography", *International Encyclopedia of the Social Sciences* 6（New York, 1968），139-142。而关于人本主义传统，特别参看 Ley, David and Marwyn Samuels *Humanistic Geography*（Chicago, 1978）。有关简要的批判性评价，参看 Neil Smith, "Geography, Science, and Post-Positivist Models of Explantion," *Progressin Human Geography* 3（1979），356-383。

[②] David Harvey, *Social Justice and the City*（London, 1973）p. 32；" The Geography of Capitalist Accumulation: A Reconstruction of the Marxian Theory," *Antipode* 7（2）（1975）（reprinted in Richard Peet [ed], *Radical Geography* [Chicago, 1977], 263-292；"The Urban Process Under Capitalism: A Framework for Analysis," *International Journal of Urban and Regional Research* 2（1978），101-131。

第三章 空间的生产

辩证法。

作为这些后实证主义传统留下的成果,今天的地理空间概念是相当成熟的。然而,在现实中消解二元论只是我们迈出的第一步。虽然我们已经开始去了解并主张空间和社会的统一,却难以迈出下一步,从主张到证明,并没有在实践中改变我们的空间观念。那种空间和社会"互动"或空间模式反映社会结构的观念,不仅在结构上是粗糙和机械的,而且还禁锢了有关地理空间的更深刻洞见。根本原因在于,这种空间和社会关系的观点仍依附于绝对空间概念。如果两件事情只能相互作用或相互反映,那么这说明他们一开始就被分开而单独定义了。即便迈出了认识上的第一步,我们仍不能自动从我们继承的概念的负担中解脱出来。无论我们的意图怎样,企图从一个空间和社会的隐性二元论开始,却想在最后得出一个证明它们统一的结论,这是很困难的。所以,这种二元论以不同的形式在力图消灭它的后实证主义传统中幸存下来。[①] "空间的生产"概念目的是提供一种迈出下一步的

[①] 有关人本主义传统,参看萨克对空间的客观性与主观性实质性分离的讨论,以及里查德·伯恩施坦的更为一般性的评论,Richard Bernstein, *The Resructuring of Social and Political Theory* (Oxford, 1976), Part III, 232. 关于马克思主义方法中的二元论的弹性,参看 Richard Feet 所尝试塑造的"空间辩证法":"Spatial Dialectics and Marxist Geography", *Progress in Human Geography* 5 (1981), 105-110;有关批评文章参看 Neil Smith, "Degeneracy in Theory and Practice: Spatial Interactionism and Radical Eclecticism," *Progress in Human Geography* 5 (1981), 111-118。而按照索恩雷特尔的看法,诸如此类的"坚强不屈的二元论"是"要比后康德主义致力于自我克服二元论更加坚信对资本主义的现实反思……资产阶级世界除了二元论之外如何可能表现其真理性呢?" Alfred Sohn-Rethel, *Intellectualand Manual Labour* (London, 1978), 15. (中译本南京大学出版社 2015 年版,第 60 页注①。)因此这种理论的功能是在致力于改变现实的同时包含与理解现实。

方法，能让我们证明而不是简单地主张空间和社会的统一。

"凡是把理论引向神秘主义的神秘东西，"马克思写道，"都能在人的实践中以及对这种实践的理解中得到合理的解决。"[①]借助于"空间的生产"一词，人类实践和空间在空间概念"自身"的层面上获得了统一。地理空间被视为一种社会产物；在这个概念中，从社会中抽象出来的地理空间是一个哲学的截肢者。不仅如此，空间的相对性不再是一个哲学问题而是社会和历史实践的产物；同样地，地理空间的统一性是社会的而非哲学的产物[②]。在这里，我们一方面想强调的是直接的物理空间的生产，但另一面，空间的生产同样意味着同物理生产紧密联系的空间的意义、概念和意识的生产。空间的生产的主题进一步推进了莱辛巴赫所理解的黑格尔辩证法。负责对空间进行概念抽象的代理人（agent）——人类实践——被引入概念本身。不光是黑格尔，亚里士多德也犯了错，但这种错误是历史发展的结果而非哲学的错误。空间不再是"物质的偶然"，而是物质生产的直接

---

① 《马克思恩格斯选集》第1卷，人民出版社2012年版，第136页。

② 马克思坚持统一的科学："我们仅仅知道一门唯一的科学，即历史科学。历史可以从两方面来考察，可以把它划分为自然史和人类史。但这两方面是不可分割的；只要有人存在，自然史和人类史就彼此相互制约（《马克思恩格斯文集》第1卷，人民出版社2009年版，第516页注2）。有关地理空间的相对性的阐述是与那些包含于物理学之中的空间的相对性是一致的。抛开地理空间的社会特征不资，差别只是尺度上的。这就为统一的科学提供了可能，这种科学当然是建立在空间之上的，但更根本的则是建立在自然之上的。我们不在这里追究此事。关于这个问题同阿尔都塞哲学之间关系的讨论，可参看我写的关于阿尔都塞的哲学文章'Symptomatics Silence in Althusser: The Concept of Nature and the Unity of Science,' *Science and Society* 44 (1) (1980), 58-81。"

后果。

第二节 空间与历史

我们已经看到,早期的人类社会对于地方和社会是不分的。在直接的经验上,所有地方都充满了社会意义。不存在地方之外的抽象空间,也没有独立于社会之外的地方。地方和社会是融为一个整体的。这就是罗伯特·萨克所命名的"原始的"空间概念[1]。这种社会栖居于自然空间之上,这显然意味着空间是从自然过程、活动和形式、社会以及其他东西中创生出来的。地方是根据他们的社会关系来确定的,而这种社会关系尚没有超出自然状态。

随着以商品交换为目的的社会经济的发展,第二自然出现了,同它一起出现的是地方同自然统一的断裂。正如我们上面所看到的那样,这标志着在物理学中得到应用的日趋抽象的空间观念的形成。抽象是萨克所言的"文明的"空间观(civilized conception of space)形成的标志。这种空间观不再同地方直接搅和在一起,而表明从直接的地方进行抽象并脱离直接的经验去想象空间延展性的可能性。结果,空间和社会在观念上的统一就被打

---

[1] Robert Sack, *Conceptions of Space in Social Thought* (Minneapolis, 1980), 170. 罗伯特·戴维·萨克:《社会思想中的空间观:一种地理学的视角》,黄春芳译,朱红文等校,北京师范大学出版社 2010 年版,第 182 页。他谨慎地强调他所使用的"原始"一词并不是令人遗憾的不幸的轻蔑的意义上的,而是表示历史的首要性。——译者注

破了,空间开始成为一种独立的概念存在。但是第二自然的发展并不仅仅带来了概念的发展,同样也促进了一点一滴地真实(and every bit as real as)脱胎于自然空间的社会性地生产出来的空间之发展。这可以在多个方面得到证明。中世纪的城市就是一个明显的例子。以欧几里得的方式来看,从城市中一座寓所的一层到四层的距离,同城墙之外的原始森林的一棵树的高度可以是等值的。但同样是楼层之间的这段距离可以根据社会等级和阶层来测量,但树的高度却不可以。公共空间和私人空间的第一次分离提供了更早的一个例证。这种分离可能在特定的地方,这个地方是狩猎和作战的,相比之下另一个地方是采集和种植农作物以及喂养儿童的。但它也可以存在于劳动的性别分工方面,男性一般控制第一空间,而女性主要管理第二空间[1]。

随着第二自然的形成,社会和空间开始在概念上区分开。社会规则破天荒地可以同空间相脱离,它对空间考察时可以做到十分抽象。只要人类的生产活动依旧被局限于在土地上进行农业生产,那么空间的社会生产同自然空间的分离在程度上就是有限的。但是,工农业活动之间形成的劳动分工使得一些生产活动从直接的空间限制当中解放出来,这在城乡的分离当中明显地体现出来。尽管城镇本身在空间上是固定的,然而在它们中间发生的活动以及支配这些活动的规则却并非全都固定在空间之上。它们

---

[1] 《马克思恩格斯选集》第4卷,人民出版社2012年版,第175页;并参看 Friedrich Engels, *The Origin of the Family, Private Property, and the State* (New York, 1972). Eleanor Leacock 为此书所写的导言, 33-34. 有关此种归纳的局限性参看 Nancy Tanner, *On Becoming Human* (New York, 1981)。

具有某种普遍性,可以在不同的城镇发挥作用,或者不同时期的同一座城镇可以进行十分不同的活动,并处在不同的社会规则之下。这里已经内含了一种矛盾。为了建立永久的空间基础,也就是说在领土上固定下来,早期的社会就必须发展到能摆脱空间束缚的程度。

随着国家的出现,这种矛盾就更加突出地呈现出来。恩格斯认为,早期国家具有两个显著特征。一方面,它们"创造了一种公共力量,它不再简单地同军事人员的整个组织合二为一"。从此,国家的形成是对阶级分化和奴隶制度、私有制以及对妇女的压迫的直接回应,其功能就是控制由以上所带来的冲突以维护统治阶级的统治,从而将自己凌驾于社会之上。但是,"其次,国家也第一次基于公共需要而将人们分开,不是根据社会集团,而是根据人们居住的共同地域……同古代的人身依附组织不同的是,国家首次成为一种生活在同一领土上的成员所组成的集团。"建立在血缘纽带基础上的古代人身依附组织,不再单一地占有一块领土。建立在领土控制基础上的新的社会分化成为必须,因此,"地区依然,但人们已经是流动的了"。"这种按照居住地组织国民的办法是一切国家共同的。……现在只有户籍才是具有决定意义的,而不是一个血缘关系组织的成员身份。现在要划分的是领土而非人:居民仅仅变成了领土的政治附庸。"[①] 因此,民族主义以及任何一种其他的地方主义都可以在这种由阶级和性别所造成的社会分化当中,以及在作为统治阶级工具的国家

[①] 《马克思恩格斯选集》第4卷,人民出版社2012年版,第187页。

的形成当中找到其历史根源。

在此意义上,国家标志着同自然发生的社会分化的一次高峰,一个最紧要的第二自然领域,却又是一种明显落实在领土上的权威。在第一个层面上,国家必然具有的领土内涵或许表明它加强了在地理空间与社会之间所存在的某种联结,但事实却相反。当然,通过他们已经孵出的繁琐的国家机构,特定的社会较之从前更是同特定的空间相结合。但国家只有通过诸如民主、自由、道德等社会交往的抽象原则来界定它对社会的权威并使其合法化。这些原则本身就是特定阶级社会的产物。因此当特定国家拥有了一个独特有限的领土基础时,支撑国家的社会规则就随时可以变动。因此,我们可以发现,一个既定的国家以及它所隶属的社会比从前更加依赖于空间,同时却又更具有流动性。用作为哲学抽象产物的政治经济学原则把自己武装起来以后,国家的领土就可以扩张也可以收缩,甚至可以重建。当然,有野心的国家必须用更实质性的财物如武器、食物和交通工具来武装自己,这又要看经济发达到什么程度。但要清楚这一点。这首先也就意味着,国家所明确拥有的空间内涵,使得那种与空间无关的社会(social spacelessness)观念,以及抽象的、与空间无关的第二自然成为可能。

空间一方面逐步成为社会发展的深刻基础,随着第二自然的扩张,经济以及上述扩张所需的社会和技术手段的发展,那些小的城市国家逐步扩张,更多的领土处在它们的管辖之下。但这一过程绝不是什么绝对的事情。它恰恰是内部发展与外部竞争(经济的以及军事的)的结果。最终,城市国家被地区性国家

——公爵领地、男爵领地、王公——所替代,直至形成晚近的民族国家。正如萨克所言,"经济功能之间的协调是通过如下过程来实现的,即从社会与空间的初步统一发展到更大空间规模的绝对国家,直至发展为现代民族国家"。①从最初的时候,地球的整个地理空间就被分成社会扩张进程的一部分。领土分化以及世界市场的普遍化是同一个过程。地理扩张同社会发展与扩张同步。在这一阶段,后一现象的发生是通过空间在其中被社会地生产出来的地理范围的扩张来实现的。地理学处于人类进程的前哨。但在另外一个方向上,空间与此同时变得日益与社会交往无关。当经济的、技术的、政治的与文化的关系发展与扩张之时,用以处理这些关系的制度性框架变得越来越复杂了,且不断地失去了任何固有的空间规定性。社会越是使自己以此种方式从空间中解脱出来,空间就越能够变成最严格意义上的商品。如果世界市场的出现为这种社会规划设置了边界,那么资本主义便试图填充这些空白。在我们直接探究这个问题之前,必须对有关空间作为商品这个问题进行一般性的考察。

---

① Robert Sack, *Conceptions of Space in Social Thought* (Minneapolis, 1980), 184. 罗伯特·戴维·萨克:《社会思想中的空间观:一种地理学的视角》,黄春芳译,朱红文等校,北京师范大学出版社2010年版,第197页。

第三节 空间与资本

作为商品的空间

认为马克思对资本主义的分析不涉及空间是一种误解。这种看法不太正确。更确切的说法应该是,马克思分析当中的空间思想没有得到充分地发展。不论是马克思还是继其之后的马克思主义者,都没有完全建立起对地理空间进行分析的概念基础,这倒是正确的。但是,就马克思来说,问题要更加复杂。在《资本论》中,马克思首要关注的是价值:衡量价值的劳动时间,剩余价值的产生,以资本形态出现的价值积累。普遍认为,为了论证这些,马克思只是从商品的使用价值出发进行抽象,重要的仅仅是它们的价值和交换价值。这又是一个误解。为了拓深对资本的辩证分析,马克思不停地回到使用价值领域。马克思是怎样界定使用价值的呢?"商品的几何的、化学的以及其他的天然属性构成它的使用价值。"① 从前面关于空间的科学概念及空间与物质关系的讨论来看,我们把一件商品的空间属性归属于上述自然属性并由此将其作为商品使用价值的一部分,这样做应该是行得通的。而且实际上,马克思在重新把使用价值纳入其分析视野时,不论在何处提到空间,他恰恰也是倾向于这么做的②。至少

----

① 《马克思恩格斯全集》第44卷,人民出版社2001年版,第50页。
② 关于空间是商品的论述,参看 David Harvey, *The Limits to Capital* (Oxford, 1982), 337-339, 376-380。(中译本第521-524页、第579-584页)

第三章 空间的生产

在一个地方，马克思明确地把空间属性视为使用价值的必要组成部分。他说，在人员或商品流动时，"劳动对象发生某种物质变化——空间的、位置的变化。……它的位置改变了，从而它的使用价值也起了变化，因为这个使用价值的位置改变了。商品的交换价值增加了，增加的数量等于使商品的使用价值发生这种变化所需要的劳动量"。①

如果我们像这样将空间关系视为使用价值的一种特征，那么除了从自然的生产到空间的生产之间所需的这种明显步骤之外，我们还可以获得如下几个关键洞见。首先，正如哈维所揭示的，这将为常常是经不住推敲的空间一体化观念奠定一个坚实的理论基础。正像资本主义生产方式所强烈显示的那样，价值成为抽象劳动的普遍形式，所以在不同的地方发生的不同的具体劳动必须要汇集到市场上。特殊劳动过程的社会性分离，对于价值的普遍化来说是非常不利的，以至于如果不首先克服不同过程的空间隔离，那么这种社会性分离就是无法克服的。"空间一体化（Spatial integration），即通过交换价值将不同地方的商品生产联结起来的过程，对于资本来说是极其必要的。"② 如哈维所表明的，马克思在进行如下论述时，其思想中所盘旋的或许正是这个问题：

抽象财富、价值、货币、从而抽象劳动的发展程度怎

---

① 《马克思恩格斯全集》第 26 卷第 1 册，人民出版社 1974 年版，第 444-445 页。

② David Harvey, *The Limits to Capital* (Oxford, 1982), 375-376.

样，要看具体劳动发展为包括世界市场的各种不同劳动方式的总体的程度怎样。资本主义生产建立在价值上，或者说，建立在包含在产品中的作为社会劳动的劳动的发展上。但是，这一点只有在对外贸易和世界市场的基础上［才有可能］。因此，对外贸易和世界市场既是资本主义生产的前提，又是它的结果。①

由此，马克思在讨论商品的流动时，公开将空间置于使用价值的话题当中，就不让人感到意外了。

如果我们回过头来，在此语境中对绝对和相对的空间概念进行一番考察，那么还会有更重要的发现。当我们关注具体劳动过程的时候，我们实质上持有的是一种绝对空间观念。劳动的特殊性意味着其在空间属性上的特殊性。然而，对于抽象劳动来说却是另一番景象。作为价值的抽象劳动的实现意味着商品交换、货币关系、信用设施乃至劳动的流动都需要在空间上形成一种统一的系统。这就要求在进行具体生产的各个不同的地方建造具体的交通和通讯网络，并且要求我们能够以绝对和相对的视角来看待空间。比如说，将从前相互隔离的生产场所统一到国家或国际经济体中，这并没有改变这些场所的绝对位置，但在改变其相对位置的过程中，空间一体化（Spatial integration）行为同样促进了作为价值的抽象劳动的实现。

这种区分不只是概念上的区分，更是一种历史的区分，在此，我们就可以再具体地强化一下我们在上文所陈述的那些相当

---

① 《马克思恩格斯全集》第35卷，人民出版社2013年版，第226页。

第三章 空间的生产

抽象的结论。我们已经从马克思那里了解到，资本主义在历史上的发展是一个将以价值形式存在的抽象劳动逐渐普遍化的过程。这就不仅涉及通过交通网络而实现的地理空间的生产，同时也涉及要将绝对空间逐步统一和转化为相对空间。绝对空间是相对空间的生产的原材料。而且，以历史视角来看的话，地理空间相对性的社会元素就变得更加明显。最终决定了地理空间相对性的不是爱因斯坦，也非物理学家和哲学家，而是资本积累的实际过程。

在对空间和资本进行更为具体的考察之前，仍需要澄清何谓空间属性（spatial properties）、空间关系以及作为整体的地理空间。使用价值在其中得以形成的形式，如在一维、二维或三维所呈现的空间延展性及其最终的形状，构成了使用价值的空间属性。但决定使用价值的并不是商品的这种既有的实体性内容，而是这种物品同其他物品、事件和行为相比而具有的有用性。使用价值首先是一种关系，并且决定一种特殊使用价值的是一组空间关系，它们是一系列关系的一部分。这种关系不但适用于那些单个的商品，例如，决定一栋房子使用价值的不仅仅是其长宽高的尺寸大小，还有内部装修、与交通干线的距离远近以及污水处理系统、工作、服务等等。而且，我们也可以就那些综合性的复杂商品如城市和地区来谈论特殊的空间关系，它们同样决定着这些商品的形式。不论我们从绝对视角还是从相对视角来理解它们，构成我们对位置进行分析的基础的是总空间关系。绝对空间仅仅是相对空间的特殊情况，在其中，我们从决定距离的社会要素开始进行抽象。作为整体的地理空间也是不同的。它是空间关系的总和，这些关系在或大或小的尺度上被组成能为我们所识别的模式，这些模式本身体现了生产方式的结构和发展状况。如此说来，地理空间远非是组成它的各自独立的关系的简单相加。这样，把世界划分为发达与欠发达地区尽管是不准确的，但如果从作为整体的地理空间的角度出发就可以获得全面的理解。这里涉及地理空间的模式化运动，它体现了资本和劳动的关系。同样，如果我们放眼作为整体的地理空间而不是仅仅关注具体的空间关系，那么就可以把空间一体化理解为价值普遍化的表现。

空间的当代史

资本主义把市场继承下来并作为其成功发展的条件，在这种市场中商品在世界尺度上被组织起来。但是如果资本主义接受了这种运行在世界尺度上的流通方式，那么它也必将同样把其生产方式普遍化。为积累而积累的法则以及经济扩张的内在必然性，势必引起雇佣劳动的范围在空间以及社会上的拓展。殖民主义的进程不仅把前资本主义社会吸附到世界市场上，而且最终把那种特殊的资本主义雇佣劳动关系输入到这些社会当中，从而使得那种把零散的市场整合为世界市场的开拓进程，同它比起来相形见绌。在服务于资本主义世界市场的过程中，尽管存在一些有重要意义的例外，如残留的奴隶制度以及具有化石或标本意义的前资本主义生产关系，但是雇佣劳动已经日趋普遍化。资本主义雇佣劳动关系的普遍化不仅把工人阶级同时也把资本从任何绝对空间的固有束缚中解放出来。在早先的封建主义社会当中，农奴被束缚在封建主的土地上，从而对这种阶级关系的定义就包含着对农奴活动的绝对空间的一种界定。要想从农奴制度下获得自由只需逃离封建主的土地并在城墙里住上一年就可以（西方的有关法律规定，农奴不在封建主的土地上超过一年就自动获得自由）。但是，据说被赐予了双重自由的雇佣劳动者，即把自己的劳动力作为商品加以出卖的自由以及不占有任何生产资料或生活必需品的自由，却无法通过逃离而获得自由。他由此拥有行动的自由，而事实上在多数情况下他不得不移居到城市，因为他在乡下的所有生存资料都被剥夺了。

现在我们到了不得不展开并提炼以上所述及的那种矛盾的时候，这个矛盾便是，尽管社会发展一方面促使人逐步从空间中解放出来，但是另一方面，空间修复（spatial fixity）同样日趋成为社会发展的重要基础。作为资本的一种内在趋势，雇佣劳动以及价值的普遍化，无情地促成了社会关系和制度从它们所在的每一方绝对空间中解放出来，从我们以上所称的"自然空间"中解放出来。资本的流动性以及不太明显的劳动的流动性正是这种必然性最清楚不过的证明。今天，轻轻按动一下按钮，5亿美元一眨眼的工夫就从伦敦经由新加坡流到了巴哈马，它们之间的物理距离形同乌有[①]。但是，从自然空间获得的解放只是强调了生产相对空间的必然性。作为把价值普遍化的前提条件，交通成本以及花在流通上的时间必须要减少到最低限度。同必须要进行流动的资本积累以及商品、通讯和信用的多样化相适应的是，产地与

[①] 有关资本以其不同的形式的、不同流动性的、富有洞察力的讨论，参看 David Harvey, *The Limits to Capital*（Oxford，1982），376-395。（中译本第580-604页。）

消费场所之间的相对距离,以及克服这种距离的各种手段,一句话,它们的相对位置的重要性大大增强了。与此类似,随着生产力的发展,生产规模也逐渐扩大,越来越多的工人在空间上日益向工作场所靠近和集中,就成为一种必然的要求。这种安排不仅给资本带来了显而易见的政治利益,而且使得工人上班的路程①缩减到最短,从而可以降低工资。只有在资本将自身卷入到相对空间的同步生产的时候,它才会促进人从自然空间中的社会解放。

由于地理空间被表述为领土,所以它成为社会发展的一种附属物。事物发生"在空间中"这种观念不仅是一种思维习惯,而且是一种语言习惯,因为它同绝对和自然的空间形影相随,所以它是反历史的,甚至是怀旧的,并成为对空间进行批判性理解的障碍。这个社会通过其行为表明,它不再将空间接受为一种容器,而是将其生产出来;我们并不生活、行动和工作在空间"之中",而是通过生活、行动和工作将空间生产出来。

但资本并未成功地彻底清除绝对空间,事实上它也不打算这样做。它确实致力于将自身从自然的空间当中解放出来,却是通过生产出某种自己的绝对空间来实现的,这种绝对空间隶属于更大的相对空间的一部分。有些类似于爱因斯坦之后的牛顿空间,等级仍旧被保留下来;绝对空间成为更具有相对属性的宇宙的一种特殊情况。问题的关键在于,不论地理学意义上的绝对空间出

---

① 上班的路程(journey to work)也可译作"通勤"。——译者注

第三章 空间的生产

现在哪里，它都是人类活动的产物；这些空间的绝对性是社会的产物，而不具有自然空间的特征。在向资本主义转变的过程中，围墙（enclosures）是证明绝对空间是由历史所生成的最佳证据。随着资本的拓展，全球被分割成各个在法律上相互区分的条块，被各种实际或想象的巨大白色栅栏分开。今天的世界被划分成160多个规模不等的分散的民族国家，这对资本来说是必须的，就像对私有财产的地理分割对它来说同样是必须的一样。地理学家凭借其对边界的那种传统热情和绘图技巧，在努力将世界切割成各种绝对空间的工作中走在了前列。尤其是地理学的英国学派在此种活动中贡献良多。

尽管总体上并没有明说，但毫无疑问，一些马克思主义者实际上默默地接受了如下事实：即资本主义生产出了独特的绝对空间，并在近来尝试把空间视为一种生产资料。这种定义也怀有把空间整合进马克思主义理论主题的善意。地理空间作为一种生产资料而起作用，最显著的例子就是运输业。这里，产地与目的地之间的距离成为生产资料。借用马克思的妙喻来说，自然被视为一种普遍的生产资料，但是，至少到目前我们还没有发现有哪种魔力能不改变商品和物体的位置而把它们从一处运到另一处。不论如何加以测量，用绝对空间也好，还是相对空间也好，从产地到目的地的纯粹空间距离成为交通运输业的一种生产资料。尤其特别的是，它是一种原材料。交通与通讯手段越是发展，地理空间就越是作为一种生产资料而被纳入到经济当中。

但是，空间更广泛地在作为整体的工业生产中发挥其生产资料的作用。严格来讲，土地只有在农业（就农业劳动依然在耕作土壤而言）以及某些开采业当中才能作为一种生产资料，而对于其他工业而言，它仅仅是生产过程的前提条件。然而，就一般意义上来说，直接生产中所使用的空间范围以及土地质量状况可以被认为是生产资料的必要组成部分。这一点在马克思的如下段落中得到了说明：

> 广义地说，除了那些把劳动的作用传达到劳动对象、因而以这种或那种方式充当活动的传导体的物以外，劳动过程的进行所需要的一切物质条件也都算作劳动过程的资料。它们不直接加入劳动过程，但是没有它们，劳动过程就不能进行，或者只能不完全地进行。土地本身又是这类一般的劳动资料，因为它给劳动者提供立足之地，给他的劳动过程提供活动场所。[1]

因此，生产所使用的空间领域，不仅包括由主体、客体以及劳动工具所直接占据的空间，而且还包括储存等物质性需要。可以通过如下的例子来说明地理空间作为生产资料的重要性，即把钢厂或实行规模化生产的汽车厂所消耗的空间同电池厂或电力公司所用到的空间相对比。一方面，不同的生产过程具有不同的"空间需要"，而另一方面，将生产力投入到环境中的过程中，空间根据生产力体系所具有的空间属性被生产出来。

但是，地理空间作为一种生产资料而起作用这样一个事实，不应该导致我们只是机械地（正如经常所发生的那样）把空间

---

[1] 《马克思恩格斯全集》第44卷，人民出版社2001年版，第211页。

第三章 空间的生产

仅仅作为生产资料[1]。有人一方面认为在全球尺度上空间作为一种生产资料而应征到为资本服务的行列；但另一方面却否认空间的其他功能。这种概念上的还原主义所丢掉的是，地理空间的相对性以及绝对与相对空间的关系，而这些东西正是由资本主义所生产出来的。空间作为生产资料而发挥作用，但它还有其他更多的功能。实际上，这整个问题背后隐藏的是尺度问题，这将在第五章中得到更为具体的讨论。就目前而言，可以有充分的理由说，承认那些独特的尺度就意味着假定某种给定的空间或空间系列能够被作为绝对空间来对待。我们把这些空间看成固定的，比如"城市的空间"或"生产的空间"，目的仍是为了考察那一尺度上不同具体空间之间的关系，或者是考察那一尺度上发生的行为的内在过程和模式。总之，承认空间尺度也就相当于潜在地假定了相对空间与绝对空间之间的关系，在第五章中，我们将表明这绝不是一个随意提出的理论问题，而是作为空间生产整体中的组成部分，即资本生产的社会组织形式的独特空间尺度。它们可被联想为相对空间之海中的绝对空间之岛。由此，我们必须从对资本主义的发展和结构的分析中推演出空间尺度，而不是简单地

---

[1] 关于把空间严格等同于生产资料，特别是空间的物化，以及作为独立客体或众多物体这种陷阱的精彩论述，参看 G. A. Cohen, *Karl Marx's Theory of History* (Princeton, 1978), 50-55. (G. A. 柯恩:《卡尔·马克思的历史理论——一种辩护》，岳长龄译，重庆出版社 1989 年版）。这里的问题实际上更加基本，是从普遍的意义上阐述马克思的哲学方法。对于科恩而言，其研究实质上是马克思历史理论中的一种分析哲学之中的运用，当然这几乎是偶然。历史理论变成了一种设备充足的概念体育馆了，在其中分析哲学是用来贯彻于其中的步伐。

假定那些惯常的尺度是已经给定的①。

在前面我们已有交代,资本主义的发展会不断地把自然空间——已被继承下来的绝对空间——转变为被生产出来的相对空间。我们现在就要阐明这一主题,从而将其作为一个工具来准确地证明,在资本主义的幸存中,地理空间是如何逐步成为其焦点的。在资本主义的早期阶段,社会的扩张与发展同时是一种地理行为。社会的扩张通过地理扩张来实现;城镇扩张为市区中心,前资本主义国家扩张为现代民族国家,民族国家又扩张为殖民帝国。如果资本主义的地理发展是通过生产相对空间,那么这在一开始就是借助于在绝对空间领域的扩张实现的。随着雇佣劳动关系拓展到全球的每个角落,被资本继承下来的并被它改造成具有鲜明资本主义特征的世界市场,逐渐被价值的普遍性塑造为抽象劳动的形式。只要这种绝对扩张体现着资本的进程,那么绝对空间概念对于理解空间的生产就不仅是有用的,而且是必须的。但到19世纪晚期,社会经济的扩张不再是首要地通过地理扩张来实现了;正如"一战"后那些颇有建树的地理学学派的成果表明的那样,地理学在此方面没能再切中资本主义扩张的前沿脉搏。随着1880年代非洲被最终瓜分完毕,民族国家的扩张与殖民已接近尾声②。当然,肯定还存在一些不发达的内部"岛屿",而且即便在城市这一尺度上,上述过程也未彻底完成,但是,纵

---

① 彼得·泰勒有了一个同样的论点:Peter Taylor, "A Materialist Fraework for Political Geography," *Transaction of the Instiude of British Geographwes* 7 (1982), 15-34。

② J. Scott-Keltie, *The Partitioning of Africa* (London, 1893); S. E. Crowe, *The Berlin West African Conference 1884-1885* (London, 1942).

然把这些地区全部吞并也不足以维持资本主义必然要进行的经济扩张。地理绝对主义与经济必然性是并行不悖的。对于这个问题,列宁曾在1916年概述了德国地理学家亚历山大·苏潘①的结论,并以第一次世界大战的经验做了证明:

> 当下最鲜明的特征是,全球已经被最终瓜分完毕。所谓"最终",并不是说不能再次瓜分;恰恰相反,再次瓜分不仅是可能的,而且是必然的;而是说,资本主义国家的殖民政策已经完成了对我们地球上尚未被占领的领土的占有。世界第一次被完全分割完毕,所以将来只可能重新进行划分,即是说,领土只可能从一个领主手里转到另一个领主的手里,而不是从没有成为领主的手里转到领主的手里②。

资本主义最近一百多年的发展已经将空间的生产推进到了史无前例的水平。但这并不是通过在既定空间中的绝对扩张实现的,而是通过全球空间的内部分化,通过在更大范围的相对空间中生产出差异化的绝对空间来实现的。

过去一个多世纪以来的全球地理空间的分化是资本需要固定在景观上的直接后果,这种需要是资本所固有的。不错,轻轻按动按钮,5亿美元就能围绕地球嗖嗖地飞梭,但这5亿美元毕竟来自某个地方,还得按照既定的路线去往某地。这所谓的某个地方,就是生产过程,在这一过程中,为了生产剩余价值,就必须

---

① 亚历山大·苏潘(Alexander Supan,1847-1920),德国奥地利地理学家,著有《欧洲殖民地的扩展》(1906)等著作。——译者注

② 《列宁选集》第2卷,人民出版社1995年版,第640页。

有大量的生产资本以工厂、机器、交通线路、仓库以及一整套其他设施的形式，在相当长的一段时间内固定于空间中①。资本的这种空间固定化，或者正如民族国家的边界对民族资本的限制一样，同时也就是差异的地理空间的生产。由于这种固定化过程同资本的流动性相伴生，所以这些相反的趋势造成了世界空间的内部分化，这些分化并非是毫无规则的，而是有一定的模式。因为空间的生产同资本主义的发展齐头并进，所以在绝对空间和相对空间之间产生的抽象矛盾日益内化到"资本主义的空间经济"本身。只要资本的绝对地理扩张在持续，那么，导致资本社会结构出现千疮百孔的那些矛盾就能够以"非空间"的形式来认识，空间可被视为是外在的。但当经济扭头向内发展并从而导致内部地理空间急剧分化的时候，矛盾的空间维度就不仅骤然凸显，而且就空间更加接近于资本的核心来说，空间矛盾也变得更加真实。因此，在资本主义生产的广泛系统中，危机出现在哪里，它们就在资本主义的地理上更加直接（和明显）地反映出来。

我们强调空间正史无前例地被纳上议程，其意义便在于此。事实上，我们本来就能够从马克思的相对剩余价值概念中推导出这一结论，尽管它有些抽象。资本主义越发展，它就越是要依靠相对剩余价值的生产。实际上，马克思把对相对剩余价值的追求称作工业资本主义的标志和"以资本为基础的生产方式的独特

---

① 戴维·哈维从其所著的《社会正义与城市》一书就开始反复强调资本的空间固定性之重要性。

第三章 空间的生产

的历史性质"①。历史地看,"社会劳动生产力已经发展到这样一种高度,即它成为积累最强有力的杠杆"。② 由此,很多问题就随之而来,马克思也对其中的一些做了讨论。在《政治经济学批判大纲》非常有名的一节中,他重点关注了资本为推动固定资本的不断革命化而鼓励甚至控制科学的发展。在《资本论》中,他提到生产力规模的增长以及伴随这一过程的资本的积聚和集中(concentration and centralization),而后者明显具有空间内涵,不过马克思只是简单提及,而更一般的空间问题仍有待讨论。如果相对剩余价值已成为资本积累最有力的杠杆,那么从马克思的隐喻中可进一步得出推论:固定资本是这种杠杆汲取力量的支点。如果说,作为价值的固定资本仅仅是保存了物化在劳动对象中的抽象劳动,而作为使用价值的固定资本则促成了具体的劳动力转化为新的商品形式——而这体现着相对剩余价值的生产——那么,固定资本的使用价值因此就变得十分关键,进而对相对剩余价值的生产也是至关重要的,从而固定资本的空间属性也就同样是重要的。尽管就定义而言,固定资本并非一定就是固定在空间中的,但在现实中,它是生产资本中最具空间固定性的部分,因为它在生产过程中的存在时间会超过一个生产周期。作为相对使用价值生产的催化剂,固定资本逐步迈上了舞台的中心,与此相适应的是,固定资本把地理空间纳入自己的议程,而这种地理空间在资本家阶级为维护资本主义幸存而进行的斗争中大显

---

① 《马克思恩格斯全集》第31卷,人民出版社1998年版,第172页。
② 《马克思恩格斯全集》第44卷,人民出版社2001年版,第717页。

身手。

这种地理空间所重新突显出来的重要性，在很多日益为我们所重视的问题上都反映出来，诸如，工业的中心化和去中心化，第三世界中有选择性的工业化，为追逐暴利而打一枪换一个地方的工厂迁移，地区性萧条，去工业化，民族主义，城市复兴（redevelopment）和城市绅士化，以及危机时期发生的更为广泛的空间重组。但是，如果说在这些事情的重要性上已形成了共识，那么对于它们的意义到底如何则很少达成一致。任何论者在强调空间差异将趋同的时候，总有人能拿出不同的数据来证明它们将进一步趋异（divergence）[1]。问题的焦点在于，这些地理模式是相互矛盾的两种趋势的产物：首先，社会的发展愈是把空间从社会中解放出来，空间修复就愈是变得重要；其次，但也是根本的，分化同普遍化或均等化是资本主义腹中的孪生兄弟。一旦后者的矛盾动力学在现实中发挥作用，就会导致它按照一种极其特别的模式进行空间的生产。空间既不是水平发展的，也非无限

---

[1] 麦尔文·韦伯曾经主张都市空间是一个平面化的过程。参看 Melvin Webber, "The Urban Place and the Non-Place Urban Realm," *Exploration into Urban Structure* (Philadelphia, 1944)。与此相反，哈维强调都市空间的趋异性，参看 David Harvey, "Class Structure in a Capitalist Society and Theory of Residential Differention," in Peel M, Chisholm, and P. Haggett (eds), *Processes in Physical and Human Geography* (Edinburgh, 1975)。有关区域发展问题，凯恩斯·福克斯提出一种趋同性的主张，Kenneth Fox, "Uneven Regional Developmentin the United States," *Review of Radical Political Economics* 10 (3) (1978), 68-86。斯图亚特·霍兰德提出一种分流的主张，见 Stuart, Holland, *Capital Versus the Regions* (London, 1976)。而比尔·瓦伦则从国际尺度入手提出一种趋同的论点，Bill Warren, *Imperialism: Pionnerof Capitalism* (London, 1980)。而萨米尔·阿明则强调一种分化的论点，Samir Amin, *Unequal Development* (NewYork, 1976)。这是些仅有的例证，更多的参考可以在相关的位置上给出。

地分化的。这种模式所造成的结果是一种不平衡发展，这不是一般意义上的不平衡发展，而是支配着空间生产的矛盾动力学的具体结果的那种不平衡发展。不平衡发展是资本主义条件下空间生产的具体体现。下面的两章将致力于推演和解释不平衡发展的过程，那时，我们就会明白，地理空间的生产在资本主义的进化和发展中是如何扮演日渐重要的角色的。但在此之前，我们先要通过把"空间的生产"的当代分析置于马克思主义传统的语境中，来对本章做一个总结。

第四节　空间的生产与马克思主义理论

列斐伏尔

空间的生产的思想并不新颖。在英美马克思主义当中，正如卡斯特在法国传统中所做的那样，戴维·哈维首开了对"作为地理学首要原则的人造空间（created space）"进行考察的先河。[①] 但是，对"空间的生产"做出最为系统、最具想象力也是最为明确阐述的还是列斐伏尔。就我所知，是列斐伏尔首创了"空间的生产"这一表述。列斐伏尔并不怎么关注生产过程，而是更加关注生产的社会关系的再生产，它是资本主义社会"核心和潜在的过程"，而这种过程本质上就是空间的。列斐伏尔认

---

① David Harvey, *Social Justice and the City* (London, 1973), 309; Manuel Castells, *The Urban Question* (London, 1977), 437-471.

为，生产的社会关系的再生产不单是发生在工厂当中，或者是作为整体的社会当中，"而是在作为整体的空间当中"；"空间作为整体已经成为生产关系的再生产落脚的地方。"空间关系在"逻辑上"产生于人类在空间中和空间上的活动，但是又经过了它们的"辩证的中介"。正是"这种经过辩证中介了的、充满冲突的空间，通过将其自身的矛盾输入到再生产当中，从而实现了再生产"。而且空间问题式的出现标志着资本主义发展到了一个新的阶段。"资本主义能够在一个世纪中缓和（而不是克服）其内在矛盾，结果是，从《资本论》问世以来的一个多世纪，它成功获得'增长'"。我们不知道它为此付出了多少代价，但我们知道它所采用的手段，即"通过占有空间，通过生产空间"。对列斐伏尔来说，空间是资本主义这出戏中正在上演的最后一幕。"空间，这一被新资本主义占据、切割、被还原到同质化却又被碎片化的事物，已登上了权力的宝座。"这造就了一个资本主义发展的过渡期——"新资本主义"——在其中，"国家资本主义和国家社会主义"之间的"空间矛盾"阻碍了资本主义的完全稳定和胜利。"大规模的矛盾转移"开始上演，具体来说，这表明"今天首要的社会需求是城市的需求"，并且，反对资本主义的革命必将是一种空间革命——都市革命[①]。

列斐伏尔所思考的很多问题都表明他是一位真正的原创性思想家。他不仅提出了空间的生产的思想，而且试图为其确立一个

[①] Henri Lefebvre, *The Survival of Capitalism* (London, 1976). *La révolution urbaine* (Paris, 1970).

第三章 空间的生产

同样是原创性的理论基础。很明显,他既关注资本主义的历史发展,又试图解决空间与社会的二元论。在阐述其"社会空间辩证法"的过程中,爱德华·索亚指证、提炼并发展了列斐伏尔的基本观点,同时他又尝试纠正英美世界的那种在他看来是对列斐伏尔的系统性误释,并试图在此过程中建立起连接两种不同传统的有益桥梁①。这里还不是详细批评列斐伏尔的地方,尽管这是个迟到的任务。此处我只是想表明,列斐伏尔的基本洞见可以如下的方式向不同方向发展,即应该使他的洞见能够围绕空间的生产问题形成更有说服力的结论。因为正是借助于这一思想,他为我们打开了一扇实际地理解资本主义空间的窗口。他认真地思考了马克思批判费尔巴哈的第八条中那句振聋发聩的忠告,即"凡是把理论引向神秘主义的神秘东西,都能在人的实践中以及对这个实践的理解中得到合理的解决",并将其运用到空间问题上。尽管列斐伏尔实现了思想上的飞跃并把空间视为人类活动产生的,但列斐伏尔并没有抛弃甚至也没有限制(qualify)空间的绝对概念。他在各种意义上使用空间概念——将其作为脱离物理空间的社会空间、绝对空间、理论空间,等等,且似乎从不或很少对它们进行区分。隐喻与现实性不加区别地混淆在一起。这种概念上的模糊导致列斐伏尔在其分析中得出的政治结论很成问题。因为空间已淡出了画面。当下"再生产危机"的抗议政治学(nitty-gritty politics)几乎同空间没有了关系。或如卡斯特针

---

① Ed. Soja, "The Socio-Spatial Dialectic," *Annals of the Association of American Geographers* 70 (1980), 207-225.

对列斐伏尔的分析所说的那样,"空间最终在其整个分析中反而占据了相对较弱和次要的位置。[1]"空间在概念和理论上被置于核心位置,但在实践中,当游戏开始的时候,却看不到了踪影,空间和社会的二元论阴魂不散。

列斐伏尔理解了地理空间在晚期资本主义中的重要性,但他并没能从其洞见中收获全部价值。其中的原因,除了其空间概念上的含混之外,还有可能是他试图把空间的重要性同更大的政治事业联系起来,再生产问题式据此取代了生产问题式。再生产主义论题(reproductionist thesis)源自战后资本主义的经验,当时资本主义社会确实大大拓展了其商品消费的范围,最终将再生产过程完全整合到其经济结构当中。1960年代的斗争严格来说是以社区为基础的,而不是工作场所罢工。但这是否就像列斐伏尔主张的那样,意味着生产关系的再生产成为最重要的决定性因素,并且围绕再生产问题而展开的阶级斗争实质上已超过了传统的工作场所斗争,尚有待观察。从表面上看来,列斐伏尔所指认的变化或许足够真实,然而,这是否就意味着它已达到了他所说的那种已发生了结构性逆转的程度,也尚不清晰。20世纪80年代为此提供了很好的历史检验,这次检验把纯粹的再生产理论抛入了历史的垃圾桶。

列斐伏尔最有价值的洞见就是他识别出空间复兴的重要性以及他以空间的生产思想对此所做的阐述。但我认为,他将上述洞

---

[1] Manuel Castells, *The Urban Question* (London, 1977), 92.

见同再生产理论捆绑在一起,抹杀了他这项洞见的全部价值,也剥夺了进一步拓展它的方法。因为空间的生产理论并不意味着与经典马克思主义传统的彻底决裂。尤其是,如果我们关于自然的生产以及自然与空间之间关系的讨论是正确的话①。正如我们所说,这是一个值得关注的独创性想法,而且超越了在那种传统中能够想象出的任何东西,但同时,我们也能够在马克思、卢森堡(Rosa Luxemburg)以及列宁的著作中探测到关于这个想法的蛛丝马迹。特别是在列宁的作品里,可以发现有对上述那种分化和均等之间矛盾的含蓄指认。通过聚焦这种矛盾,我们能把历史先驱们的想法同我们当前所关心的问题联系起来。

马克思、卢森堡和列宁

马克思并没有直接阐发一种空间观念,也并未试图把地理空间假设为绝对空间。但他确实相应地意识到了地理空间的相对性,这在他关于"用时间消灭空间"(annihilation of space by time)的讨论中再清楚不过地体现出来了。尽管马克思不是这一术语的首创者,但是他独创性地把这种根植于神秘幻想中的唯心主义目的论式的只言片语,改造成了一种具有崭新唯物主义内容

---

① 值得注意的是,我们不要忘记列斐伏尔仍然保留着传统的假设,即空间对于自然的优先性。因此他把"环境问题"作为根本的空间问题而不是外围问题 [*The Survival of Capitalism* (London, 1976), 27.]。更为奇怪的是,就时间与空间的关系问题而论,列斐伏尔趋向于得出一种与马克思的结论相反的东西。空间生产的再生产版本并没有导致"用时间消灭空间"而是更贴近"用空间消灭时间"的东西。

的锐利批判工具①。资本的本性是试图减少流通时间和成本,以此推动扩大的资本更快地流回生产和积累领域,从而进一步加速它们的过程。但是,价值的循环同样需要物质客体的物理循环,在其中价值得以体现或再现。资本的所有形式——生产资本、商品资本和货币资本——都必须要发生转移;生产力的发展也是如此,它的一部分要用于发展生产领域之内和之外的交通和通讯手段。正如马克思所说的,这就导致了持续地克服所有空间局限,并试图用时间消灭空间的动力:

> 生产越是以交换价值为基础,因而越是以交换为基础,交换的物质条件——交通运输工具——对生产来说就越是重要。资本按其本性来说,力求超越一切空间界限。因此,创造交换的物质条件——交通运输工具——对资本来说是极其必要的:用时间消灭空间。……因此,资本一方面要力求摧毁交往即交换的一切地方限制,征服整个地球作为它的市

---

① 亚历山大·蒲柏(Alexander Pope)似乎是首创这个措辞的作家。早在马克思一个半世纪之前,在一篇诗作中,他使用了这个术语写道:"呜呼上帝!固然是让空间与时间湮灭,却使两位恋人快乐。"19世纪重提此措辞是用来描绘铁路进入北美所引起的戏剧性的地貌效果。实际上"在整个不断更新的词汇库中再没有什么存货比'时间与空间的消灭'出现得更频繁的了",按照李奥·马克思的说法,"这种省悟的滥用",他继续写道,"让人感觉到是与技术进步的崇高感相一致的"。Leo Marx, *The Machine in the Garden* (New York, 1964), 194. 1848年在中上层社会郊区化的语境下,安卓·杰克逊·唐宁于《园艺学家》杂志上写道,有关"时间与空间之一半被消灭的这种古老观念暗示了田园改进的步伐",Andrew Jackson Downing, "Hints to RuralImprovers", *Horticulture* (July, 1848), reprinted in his *Rural Essays* (NewYork, 1957)。因此可以想见的是在另外一个马克思(卡尔·马克思。)首先遭遇到这种观点时,但是当然是他的"用时间消灭空间"取代"空间与时间的消灭"带来了一个全新的意义。

第三章 空间的生产

场,另一方面,它又力求用时间去消灭空间,就是说,把商品从一个地方转移到另一个地方所花费的时间缩减到最低限度。资本越发展,从而资本借以流通的市场,构成资本流通空间通道的市场越扩大,资本同时也就是力求在空间上更加扩大市场,力求用时间去更多地消灭空间。……这里表现出了资本的那种使它不同于以往一切生产阶段的全面趋势。①

社会从空间中获得解放的历史趋势,在资本主义条件下获得了重要的发展,并且采取了一种能够反映资本内在逻辑的独特形式:通过消灭来实现解放。在此情况下,"资本的普遍化"趋势代表了一种朝向脱离空间的冲动,换言之,即朝向一种生产状况和水平的均等。对于"我们所生活的地球正在缩小"这样一种被流行印象所体验到的现实,我们基本上也是承认的。马克思所提供给我们的是对地理压缩之必然性的历史的具体的解释。空间发展被当作整个社会发展的必要环节,而不仅仅是一种独立的要素。所谓世界的压缩不只是受现代化普遍进程的影响,更是建立在劳动和资本关系之上的生产方式的具体必然。

马克思强烈地意识到这种资本"普遍化趋势"的更为具体的空间含义。他不仅关注到铁路的发展以及它们所带来的每个民族空间经济的扁平化(levelling),而且还关注到了世界经济。由此,他似乎预期在英国殖民统治之下,印度会因资本的存在而实现自身强制性的发展,甚至还会导致印度经济迅速发展到英国

---

① 《马克思恩格斯全集》第 30 卷,人民出版社 1995 年版,第 521、538—539 页。

已经达到的水平①。除了这些对于空间的暗示之外,马克思还意识到问题的另一面——资本的空间扩张。所以他在《资本论》第1卷中用一章的篇幅讨论了殖民问题,这不仅是因为在那些殖民地以及在资产阶级殖民理论当中,扩张的现实已经被书写出来,每个人都能看得到;而且还因为殖民地对资本而言承担着具体的职能。通过外贸、经济和地理扩张,资本的核心矛盾多多少少被转移到了体系的边缘地带,资本的限度得到了扩展②。

马克思集中关注到资本的均等化趋势,并在不断扩大的世界市场的情境中看待这种现象。正是这一过程,而非其他的原因,形成了他对资本主义条件下的空间认知。他对地理空间的分化过程关注相对不够,无疑同他所生活的时代条件相关;铁路的发展以及欧洲对全球的殖民正处于这一时期空间的生产的前哨。所以,在《资本论》中,马克思至少有一处是有意撇开地理分化而进行抽象的,"为了对我们的研究对象在其纯粹的状态下进行考察,避免次要情况的干扰,我们在这里必须把整个贸易世界看做一个国家,并且假定资本主义生产已经到处确立并占据了一切产业部类③"。这并非是马克思为简化自己的论述而做出的一个简单假设,而是与他的逻辑-历史方法相一致,这种假设反映出他确信资本会逐步地夷平这些地理障碍。我们将在第4章看到,这并不是说,马克思没有意识到地理分化问题,而是说与资本的"普遍化趋势"以及由此造成的均等化倾向相比,他将其重要性

---

① 参看《马克思恩格斯文集》第2卷,人民出版社2009年版,第685-691页。
② David Harvey, *The Limits to Capital* (Oxford, 1982), chap. 13.
③ 《马克思恩格斯全集》第44卷,人民出版社2001年版,第670页注21a。

第三章 空间的生产

视为是次要的。

半个世纪以后,罗莎·卢森堡在著作中批评马克思对资本主义生产方式的普遍性统治的假设,然而却又得出了马克思自己已经做出的逻辑结论。她说,如果没有为其提供市场、劳动力和原材料等来源的非资本主义的存在,资本主义便无法幸存下去:"成熟的资本主义在各方面都有赖于同期相互并存的非资本主义阶层和社会组织。[①]"因此,对卢森堡来说,帝国主义不过是一个吞噬非资本主义的过程,并由此在概念上可以视为资本主义的最后阶段。当资本的绝对地理扩张接近尾声时,也正是资本主义必将崩溃的那一天。卢森堡把马克思的分析做了进一步的发挥,已经超过了她本应完成的部分。她没有把地理分化视为资本的内在趋势,而是视为从过去获得的一种残留,它在资本阔步前进的过程中不可避免地遭到了破坏。它只是一些生产方式之间的暂时性连接物而已。

列宁同样把帝国主义视为资本主义的最高阶段,但是他对帝国主义的地理以及资本主义发展的一般内涵有着更强烈地体认。在其1899年发表的早期著作《资本主义在俄国的发展》中,列宁强烈地意识到伴随着资本扩张的空间内部分化问题。他讨论了劳动的地域分工,它构成了由工业专门化所造成的地区分化的根据,并将其追溯到由资本扩张所导致的劳动的社会分工。更重要的是列宁讨论了城乡在领土上的分化,这构成了其著作的大多数

[①] Rosa Luxemburg, *The Accumulation of Capital* (New York, 1968), 365. 卢森堡:《资本积累论》,彭尘舜、吴纪光译,三联书店1959年版,第258页。

篇幅。他还用一节来讨论出现在城市与郊区之间的城区本身的空间分化,并同样把这一现象与劳动的社会分工联系起来①。列宁在其后来的著作中又进一步发展了这些洞见。他对帝国主义的态度是具有明显的地理眼光的,并在这一点上,他坚持认为尽管全球已经被分成民族和信托公司,但是"落后"民族依旧成为出口资本的有利可图的销售地。同马克思和卢森堡相仿,列宁也把帝国主义的地理扩张视为资本主义的幸存方式,但是他把地理分化的根源视为资本所内在的,并没有把资本的这种过程同消除这些差异直接等同起来。事实上,列宁走得更远,他坚持认为先进与"落后"民族之间的分化被帝国主义强化了,而不是弱化了。他指责考茨基(因其超帝国主义思想)"鼓舞了那种十分错误的、为帝国主义辩护士助长声势的思想,似乎金融资本的统治是在削弱世界经济内部的不平衡和矛盾,其实金融资本的统治是在加剧这种不平衡和矛盾"。宣扬超帝国主义论不过是企图回避欧洲已经到来的帝国主义时代、缓和帝国主义的矛盾②。

然而,列宁却在同一著作中承认资本主义内在的真实力量,尤其是金融资本的普遍化,将会力求"消除各个地方或各个工业部类的资本分配的不平衡现象"③。我们在最后一节中所提到

---

① 列宁:《俄国资本主义的发展》,载《列宁全集》第3卷,人民出版社1984年版;列宁:《关于农业中资本主义发展规律的新材料》,载《列宁全集》第27卷,人民出版社1990年版。
② 《列宁选集》第2卷,人民出版社1995年版,第656页。
③ 同上书,第610页。这不是列宁本人的观点或原话,而是引用一位德国经济学家奥托·耶德尔斯(Otto Jeidels)所著《德国大银行与工业的关系,特别是与冶金工业的关系》一书的观点。

第三章 空间的生产

的那种矛盾,即一方面是空间的日趋分化,而另一方面又是能带来从空间中解放出来之希望的那种资本的均等化趋势,这种矛盾在列宁的帝国主义分析当中是晦暗不明的。然而,在实践中是否明确地认识到这种矛盾推动了资本主义独特的空间的生产,在列宁那里同样是晦暗不明的。当然,列宁承认地理空间的全新重要性,但又存在明显的缺陷,这在他的哲学巨著中再明显不过。列宁为"客观的物理空间"辩护,反对他所称的马赫的唯心主义学说,他确认了绝对空间概念,而且总是把他抽象的哲学讨论同资本主义的具体空间结构联系起来,这同样体现在他的其他作品中①。但列宁也确实首次指认了空间基本矛盾的两个方面,只不过,仍然需要对这个矛盾有更明确的解释,并对空间的发展进行理论化。

但这并没有发生。布哈林同一时期在论述资本的国际化只有经过民族资本的同步发展才能实现时,认识到了这种矛盾②。尽

---

① 列宁问道:"空间或时间是实在的还是观念的?我们的相对的时空观念是不是接近存在的客观实在形式?或者它们只是发展着的、组织起来的、协调起来的和如此等等的人类思想的产物?"而他的答案却是毫不含糊的:"唯物主义既然承认客观实在即运动着的物质不依赖于我们的意识而存在,也就必然要承认时间和空间的客观实在性。这首先就和康德主义不同。康德主义在这个问题上是站在唯心主义方面的,它认为时间和空间不是客观实在,而是人的直观形式。……世界上除了运动着的物质,什么也没有,而运动着的物质只能在空间和时间中运动。"(《列宁选集》第2卷,人民出版社1995年版第138、137页)在该书中列宁在空间与其他问题上作了哲学探索但从来不曾使自己摆脱困境。他因此鼓励马克思主义的发展而使马克思主义摆脱科学,尽管马克思清楚地说哲学脱离科学将会是一种站不住脚的抽象。参看 Z. A. Jordan, *The Evolution of Dialectical Materialism* (London, 1967)。

② Nikolai Bukharin, *Imperialism and World Economy* (London, 1972). 尼·布哈林:《世界经济和帝国主义》,蒯兆德译,中国社会科学出版社1983年版。

管资本的国际化问题在当今的马克思主义文献当中是一个十分强大的主题,但是布哈林所揭示的地理矛盾的尖锐性并没有得到广泛认可。在其他空间尺度上同样存在这种情况,比如,区域和城市发展的一般性问题引起人们越来越多的实质性关注,但这些讨论都未认可上述矛盾。① 空间的生产分析完全是一个当代观念,它将引导我们走向列宁对帝国主义地理学的那种分析。我们正是要从空间的生产矛盾特征的这一共同基础出发,来展开对不平衡发展的分析。我们现在要探寻的目标不仅仅是要理解资本主义地理学的起源和模式,而且,用列斐伏尔的话说,我们还要尝试精确地理解空间的生产如何帮助资本主义获得了幸存。

---

① 随着这种相对晚近的工作的开展,出现了一些与总体趋势不同的例外。参看对空间分化的分析,R. Walker, "A Theory of Surburbanization: Capitalism and the Construction of Urban Space inthe United States", in M. Dear and A. J. Scott (eds), *Urbanization and Urban Planning in Capitalist Societies* (London, 1981), 383-429。并参看哈维的简明而富有创新性、却被严重忽略的论文,David Harvey, "The Geography of Capitalist Accumulation: A Reconstruction of the Marxian Theory," *Antipode* 7 (2) (1975) (reprinted in Richard Peet [ed], Radical Geography [Chicago, 1977], 263-92)。

第四章　试论不平衡发展理论（一）：地理分化与均等的辩证法

十年光景不到，资本主义的不平衡发展已经成为研究领域中流行的甚至时髦的话题。这同1960年代社会运动之后对马克思主义兴趣的广泛复兴，以及不平衡发展进程史无前例地在当今各级空间尺度上鲜明而具体的呈现，无疑都具有直接的因果关联。对于认识这种近来十分显著的现象的必要性，事实上人们已经达成了共识，并且关于这一主题的文献也在激增。不过最近，这一新的研究呈现出新的特点，少数理论试图在资本主义发展的马克思主义（非-马克思主义）分析语境中理解不平衡发展问题①。这也正是我们在此处将要承担的任务。我们讨论的起点已经在上一章中做了交代，这就是资本主义空间的生产过程中所内在具有的朝向分化和均等的两种矛盾趋势。这种矛盾衍生于资本主义生产方式的核心，并将自身铭刻在景观上，形成了不平衡发展这种经久不衰的模式。

在着手此项分析之前，有必要彻底弄清楚，我们讨论什么和不讨论什么。"不平衡发展"对于不同的人意味着不同的东西，这最主要是视其使用的特定环境而定。在马克思主义传统中，如

---

① 这些普遍趋势中的少数例外批评包括：Enzo Mingione, *Social Conflict and the City* (Oxford, 1981). David Harvey, *The Limits to Capital* (Oxford, 1982). Michael Dunford and Dians Perrons, *The Arena of Capital* (London, 1983)。

果回到列宁那里,这一概念是在政治、经济和哲学意义上来使用的,在《政治经济学批判大纲》的《导言》中,马克思也即兴谈到了物质发展同艺术生产之间的不平衡,以及生产关系同法律关系的不平衡发展。马克思在为自己写的重要提示中指出,这些问题应该具体对待,而不是用"通常的抽象"① 来加以处理。马克思关于具体的告诫无疑是正确的,但是,如果他所举例子的普遍性被作为一种研究纲领,那么这就会产生误导。因此,为了更加具体地处理这些问题,就有必要首先为资本主义不平衡发展朝向分化和均等的这种对立趋势确立一个经济学的,或者更具体点,政治经济学的基础。在此,我们将只限于为不平衡发展确立一种政治经济学的基础。②

---

① 《马克思恩格斯选集》第2卷,人民出版社2012年版,第710页。
② 与"不平衡发展"相关的当然是一种政治传统。该传统最直接地可归功于托洛茨基,他的"不断革命"理论的一个部分,谈到了"不平衡与综合发展的规律"。不平衡发展理论本身主要形成于托洛茨基与斯大林围绕"一国建成社会主义"之可能性论战之际。参看 Leon Trosky, *Permanent Revolution and Results and Prospects* (New York, 1969) 以及 *The Third International After Lenin* (New York, 1970); Joseph Stalin, *Dialectical and Historical Materilism* (New York, 1940), *Economic Problems of Socialism in the USSR* (Peking, 1971), *Works* (Moscow, 1954), 8: 256-261, 326, and 9: 110-11. 并参看 Tony Cliff, "Permanent Revolution", *International Socialism* 61 (1973), 18-29; Michael Lowy, *The Politics of Combined and Uneven Development* (London, 1981)。对不平衡发展的政治性处理并非与当代对该问题的政治经济学研究方法毫无瓜葛。事实上,政治性辩论普遍地把不平衡发展起源的经济上的合理性视为理所当然。例如托洛茨基仅仅是在1905年俄国革命的形势下才开始认真地关注不平衡发展问题,当时在整个革命形势中,社会的经济规律日益隐藏起来,从而让决定历史发展的政治因素突显出来。我把不平衡发展本质上作为一个经济问题作为一个经济问题,并不是要完全否认其政治意义而只是试图或不如说提供一个关于不平衡发展的经济合理性的解释框架,而这在政治传统中被视之为理所当然的问题。

第四章 试论不平衡发展理论(一):地理分化与均等的辩证法

前面几章的讨论已经很清楚地表明,我们所关注的是资本主义不平衡发展的特殊过程和模式。它仿佛是不证自明的,而且也无需多费口舌,因此即便是最睿智的理论家也声称这种现象在历史和哲学上的普遍性。他们认为,不平衡发展是"人类历史的普遍规律",或者还有更加抽象的,认为它是"矛盾的本质"①。看来,在不平衡发展问题上所达成的一致是建立在某种代价之上的。当不平衡发展被视为一种普遍的形而上学时,不平衡发展理论中所蕴藏的更深刻的洞见便被消解掉了,其含义被简化成一种最低层次的公分母。这种哲学化的处理不仅阻碍了有价值的理论探讨,而且更重要的是它犯了历史性错误。马克思当年把劳动作为人类存在的一种自然特征而曾承认其普遍性,但是,他对资本主义的全部分析都是建立在对劳动的天然偏好(natural propensity to labor)同资本主义生产方式所决定的劳动过程的社会历史形式相区分的基础上的。实际上,把资本主义生产方式的

---

① "有些人只是想把不平衡发展规律限定在资本主义历史之中,或者甚至限定在资本主义的帝国主义阶段,实际上它是人类历史的一个普遍规律。" Ernest Mandel, *Marxist Economic Theory* (London, 1962), 91. 在其晚近著作之中,曼德尔保留了这种不平衡发展的普遍性观点,甚至对资本主义条件下的不平衡发展专门作了具体的研究,实际上在其里程碑式的著作《晚期资本主义》中他也并没有完成把资本主义发展理论与其近期历史整合起来的诺言,这部分地是因为他的不平衡发展概念的统一性力量被他所坚持的作为人类历史普遍规律的不平衡发展这种观点掏空了。并参看阿尔都塞的论述:"不平衡发展规律……不仅关系到帝国主义,而且也关系到'世界的一切存在'……不平衡发展……并不外在于矛盾,而是构成了其最内在的本质。""它作为矛盾本质本身而存在。" Louis Althusser, *For Marx* (London, 1969), 200-213.(阿尔都塞:《保卫马克思》,顾良译,商务印书馆2006年版,第195-213页。——译者注)此概括来自于毛泽东的《矛盾论》,载《毛泽东选集》第1卷,人民出版社1991年版,第299-340页。

特定社会形式和关系普遍化为一种永恒的、自然的关系，这正是资产阶级意识形态的标志。对于"不平衡发展"来说，情况同样如此。不平衡发展作为一种哲学普遍性，其批判的、认识论的利刃不仅被钝化了，而且可能会违背使用者的原意，成为潜伏在马克思主义内部的一把反动的意识形态匕首。正如曼德尔指出的那样，资本主义世界体系并不是由"不平衡与综合发展规律"的普遍有效性决定的，毋宁说，不平衡发展是由资本主义的当代普遍性决定的。[①]

最后，这也绝非就意味着，前资本主义的发展有多么平衡。而是说，不论前资本主义的不平衡发展是出于哪些原因，它们都同造成资本主义不平衡发展的原因迥然相异，资本主义具有自己独特的地理学。与之前的生产方式相比，资本主义的地理学已经完全成为资本主义生产方式的必要组成部分，而且更加系统化。

如果当前关于不平衡发展问题的热情不是因仅限于陈述表面问题而陷入一种"那又怎样呢"的死胡同，而是揭示关于资本主义地理学和资本主义一般的发展与结构的基本洞见，那么，这种不平衡过程就须得到密切关注。这正是为什么在准备对不平衡发展进行分析的时候，我们一直如此关注于对空间概念进行清理的原因。正如通常所使用的那样，"不平衡发展"不单单是指资本主义的地理学，而且还是指资本主义经济不同部类之间不平衡的增长比例。此处我们专门把不平衡发展同资本主义的地理表征

---

① Mandel, Ernest. *Late Capitalism* (London, 1975), 23. 厄尔奈斯特·曼德尔：《晚期资本主义》，马清文译，中国社会科学院哲学研究所马克思主义哲学史研究室编，黑龙江人民出版社1983年版。

联系起来，并不是要否认这一过程的其他方面。这样做是为了修复在资本主义发展中被严重忽视的空间维度，并试图在实践上强调前一章所得出的结论，即如果空间的不平衡不被理解为资本主义发展过程中更大尺度上的矛盾的一部分，那么它就没有任何意义。这可能会导致矫枉过正，并由此冒一定风险，但如果不"矫"，就无从知道是否"过"了。

第一节 分化趋势

分化的自然基础

社会劳动分工是发展水平与条件发生空间分化的历史基础。劳动在空间或领土上的分工并非是一个独立的过程，而是从一开始就内在于劳动分工的概念当中。马克思十分清醒地意识到这一点，这可以从他对城市与乡村的反复强调却很少被理解的评论中反映出来，在马克思那里，城乡是建立在商品交换之上的每一种发达的劳动分工的基础。如果人们对最早的劳动分工——男女之间基于性别而形成的劳动分工——进行考察的话，那么它同样被广泛认为具有空间含义，一般说来，男人开拓的空间领域更广[①]。

在人类历史的多数情况下，劳动分工建立在自然条件的分化

---

① Rayna Reiter, "Men and Women in the South of France," in R. Reiter (ed.), *Toward an Anthropology of Women* (New York, 1975).

基础上。"剩余劳动与剩余价值的可能性",马克思写道,"要以一定的劳动生产力为条件",它首先表现为"自然的赐予,自然的生产力"。① 假如自然条件不同,同样的劳动付出就会收获不同的商品数量,这也就意味着某个地方而非其他地方会出现剩余产品的可能(但仅仅是可能而已)。此外,自然的性质差异决定着某个地方将发生何种生产过程。北极不可能天然种植棉花,无煤炭的地方也不可能挖出煤来。这构成了剩余产品的自然基础。它同样也构成了劳动分工的自然基础,因为劳动分工完全依赖剩余产品的生产。而在更发达的经济中,利用自然优势已不再是偶然的。事实上,自然差异已被内化为劳动过程的系统性社会分化的基础。自然的质性差异已被转化为社会组织中的质和量的差异。劳动的社会分工也通过空间体现出来。

工农业之间更加发达的劳动分工同样是一种空间现象。劳动分工本身现在是社会驱动——剩余产品的生产性消费和生产力的逐步发展——的结果,但它仍然依据某种自然条件来呈现自身。换言之,自然中并不存在什么东西造成了工农业之间的分工,但是这种社会分工一旦形成,自然的内在差异便会对哪些活动将要发生以及在哪些地方发生产生影响。

这种解释,即根据自然差异来解释社会活动的地理分布,是传统地理学的习惯做法。进入本世纪(20世纪——译者注)以来,甚至在当前,自然的优先性以及自然的内在差异被奉为地理学研究中的圭臬。尤其是在地理学的美国学派中被发扬光大的环

---

① 《马克思恩格斯全集》第33卷,人民出版社2004年版,第22页。

境决定论，成为传统认知的一个极端例子，它认为，自然的地理条件多少都决定着人类活动的形态和位置。但作为一种研究方案，环境决定论也并非铁板一块，它被一种教条主义不是很重的"区域分化"（areal differentiation）研究所取代。在地理学的德国学派中，赫特纳①曾用区域分化把地球表面的复杂地理变化解释为自然变化的结果，而这个概念至少到1960年代一直占据着美国地理学传统的中心。这种长时间的盘踞不能仅仅归咎于地理思想的裹足不前，同样难辞其咎的还有在本学科固守此概念的两位主要支持者。其中一位是卡尔·索尔②，他在1925年讨论了区域分化这一问题，另一位哈特向③则是区域分化概念的积极倡导者。到1960年，单纯从自然角度解释区域差异的做法不再流行，尽管这种传统在其滥觞者赫特纳那里仍能看到清晰的影子。在所有这些传统中，财富的空间积聚被首要地视为自然在地文学（physiography）、资源、气候等方面的差异性结果④。

但是把自然禀赋（endowment）的差异同资本的空间积聚联系起来而形成的最清晰、最精致的解释来自商业地理学。商业地理学的主要起源地是英国，它描述了因世界的民族和地区差异而

---

① 赫特纳（Acfred Hettner，1859-1941），德国地理学家，近代地理学区域学派奠基人。——译者注
② 卡尔·索尔（Carl Ortwin Sauer，1889-1975），美国文化地理学家。——译者注
③ 哈特向（Richard Hartshorne，1899-1992）美国区域地理学家。——译者注
④ 有关环境决定论最有趣的例证之一，参看 Ellen Semple, *Influences of Geographic Envionment* (New York, 1911)。并参看 Carl Sauer, "The Morphology of Landscape," *University of California Publication in Geography* 2 (1925), 19-55。还有 Richard Hartsshorne, *Perspective on the Nature of Geography* (London, 1959), *The Nature of Geography* (Lancaster, Pa., 1939)。

形成的产品多样性，力图解释建立在自然禀赋差异基础上的工农业生产的不同类型。这不仅导致主要从国家或地区的角度解释进出口问题，而且导致仅仅根据它们生产什么来命名具体的地区。这就是为我们所熟知的区域地理学，今天，它已成为高中教科书的主要内容。工业资本在城市和区域的集聚（concentration）被解释为靠近原材料、自然线路以及诸如此类的自然条件的结果。而农业资本的集聚则是由于地理、气候和土壤等方面的特性。这样一来，匹兹堡-杨斯顿-克利夫兰区域的形成是由于该地区盛产煤炭和铁矿石，而兰开夏郡则因其适宜的气候、毗邻港口而成为棉花种植区，其棉纺织业传统也得益于其附近山脉上的牧羊业。而纽约则因其丰富的海滨空间、哈德逊-莫华克河系形成的深层地下水源、花岗石的岩床而适合建造大型码头。同样，美国的农业地理就被划分成加利福尼亚、佛罗里达和环西北太平洋的"棉产带""养猪业带""春麦产区""奶牛养殖带"以及水果种植区等。相应地，这些地区的贸易也就自然而然地被解释为各地所产的商品剩余的交换。

这种解释还经常被进一步发挥，不仅用于解释区域间的经济差异，而且还用于解释不同民族的政治差异。所以，地理学家和不少历史学家都把19世纪英帝国的霸权看作是大规模海上强权的结果，而这种海洋强权的出现是由于英国是个岛国，因此除了海洋它别无选择。正是基于此，英国地理学"新19世纪学派"的创始人、国会议员霍福德·麦金德（Halford Mackinder）爵士于1919年写道：

> 历史上的伟大战争……都是民族不平衡增长的直接或间

第四章　试论不平衡发展理论（一）：地理分化与均等的辩证法

接的结果。这种不平衡不能全部归结为某些国家与其他国家相比而具有的更伟大的天分和能力。在很大程度上，毋宁说，是地球表面的肥沃程度和战略机会的不平等分布造成的。换言之，从本质上说，所谓民族平等的机会只是戏言。如果我没有误读地理事实，那么，我还要进一步指出，土地与海洋以及土地肥力和自然道路的组合加速了帝国的成长，直至最终形成了唯一的世界帝国①。

一切归结于自然！

构成这种政治地理学基础的商业地理学又是把自身建立在如下清晰的原则之上的，即自然优势主导了领土上的劳动分工。这些原则在论述该主题的权威著作——乔治·奇泽姆②1889年首版的《商业地理学指南》中得到完美呈现。

> 商业所依赖的重大的地理事实是，世界上的不同地方收获不同的产品，或者就是在不平等的有利条件下提供同样的产品……对于一个凭借其最大自然优势而为某个特定市场提

---

① Halford J. Mackinder, *Democratic Ideals and Reality* (New York, 1942), 1-2。（《民主的理想与现实：重建的政治学之研究》，王鼎杰译，上海人民出版社2016年版，第2-3页。）这让人联想到麦金德的著名的谚语，非常适用于希特勒，它涉及麦金德所谓的"心脏地带"（东欧）以及"世界岛屿"（欧亚大陆）："谁统治了东欧谁就掌握了整个心脏地带；谁统治了心脏地带谁就掌握了世界岛；谁统治了世界岛，谁就掌握了全世界。"《民主的理想与现实：重建的政治学之研究》，王鼎杰译，上海人民出版社2016年版，第128页。有关这种19世纪的新地理学如何为大英帝国主义的利益服务，如下一文则给我们一个有趣的惊鸿一瞥：Brian Hudson, "The New Geography and the New Imperialism: 1870-1918," *Antipode* 9 (2) (1977), 12-19。——译者注

② 乔治·奇泽姆（George Chisholm, 1850-1930），英国地理学家。——译者注

供产品的地方来说，如果存在某种对绝大多数人来说都是长期利益（比如经济的快速发展和防止社会动乱）的话，那么，只有等到该地方的每一类生产都开动起来以后，才能获得自然的全部优势。所谓自然优势，是指肥厚的土壤、适宜的气候，内外部的交通设施，便利位置下的有价矿藏，尤其是制造机器和为机器提供动力的原料，作为成品，它们能够承担最基本的运输成本。所有这些有利条件多多少少都是长期的……或许我们在将自然优势同历史优势的比较中能够发现，历史优势在本质上是相对暂时的，尽管事实上它们可能更为持久。其中，可能最重要的就是一个建立在正义、坚实同时又不敌视工业的原则基础上的强大而稳固的政府……一百多年以来，世界的商业和工业已经处在一个前所未闻的转型期。交通大大改善，生产工具日趋快捷和廉价，荒蛮之地有了人定居，白种人的发明日新月异般地来到原始民族面前，产生了许多无法预知的后果。当然，正如我们所见，其中多是一些我们并不希望看到的后果。商业和工业因此越发受到地理条件的左右……交通工具的改进带来了全世界的开放，驱使着资本家去开拓每一块能够开发的角落，扫除任何一处阻挡开发的障碍。然而，人类正在获得对付自然的巨大能力这一事实也明确了其自身的界限，超出这个界限人类将无法实现对原始条件的改变……我们正在谈论的，即地理条件将是商业和工业分布的最终决定力量这一趋势，确实将产

第四章　试论不平衡发展理论（一）：地理分化与均等的辩证法

生深远的后果。①

今天的地理学家对其学科所具有的世界历史性的重要性（或其命运）不再如此信心满满。恰如商业地理学和麦金德式的政治地理学是理解和推销帝国崛起的工具一样，它们的命运也步帝国命运之后尘。英帝国的衰落导致了这种地理学的衰落。上文所提的商业和区域地理学虽然不再占据学科的中心位置，而是早已被一种对空间的抽象关切所取代，从而迎来了所谓20世纪60、70年代的"计量与相关性革命（quantitative and relevance revolution）"。那么，接下来，"地理条件将是商业和工业分布的最终决定力量这一趋势"的说法将又是怎样的呢？

传统商业地理学和区域地理学家所坚持的自然优势的原则，力图去解释更多的东西。然而，这些关于经济活动积聚（concentration）和集中（centralization）的解释最终也只是道出了半个真理。在通常情况下，它们或许能充分解释一个地方的先行发展，却无法解释其后续发展的量或质。纽约今天的现实，便是在人类活动的生产能力方面让人印象深刻的例子，它早就突破了那种建立在岩床或物理可行性基础上的自然主义解释。随着资本主义生产力的发展，这种潜藏在地理位置背后的逻辑从自然主义的解释中逐步退却。原因是双重的。自然条件对经济发展的限制作用主要体现在两个方面，一是克服距离的困难；二是靠近原材料

---

① George G. Chisholem, *Chisholm's Handbook of Commercial Geography* (London, 1937) (rewritten by L. Dudley Stamp), 1, 7-9. 并参看 C. A Cyrus Adams, *Textbook of Commercial Geography* (New York, 1901)。该文第2-4章试图澄清立足于商业地理学之上的自然法则。

的必要性。但是，随着交通工具的发展，第一种自然障碍（距离）的重要性减弱了。而随着生产力的普遍增长，后一种限制也变得不再重要了，因为在今天，原材料都是之前劳动过程的产物，而这种过程一直在持续。对此，人们只需要联系一下塑料这种在生产领域得到广泛应用的原材料的例子就够了。最初它来自石油，但是经过几个不同的劳动过程之后，它变成了管材、家具、衣服或太空泥。除了最初的那一道，所有这些工序都是由生产力而非自然的区位分布决定的。这就是为什么，尽管世界的石油开采工业仍然完全限制在那些有油的地方，但世界的石油化工却非同样限制或集中在那些产油区。这和早期资本主义的情况已完全不可同日而语，因为那时的原材料基本都直接来自农业或采矿业。

资本在建成环境中的积聚和集中根据资本积累过程内在的社会逻辑而持续上演，而正如我们前面已经看到的那样，这将导致自然差异被夷平，最起码它决定了经济活动的位置。正如布哈林模仿恩格斯的语气所写道的那样，"尽管生产条件中的自然差异是重要的，但是同生产力的不平衡发展所造成的那些差异性结果相比，它们日益退缩成为一种底色"[1]。

商业地理学是商业资本时代的地理学。由此，它在英国获得深度发展就不足为奇了，因为英国是19世纪商业资本主义的中心。商业地理学所提供的解释对于那个时代——即资本主义把封建主义和其他前资本主义生产类型的自然经济的地理继承下来的

---

[1] Nikolai Bukharin, *Imperialism and World Economy* (London, 1972), 20.

过渡时期——是合适的，甚至是富有洞见的。那时，劳动的地域分工确实受到地球表面自然差异的很大影响，甚至是决定性的影响。但是资本主义一旦出现，它就不仅仅是作为一种社会本身出现，同时也把社会与自然的关系革命化，从而作为一种新的社会-自然关系而出现。劳动的地域分工逐步从自然的母体中解放出来，并达到这样的程度，即它的发展建立在新的材料供应基础之上。毋庸赘言，资本主义继承了建立在自然差异基础上的劳动地域分工，而且这种地域分工在今天仍或多或少地发挥着影响，但相对于新社会中在发展条件和水平方面呈现出来而且已经占据主导的分化力量来说，旧的地域分工只能算是个前朝遗老（relic subject）。它能保留下来多少，那要看资本垂青的程度。

商业地理学和区域地理学对待自然的那种方式，进一步验证了我们在第一章讨论到的自然意识形态问题。在这些地理学家眼里，自然是外在的，充其量与社会打打交道。弗里德里克·杰克逊·特纳[①]为我们展示了这种观念的诗意形象，这种形象也见证了他在神话与现实之间所做的那种似是而非的结合：

> 美国文明沿着由其地质构造形成的大河奔流而下，潮头翻滚，声势浩大，到最后，那些在土著居民的交往中踩出来的羊肠小道变成了阳关大道，并被整编到现代商业的道路迷宫之中；荒野被越发多起来的文明之路刺穿[②]。

[①] 弗里德里克·杰克逊·特纳（Fredrick Jackson Turner，1861-1932），美国历史学家。——译者注

[②] Fredrick Jackson Turner, "*The Significance of The Frontier in American History*" in *Frontier* (New York, 1920), 14-15.

不论这种观点夹杂了多少意识形态的成分,特纳同我们一样识别出了商业相对于地质而言日渐上升的重要性。从自然中获得解放(或者用"自然的生产"这样的表达)的观点,同乔治·奇泽姆、斯坦姆普[①]及其他一些人所持有的主张——即自然特性在关于工业和商业分布的解释中越发重要——是直接相矛盾的。这后一种主张也非全然无凭无据。事实上,它表达着一个真理,这个真理藏在那个被丢弃的老式地理学的包裹当中,而地理学家们至今仍未解开这个包裹。实际上,变得愈加重要的,不是像上面那样的自然地理(physical geography),而是如前所述的那样,是伴随着资本主义无法阻挡的发展而骤显的地理的空间维度。这种空间地理是由社会生产出来的,而非既成的自然形态。这样看来,下面这种情况的出现就绝非是偶然的了,即自打地理学发生计量/相关"革命"以来,该学科便似乎拥有了一副双重人格(dual personality of discipline):关于环境的空间分析日益脱离人类-环境之关系的考量,要么是空间,要么是环境(自然的和/或人工的环境)。把空间与自然绑定为一个单独景观的,只能是生产的社会方式。

分化与劳动分工

地理空间的分化,即我们正在讨论的劳动在领土上的分工,源于更为一般的劳动的社会分工。但是劳动分工问题的复杂性不亚于其被忽视的程度,所以当我们把劳动在领土上的分工置于更

---

① 斯坦姆普(Dudley Stamp, 1898-1966)英国地理学家。

第四章 试论不平衡发展理论（一）：地理分化与均等的辩证法

大的框架中时，其复杂性程度就又增加了一层。我们打算通过几个阶段把这些相互独立的线索解开。马克思只是附带地提及劳动在领土上的分工，但是他却尝试对劳动的社会分工进行系统的讨论，因此，我们将从这里开始。

马克思对分工发展的考察，从其在自然中的开端一直追踪到资本主义条件下正在展开的复杂分工，这尤其体现在其早期著作中。在《资本论》中，马克思区分了形成劳动分工的三种不同尺度。他区分出一般劳动分工（general division of labor）（像工业和农业这些人类主要活动的分工），特殊劳动分工（particular division of labor）（在这些一般劳动分工中的不同部类之间进一步形成的具体分工），以及车间里不同的具体劳动过程之间的精细劳动分工（detail division of labor）。这种劳动分工在其中得以发生的不同尺度之间的区分，不仅是一种哲学分类，而更是由专门化的资本主义制造业形式的发展所催生的。而车间中系统的精细化分工以及它向更大尺度上发生的劳动分工，则是资本主义的独特产物①。

但是马克思并不认为劳动分工是社会分化的唯一原因。在他论及的其他原因当中，对于我们此处的讨论更为重要的是那些与资本相关的分工。为了考察资本的再生产，他把经济分为两大部类：生产生产资料的部类和生产生活资料的部类。进而，他又在不同的个别资本当中进行了粗略的区分，因为不进行这种区分，

---

① 《马克思恩格斯全集》第 44 卷，人民出版社 2001 年版，第 409 页。Braveman Harry, *Labour and Monopoly Capital* (New York, 1975), 70-84. 哈里·布雷弗曼：《劳动与垄断资本》，商务印书馆 1979 年版。

资本主义的竞争就无法理解：导致社会分化的这些原因重要性如何？它们同劳动分工又存在何种关系？

尽管近年来人们对于不断发展的精细劳动分工，以及在剩余价值生产和劳动力再生产之间存在的劳动分工表现出巨大的兴趣，但是对于资本分工及其同劳动分工的关系，事实上尚没有什么研究。在这里，我想不经过最终确定的证明，提出一个资本的三分法，它同马克思对资本的三分法相平行并部分重合。这样，我们可以将经济分为三个尺度：资本在部类中的分工；资本在行业中的分工；资本在被用作资本的财产的个体单位之间的分工。

1. 经济部类在马克思所指认的一般劳动分工的尺度上被彼此区分开来。尽管马克思本人并没有明确指明这种关系，但这符合他指认一般劳动分工的意图。部类之间根据其所生产产品的使用价值（尤其是处于资本再生产过程中的使用价值）彼此进行分类。由此，马克思区分出生产生产资料（固定资本和流动资本）的第一部类和生产个人消费品（日用必需品和奢侈品）的第二部类。马克思做此区分的目的是例证资本再生产得以维系的可能性，而完全不是为了将经济分门别类。这曾经导致有些人进一步增加部类，特别是有人还加上第三部类，即生产非生产性的集体性消费品，如军用物资①。如果仅仅从给经济分类的角度来看待马克思对两大部类的划分，那么更多的划分也是可能的。但这不是马克思的本意，也不是我们此处的意图，目前，承认经济

---

① 参看 Mike Kidron 对"永久军事经济"的分析：Mike Kidron, *Western Capitalism Scince the War* (Harmondsworth, 1970), chap. 3; 并参看 Chris Harman, "Marx's Theory of Crisis and its Critics", *International Socialism* 2 (11) (1981), 48-55.

在其中被划分成不同部类的那种层次就足够了。

2. 经济中的不同行业通常是根据它们所生产的产品的直接使用价值来划分的，比如汽车、建筑、钢材、电子、教育等等行业。行业之间的划分同马克思所说的劳动的专门分工完全重合。产品的使用价值似乎成为划分不同行业的标准，但其实这话只说对了一半。某一特定行业的内在一致性以及行业本身日益受到利润率均等化趋势的限制，这种内在趋势是同其他行业的生产活动相比较而形成的。它经过市场竞争而实现，当然，这种竞争只能在处于竞争中的使用价值是可比较的时候才可能发生，从而使表面的观察——即行业是根据其所生产产品的使用价值的相似性来划分的——更具有可信性。显然，行业间的划分永远都不可能是彻底的，而且还会重叠，对于那些大型综合产品的生产——如钢厂和飞机制造等行业——来说，情况更是如此。恐怕我们很难说清楚，波音747公司或者一个由电脑程序控制的现代自动化炼炉厂，究竟在多大程度上可以算是一家经营电子或电脑行业的企业而不是建筑行业或航空领域的经营者？可以肯定地说，在那些领域存在外部的重叠，这些重叠部分很难轻易地或严格地归在某一部类之下。比如汽车制造业，它在三个部类中都生产：为生产性消费生产卡车，为个体消费者生产小汽车，为战争生产坦克。

3. 尽管劳动的精细分工日益倾向于在单个资本的层次上发生，但是社会资本在不同个体单位之间的分化绝不是劳动分工造成的。相反，这种单个资本的分化是由财产关系的体系历史地强加到不断得到积累的社会资本身上的，这种体系又是由支配性的法律体系来表现和构成的。随着资本主义的产生，单个资本的确倾向于同劳动过程的特定分工步调一致。单个资本家可能是一个农场主、一个木匠或者是一个纺织厂的业主。但是随着资本积累过程中出现的资本积聚和集中，单个资本的规模变得极其巨大。今天，许多小资本可以固守于某一特定的劳动过程的分工，但是在证券投资的年代，社会总资本中能够这样做的比例已经越来越少了。杜邦公司不仅仅制造化工产品，它还开采煤和石油，经营酒店，涉足零售连锁，以及房地产买卖。正如在资本的不同行业这一层次上所发生的一样，在单个资本这一层次上同样存在大量的重叠，不过在后一层次上，重叠并不表现为各种不同活动的混合，而是依据纵横交错的股份所有权情况，表现为法律控制的重叠①。

如果劳动分工同资本分工是重叠在一起的，那么，我们就可以指认出产生社会分化过程的四种尺度：

(a) 不同部类之间存在的一般社会劳动（以及资本）分工

(b) 不同行业之间存在的专门劳动（以及资本）分工

(c) 不同的单个资本之间形成的社会资本分工

(d) 车间中形成的精细劳动分工

这些不同的劳动分工在决定景观的地理分化中的作用并不是同等重要的，现在的任务就是要对其重要性做出评估。我们首先从劳动的精细分工开始。

---

① 关于资本之区分为"部类"与"部分"相类似的方法，参看 Christian Palloix, L'Intenationalisation du Capital (Paris, 1975)。本书的部分内容已经被翻译成英文，可以找到。详见"世界范围的资本自我扩张", Review of Radicak Political Economy 9 (2) (1977), 1-28，特别是第25-27页。

第四章 试论不平衡发展理论（一）：地理分化与均等的辩证法　**193**

劳动的精细分工是伴随着手工业活动逐步被组织为制造业的过程而出现的，在这种制造业中，精细分工开始作为一种独立的社会力量而存在。马克思写道："在最先采用机器体系的部类中，"

"工场手工业本身大体上为机器体系对生产过程的划分和组织提供了一个自然基础。……在工厂手工业中，各特殊过程的分离是一个由分工本身得出的原则，那么相反地，在发达的工厂中，起支配作用的是各特殊过程的连续性。……大工业具有完全客观的生产有机体，这个有机体作为现成的物质生产条件出现在工人面前。"

劳动的精细分工因此成为"由劳动资料本身的性质所决定的技术上的必要了"[①]。也就是说，劳动的这种精细分工转而成为决定劳动过程分化的核心要素。这一尺度上的分化日益表现为生产工具自身的技术进步的产物。

如此一来，尽管劳动的精细分工在其他方面是重要的，但是它对于能够直接造成不平衡发展的社会分化所产生的作用不大。这主要是由于空间尺度的问题。劳动的精细分工发生在单个工厂这种空间尺度上，充其量只能影响城市内部的地理分化。然而间接地看，劳动精细分工的发展或许能够产生更广泛的影响。新技术的采用或许能部分地对城市内部、地区甚或国际尺度上的空间分化产生影响。我们只需联想一下加州硅谷或者台北新竹郊区的

[①] 《马克思恩格斯全集》第44卷，人民出版社2001年版，第436、436-437、443页。

开发，再或者航天工业的重要作用以及美国南部"阳光带"地区发展中日益现代化的军事技术等等，就不难明白这一点。但是，在上述情况下，尽管肯定采用了新技术，但并非机器体系的自身发展，而是其在更大尺度上所产生的影响（劳动的专门化分工或一般分工），才导致了空间分化。劳动的精细分工只是在牵涉到劳动的专门化或一般分工的时候，它才引起空间分化。

在一般劳动分工的尺度上，资本主义将其历史基础置于工农业的分工之上。尽管随着资本主义的发展，这种分工被替代，但是它在历史上是十分重要的，而且在城乡分离中它直接具有了空间表现。"一切发达的、以商品交换为中介的分工的基础，都是城乡的分离。可以说，社会的全部经济史，都概括为这种对立的运动。"[①] 关于劳动分工必然所具有的空间内涵，马克思的这些表述确实提供了大量洞见。在那些试图为马克思的理论塞入空间视角而苦苦寻找法门的地理学家中，这段话被广泛引用，甚至有时是不分青红皂白地引用。但是，只有对马克思的上述引文批判地加以理解，它才不会被误释。在如下的意义上，才能说城乡分离是当代的劳动社会分工的历史和逻辑基础：只有在无产阶级从生产自身的生存资料的要求和义务中释放出来的情况下，劳动的这种社会分工过程才能发生。城乡分离并非同资本主义同体发生，而是相反，这种分离被早期的资本主义继承下来。然而，只有当农民拥有了摆脱土地束缚以及迁徙到城市的自由的时候，城乡才最终出现了裂隙。马克思认为，城乡分离本身是劳动的社会

---

① 《马克思恩格斯全集》第 44 卷，人民出版社 2001 年版，第 408 页。

分工的产物,但是,它又进一步成为劳动分工的基础。

所以,下面这种情况的出现就不会让我们感到奇怪了,即正是劳动的进一步分工破坏了其自身的基础——城乡分离。通过农业的工业化,乡村的城市化已成为一个被马克思预见到的超级现实。"古典古代的历史是城市的历史,不过这是以土地所有制和农业为基础的城市;……中世纪(日耳曼时代)是从乡村这个历史的舞台出发的,然后,它的进一步发展是在城市和乡村的对立中进行的;现代的[历史]是乡村城市化,而不像在古代那样,是城市乡村化。"① 直到今天,城乡分离还以某种形式时有发生,但它应该被视为资本主义形成过程中某种尚未完成的遗址。今天,说城乡分离对于劳动的一般分工具有关键性的决定作用,如同说城乡分离已经普遍完成一样,是对马克思不加批判地阅读并固守于城乡二分法。严格来说,这种二分源于更大范围上自然同社会、机器同花园的意识形态二元论②。

乡村的城市化并没有否定马克思如下主张的有效性,即社会史是在城乡间的对立运动中"概述"(summed up)出来的,相反,它确证了这种观点。但是,我们必须准备在承认这种对立的

---

① 《马克思恩格斯全集》第30卷,人民出版社1995年版,第473-474页。

② 都市-乡村两难选择在社会科学中获准通过,是以1960年代早期社会学内部的一场论战正式宣布的。参看:F. Benet, "Sociology Uncertain: TheIdeology of Rural-Urban Continuum," *Comparative Studies on Society and History* (1963), 1-23。Hauser, P. M. "Observations on the Urban-Rural Dichotomies as Forms of Western Ethnocentrism," in Hauser, P. M., and L. Schnore. *The Study of Urbanization* (London, 1965), 503-518; Pahl, Ray. "The Rural-Urban Continuum", *Readings in Urban Sociology* (Oxford, 1968), 263-297。

历史运动的基础上,进一步承认它的扬弃性(aufhebung)或暂时性(suspension)。这正是资本内在的均等化压倒空间分化的趋势。但正如我们下面将要看到的那样,资本主义在此过程中也在自掘坟墓。资本主义的发展把城乡之间的二分抹平了,并因此破坏了自身经济历史的基础,在此意义上,它不仅为自身的溃败而且为一种建立在新型基础上的全新的经济历史的发展铺平了道路。这一对立运动精确地总结了社会的经济历史。

如同劳动的精细分工一样,劳动的一般分工也不是空间分化模式的根本性决定因素。在城乡分离中我们已经看到了这一点,关于已取代工农业分工的部类分工,现在有必要做同样的说明。上述我们所指认的三个部类之间的分工发生在很大的经济尺度上,以至于我们可以预期在相似大小的尺度上可以产生任何空间关联。只是在个别而非系统性的情况下,部类间的分工才有可能造成城市内部的空间分化[①]。在世界经济这一尺度上,部类有选择性地积聚具有极为重要的作用。关于这一点,可以在早期殖民地经济的专门化当中找到最明显的例子,这种经济的主要功能便是为欧洲殖民者生产原材料。亚、非和南美洲的不发达,就是由从这些地区往西欧和后来的北美输送原材料以供这些殖民者之用而造成的。马克思为我们描述了这一现实进程的生动画面,说明它是如何同欧洲工业化经济的机器体系发展产生必然的联系的:

[①] 不过,曼纽·卡斯特试图在再生产与生产之间区分都市区域。这样做并不像初看上去那样令人难以置信,卡斯特的概括过于简单化也过于形式化了,参见 Castells, Manuel, *The Urban Question* (London, 1977), 437-471。

一方面，机器直接引起原料的增加，例如轧棉机使棉花生产增加。另一方面，机器产品的便宜和交通运输业的变革是夺取国外市场的武器。机器生产摧毁国外市场的手工业产品，迫使这些市场变成它的原料产地。例如东印度就被迫为大不列颠生产棉花、羊毛、大麻、黄麻、靛蓝等。大工业国工人的不断"过剩"，大大促进了国外移民和外国的殖民地化，而这些外国变成宗主国的原料产地，例如澳大利亚就变成羊毛产地。一种与机器生产中心相适应的新的国际分工产生了，它使地球的一部分转变为主要从事农业的生产地区，以服务于另一部分主要从事工业的生产地区。①

为第一部类活动所提供的全球专门化驱动力是社会性的，关于相互竞争的机器导致的破坏，绝非是"自然的"。但在实际运行中，这种社会的专门化基础确实是建立在地球表面的自然分化之上的。然而，根据欠发达地区为发达地区提供原材料这一点而在两者间划出的简单分工，将不再准确。随着社会生产从受自然支配中不断地解放出来，自然分化模式在导致不同经济生产部类的空间分化方面，其作用在持续降低。因为，正如塑料的例子所表明的那样，原材料已日趋成为大量先前劳动过程的产物，欠发达民族越来越不再只会以生产原材料为生，而是在某些区域实现

---

① 《马克思恩格斯全集》第44卷，人民出版社2001年版，第519-520页。

了工业的发展①。世界经济在部类上的分化并不足以解释发达世界与不发达世界之间的分工。

在当今研究不发达的理论家当中,萨米尔·阿明可能最接近于依据部类分化来区分发达和欠发达世界。在阿明看来,边缘资本主义的结构明显不同于中心资本主义。中心资本主义经历的是积累的自我集中,边缘的"社会形式"经历的是发展的内在不平衡结构。在中心,发展围绕"资本商品"(goods)进行,鼓励大众消费;然而,在边缘,是为出口和奢侈消费——两者构成了其经济的基础——进行的生产,这是一种内在的不平衡结构(表1)②。尽管阿明在一定程度上也对不同的部类做了区分,但这些区分并未构成他解释不发达问题的一贯基础。他显然意识到了不发达世界不再仅仅是或不再主要是原料出口造成的,也意识到在不发达地区已经出现的大规模工业化现象。但是,这里的工业生产是出口导向的,而且这种工业生产丝毫没能改变边缘地区失衡的经济结构。

中心决定关系

出口	2	奢侈品消费	4
1	"大众"消费	3	资本商品

主要边缘-依附关系

---

① Ernest Mandel, *Late Capitalism* (London, 1975), 63, 370;有关不发达经济的工业化问题,参看:Nigel Harris, "The Asian Boom Economies and the 'Impossibility' of National Economic Development," *International Socialism* 2 (3) (1979), 1-16; Bill Warren, "Imperialism and Capitalist Industrialization," *New Left Review* 81 (1973), 105-115。

② Samir Amin, "Accumulation and Development: A Theoretical Model", *Review of African Political Economy* I (1) (1974), 9-26. *Unequal Development* (NewYork, 1976)。

表1　阿明的中心与边缘发展模型

由此看来，以出口为导向的生产——不论是哪个部类的——在阿明的分析中是十分重要的。所以，结果便是，即便对于阿明来说，部类之间的分化并不是造成发达国家和不发达国家分化的根本原因。部类之间的分化确实具有空间维度，而且无可否认，阿明所说的四种部类的生产性活动全都集中于发达世界——这种模式是某些早先空间分化的结果，对于这一问题，我必须到别处找出相应的解释。

这样一来，能够发生社会分化的尺度就只剩下了两种，它们才是资本主义世界地理分化的源泉。在个别资本这一尺度上，分化过程是很直接的：资本在某些地方而非其他地方积聚和集中起来。在劳动的专门分工——经济分化成不同的部类——这一尺度上，地理空间的分化是不太直接的。它根据某个领域的平均利润率以及资本在不同部类间运动的结果——从利润率低的领域流向利润率高的领域——而呈现出一种周期性特征。资本在部类之间长时或短时的运动呈现出空间维度。那些吸引大量资本的一般是相对新兴的经济领域，一般来说，它们的急剧扩张总是伴随着某种地理扩张或重新定位，以便为迅速壮大的生产设施提供空间。同样的推论也是成立的：那些失去大量资本的一般是既有的旧领域甚至是过时的领域。从地理景观上看，它们常常相对集中地聚集在一起，因此，嵌在整个地区的固定资本都将经历系统性且难以补偿的贬值。资本贬值（devalorization of capital）以及最终导致的普遍贬值，都是实实在在地发生在某个地方上的①。

在下面的第三和第四节当中，我们将更为详细地考察劳动的专门分工和个别资本分工之间的空间转换。现在，我们来讨论其相反的趋势，即均等化趋势。

第二节 均等趋势

在上一章，我们看到了"资本的普遍化趋势"，以及这一过程相互矛盾的地理学后果。一方面，世界尺度上的地理空间作为相对空间被生产出来，另一方面，地理空间在不同的空间尺度上又内在地分化为独特的绝对空间。我们已经注意到了分化趋势的起源，但现在还要更详细地考察全球空间作为相对空间的生产到底意味着什么。对此，马克思有代表性的分析体现在他关于流通过程的讨论。与生产相比，马克思更强调"流通在空间和时间中进行"②。事实上，在《政治经济学批判大纲》中他用了一小节来讨论这个问题。而在《共产党宣言》中，他和恩格斯描述到，"不断扩大产品销路的需要，驱使资产阶级奔走于全球各地。它必须到处落户，到处开发，到处建立联系"。③ 但在《资本论》里，马克思已经在更为一般的意义上公开而非含蓄地提

---

① David Harvey, *The Limits to Capital* (Oxford, 1982), 425-446.
② 《马克思恩格斯全集》第 30 卷，人民出版社 1995 年版，第 532 页。
③ 《马克思恩格斯选集》第 1 卷，人民出版社 2012 年版，第 404 页。

第四章 试论不平衡发展理论（一）：地理分化与均等的辩证法

到了"资本是天生的平等派①"。他做出这种一般性表述是因为看到了资本"要求把一切生产领域内剥削劳动的条件的平等当作自己的天赋人权"。② 因此，生产条件和生产力发展水平的均等化趋势内在于相对空间的全球性生产之中。时间消灭空间就是这种趋势的最终的、但却从未完全实现的结果。与分化趋势相对立的这种均等趋势及其矛盾性后果，是决定不平衡发展的更为具体的因素。这种矛盾在不平衡发展的具体模式中获得历史性的解决。但在触及该问题之前，我们要在社会生产的视阈当中考察均等局势的根源。

在城乡二元分立的夷平过程以及自然向生产资料的普遍转化过程中，我们都能观察到这种均等趋势的某些地理表现。就其最一般的意义来说，生产条件——其特征既表现在使用价值上也表现在交换价值上——的均等化，源于以价值形式表现出来的抽象劳动的普遍化，它恰巧同分化趋势同宗同源。资本的积累过程不仅仅通过劳动分工的发展来实现，也需要将前资本主义的生产模式夷为资本的平地。只有当资本征服了生产方式的时候，发达的劳动分工才有可能出现。③ 雇佣劳动关系的普遍化意味着一方面

---

① 马克思的原话是"商品是天生的平等派和昔尼克派"，《马克思恩格斯文集》第 5 卷，人民出版社 2009 年版，第 104 页。——译者注
② 《马克思恩格斯全集》第 44 卷，人民出版社 2001 年版，第 457 页。
③ 这当然不是说前资本主义不存在了。它们确实仍在，但它们的存在早已通过转化和化石化（fossilized）而被整合到资本主义世界市场当中。而且其生产的直接关系不同于雇佣劳动，所以其劳动分工也不发达。参见：Ernesto Laclau, "Feudalism and Capitalism in Latin America," *New Left Review* 67 (1971), 19-38 (reprinted in his *Politics and Ideology in Marxist Theory* [London, 1977], 15-40)。

劳动者获得了自由——买卖自己劳动力的自由，但另一方面又被剥夺了自由。正如马克思所观察到的以及我们前面在自然的生产部分已强调过的那样，个体工人变成了"畸形物"；"资本的札格纳特车轮①"（马克思语）将工人贬低到平均水平，造成了缺少全面发展的片面性个体，人性的水平被降低。

这种类似的退化来源于资本主义对原材料的竞逐。从数量上说，均等化过程发生于劳动对象的普遍匮乏。从木材到鲸鱼再到石油等等，这些潜在的物质匮乏是社会造成的而非自然本身形成。按照哈维的看法，"匮乏由社会组织起来以便使市场发挥作用"。② 从性质上看，资本疯狂地搜寻新老原材料，这推动着资本积累的过程。所以马克思总结道：

> 资本主义农业的任何进步，都不仅是掠夺劳动者的技巧的进步，而且是掠夺土地的技巧的进步，在一定时期提高土地肥力的任何进步，同时也是破坏土地肥力持久源泉的进步……所以，资本主义发展了……只是由于它同时破坏了一切财富的源泉——土地和工人。③

土地如此，地球上的矿产、动物和蔬菜资源同样如此。这些问题我们在前面的第二章已经详细讨论了。自然的生产在如下两种普遍意义上造成了与自然关系的均等化：一是自然全部成为资

---

① 关于这一术语的解释，请参见《马克思恩格斯全集》第44卷，人民出版社2001年版，第923页注"227"。
② Harvey, David *Social Justice and the City* (London, 1973), 114.
③ 《马克思恩格斯全集》第44卷，人民出版社2001年版，第579-580页。

本的附属；二是自然的性质被资本拉平。这里我们不再对一般问题展开论述，而是来考察一下对均等趋势尤其重要的固定资本。

资本积累取决于剩余价值的生产和再投资，就此而言，"技术"的发展和提高就非常重要。作为生产过程的固定资本，技术不仅是资本扩张的工具，也是发展的动力。竞争引起的社会流程通过经济使得创新的需求普遍化。假如劳动条件相似，被一个资本采用的新技术必将被该领域的其他资本同样采用或更好地采用，否则它们将无法在市场竞争中生存下去。而且一个部类当中劳动日益增长的生产能力必将在其他部类引发提高生产力的可能性和必要性。之所以存在可能性，原因在于一个领域的创新总是倾向于运用到其他领域。之所以存在必要性，原因在于一个部类的进步通常对相邻部类也提出进步的要求。马克思举过纺纱机械化的例子，有了机器纺纱，"就必须有机器织布，而这二者又使漂白业、印花业和染色业必须进行力学和化学革命"。[1] 更晚近的例子包括农业的工业化，其目的是为日益扩张的工业部类提供原料，还包括计算机工业的发展，它引起了微电子领域的一系列革命。随着通讯和交通工具的发展，阻碍新技术普遍化的地理障碍被清除掉了。这种普遍化的实现，同时也就意味着生产条件和水平均等化趋势的实现。

借助于科学的力量，资本会投入大量资源以促进新技术的发展和应用。按照马克思的说法，只有当"整个生产过程不是从属于工人的直接技巧，而是表现为科学在工艺上的应用的时

---

[1] 《马克思恩格斯全集》第44卷，人民出版社2001年版，第440页。

候","资本才获得了充分的发展"①。固定资本作用的增强,使得大量的新兴工业部类随之产生以满足对相应的生产工具的研究、设计和开发。科学本身成为一门生意,一门为固定资本开发其必要形式的生意。

> 因此,知识和技能的积累,社会智力的一般生产力的积累,就同劳动相对立而被吸收到资本当中,从而表现为资本的属性,更明确地说,表现为固定资本的属性,……因此,机器体系表现为固定资本的最适当的形式,而固定资本——就资本对自身的关系来看——则表现为资本一般的最适当的形式。②

随着固定资本成为中心,空间的相对性也日益由固定资本投资的地理模式所决定,新技术的普遍化与均等趋势的关联由此也得到了强化,从而,经济形式越来越直接转化为其地理形式。尽管均等化过程背后的直接推动力源自生产领域,但那些从事研究、设计与开发的新领域开始独立地朝着条件与水平的均等化方向发展。这在科学领域体现得尤为明显:"固定资本的发展表明,一般社会知识,已经在多大的程度上变成了直接的生产力,从而社会生活过程的条件本身在多大程度上受到一般智力的控制并按照这种智力来得到改造。"③

马克思从关于科学与固定资本的论述中得出其逻辑结论,即一种完全不同的均等化。因为固定资本之中心地位的日益增长充

---

① 《马克思恩格斯全集》第31卷,人民出版社1998年版,第94页。
② 同上书,第92-93页。
③ 同上书,第102页。

满了内在矛盾。资本把劳动作为价值的唯一源泉,但它对固定资本的依赖却在逐渐加重,从而最终褫夺了自身幸存的基础。"提高劳动生产力",马克思写道,"最大限度否定劳动是资本的必然趋势"。[①] 因为:

> 一旦直接形式的劳动不再是财富的巨大源泉,劳动时间就不再是,而且必然不再是财富的尺度,因而交换价值也不再是使用价值的尺度。群众的剩余劳动不再是一般财富发展的条件,……于是,以交换价值为基础的生产便会崩溃,直接的物质生产过程本身也就摆脱了贫困和对立的形式。[②]

资本扩张的逻辑不仅导致全部人类社会和整个地球普遍地臣属于资本的统治,而且它只需在资本内部使固定资本的绝对统治普遍化就能做到这一点。

固定资本扩张一旦发展至顶峰,那么上述贫困和对立投射出的相应地理对等物或者毋宁说其地理前提,就是空间差异的彻底夷平以及不平衡发展的肆虐。法兰克福学派的理论家们着重依据《政治经济学批判大纲》中的这些段落,进一步发挥了马克思上述"社会生活过程的条件本身在多大程度上受到一般智力的控制并按照这种智力来得到改造"的观点。其中最有力同时或许也是最为人熟知的表述来自赫伯特·马尔库塞。他力图表明,科学的霸权已同技术一起不仅在生产中,而且在整个社会——文化、心理、哲学和政治领域——中形成了新的、而且近乎是普遍

[①] 《马克思恩格斯全集》第31卷,人民出版社1998年版,第92页。
[②] 同上书,第101页。

的社会控制结构,这一情况所产生的后果,在其《单向度的人》这本著作中得到了有力的论述。在该书中他痛陈,正是科学话语的结构和过程,造成全部人类经验的均等化和退化,直至达到最低限度的平均公约数。而与此相对应的空间相关物——在本书中他只是轻描淡写,但在他撰写的社会科学文献和报纸专栏文章中有过更详细的讨论——则是单向度的地理。地理差异的均等化与世界空间的收缩同时出现。国外的世界越是触手可及,它们看上去就越像是国内的。这并非那种让人感觉是少见多怪的陈词滥调。这种地理上的单向度不仅有其社会外观,还拥有生产条件和水平的均等化这一真实的历史基础。就其地理学意义而言,最低限度的平均公约数不仅意味着与其相应的工资或价格所内含的去空间化(spacelessness)特征,同时意味着无处不在的景观退化[①]。此处,去空间化是乌托邦的反题。

马尔库塞令人敬佩地捕捉到马克思所描述的固定资本乃至科学的日渐上升的中心地位,洞悉到科学跃出生产领域而扩张的趋势。这样一来,他至少理解了资本扩张所导致的社会条件均等化趋势的一个侧面。但他关于单向度的悲观结论下的过早了。当马克思讨论自动化和技术统治取得胜利的时候,他并未将其描述为资本主义条件下已完成的现实,甚至也不是应该能实现的现实。

[①] 例如,参见: Pierce Lewis, David Lowenthal, and Yi-FuTuan, *Visual Blight in America* (Washington, D. C., 1973); Edward Relph, *Place and Placelessness* (London, 1976)。关于马尔库塞,参看 Herbert Marcuse, *One Dimensional Man* (London, 1964),尤其是第二章。并参看 Jurgen Habermas, *Toward a Rational Society* (Boston, 1970), chap. 6。

然而这恰恰是马尔库塞阅读马克思的方式。对马尔库塞来说，精神以及经济的自动化如果在马克思的时代尚未实现，那么，阶级斗争的愈益无关痛痒以及劳动价值论的衰落如今却是一个已完成的现实。然而，即便是在同一段落，马克思也同样明确地指出，在资本主义的实际状况中，"把固定资本说成是和劳动时间无关的、独立的价值源泉"是"荒谬的"①。事实上，马克思绝非是想在《政治经济学批判大纲》这一众所周知的地方描述任何现实性，而是在逻辑上引出固定资本发展的宿命。毫无疑问，马克思所说的宿命不是野蛮而又坚不可摧的资本主义制度下的"单向度的人"，而是社会主义。劳动时间不再是价值的尺度，大众的剩余劳动不再是社会财富发展的条件，社会生活处于理智的控制之下，生产过程抛弃了贫穷和对立的形式——所有这一切不过是马克思关于社会主义的观点，而且是陈述得最为清晰的观点。马克思此处实际要表达的是某种形式的资本发展在资本主义的子宫里种下社会主义种子的某种方式。均等化过程达到了一个新的高度。

同分化趋势一样，均等化趋势也是资本所固有的。它最显著地体现在世界市场和流通过程之中，因为交换的个体行为同时也创造着相对应的社会行为。时间消灭空间只有在流通领域才获得了充分的实现。然而在流通领域实现的东西又通常来自生产，这正是均等化趋势的情况。正像分化趋势一样，生产条件和水平的均等化趋势也是抽象劳动普遍化的结果。马尔库塞既然搞不懂均

---

① 《马克思恩格斯全集》第31卷，人民出版社1998年版，第97页。然而，为了满足其技术价值论的需要，马尔库塞著作中表现出对劳动价值论的否定，这在哈贝马斯那里表现得更加清楚。——译者注

等化，自然也就无法正确评价分化。然而恰恰是这两个对立的趋势合在一起，才塑造了具体的、历史的地理。

第三节 资本的积累、积聚和集中

我们已经看到，在生产资本的引导下，资本积累的必然性导致了资本主义社会疯狂的地理扩张。这就需要资本的持续投资，从而为生产创设建成环境。公路、铁路、工厂、场地、车间、仓库、码头、下水道、运河、电站、工业垃圾场，等等——这份单子可以无穷地列下去。对于固定资本来说，这些以及其他的无数设施是其地理上无法移动的形态，处于资本积累过程的中心。不论我们考察个别资本还是总体资本的积累，我们都需要关注这种资本定位的复杂性，关注其重要性各有不同的不同问题和经济关系。建立在企业的微观理论基础上的资产阶级区位理论从个体决定与意志层面开始，将其扩展到整个空间经济的层次。而马克思主义理论则从微观与宏观尺度的统一开始：个别资本受到更大经济体所施加的一系列约束、限制和条件，而更大经济体的规则则是与每一个个别资本活动相关的阶级和竞争关系的产物。所以，对于下面这一点我们亦无需感到惊讶，即从马克思"资本主义积累的一般规律"得出的令人信服的地理结论直接同个别资本层面的空间分化紧密相连。它们共同的线索就是资本的积聚和集中，下面的讨论也正是从这个问题开始。

首先，我们要将资本的社会积聚和集中同资本的空间积聚和集中区分开。在马克思讨论这一问题的时候,他一般是指社会过程,以个体为单位的资本按照这种社会过程控制了越来越大的资本。资本的空间积聚和集中则是指资本的物理区位(physical location),由此也异于资本的社会积聚和集中。我们应该从社会到空间,并沿着这一过程解释积聚和集中的差异。

马克思坚持认为原始积累已经是个别资本家手里的资本(社会)积聚。事实上,它是最早的作为生产资本(与商业资本相对)的资本集中。所以他评论说,"人数较多的工人在同一时间、同一空间……为了生产同种商品,在同一资本家的指挥下工作,这在历史上和概念上都是资本主义的起点"。[①] 资本在较多人手中的最初积聚,为更发达的分工、每个个别资本的更多剩余产品的生产以及由资本积累带来的资本的进一步积聚提供了手段。这是资本固有的一种积聚(concentration proper),在这种积聚中,单个资本将不断增殖的剩余价值作为资本进行再投资而获得增长。

事实上,资本的社会积聚不仅是资本积累的前提,同样也是资本积累的必然结果。在获取相对剩余价值这一动机的驱使下,个别资本不得不把不断增殖的剩余价值进行再投资,以购买更大规模的机器和其他生产资料,这就要求资本持续积聚以便扩大生产规模。资本积聚越是有利于劳动分工的发展,就越是需要找到把这些分散的分工重新聚合起来的办法。同其一贯做法一样,资本又一次把其无法逃避的必然性转化成了它的优势。也就是说,在这里,资本充分利用了劳动者之间与生俱来的协作的社会力量,不仅用它们实现

[①] 《马克思恩格斯全集》第44卷,人民出版社2001年版,第374页。

工作场所中的劳动在技术上的重新结合，同时用以降低生产成本，从而使得多种生产过程成为可能，这些生产过程离开了合作就无法完成。在大量工人能够肩并肩工作的地方，由于资本的积聚和对工人协作力的采用，资本家不再是仅仅让大量单独的工人进行劳动，而是让生产能力超过个体工人总和的总体工人进行劳动。马克思谈到，铁路建设基本上依赖不同地方的大量工人的合作①。今天，借助于电子和卫星通讯以及电脑技术，跨空间合作以及在地理上呈分散之状的总体工人的形成变得极为重要。

尽管协作"源自于劳动的社会本性"，但在资本主义条件下它却呈现出相反的一面：社会劳动的力量被当成了（在字面和象征的双重意义上）资本的力量。资本越是积聚，以及与其相伴随的生产力越是发展，上述现象看起来就越显得真实。劳动的精细分工越来越无法决定生产工具的成型，就像工场手工业时期那样。相反，生产体系的技术设计反而决定了车间劳动的精细分工。这导致实现劳动结合的方式发生变化。随着机器生产进一步由机器来完成，以及随着劳动者彻底转变为生产力的附庸，就是说，随着资本实现了对劳动的实质性吸纳而非形式性吸纳，简单协作最终被更为发达的协作形式所取代。"在简单协作中……社会化的工人排挤单个的工人还多少是偶然的现象。而机器，除了下面要谈

---

① 《马克思恩格斯全集》第44卷，人民出版社2001年版，第374-389页。史密斯在这里是泛引，引用的是《资本论》的"协作"一章，但在这里，史密斯表述的意思找不到相对应的马克思原文，所以，这只能是史密斯的推论。马克思关于合作的一般观点是重要的。但他建议的观点——例如人的"动物精神……会提高每个人的劳动力的效果"——是很让人怀疑的，这些观点应当保留在19世纪。——译者注

的少数例外,则只有通过直接社会化的或共同的劳动才发生作用。因此,劳动过程的协作性质,现在成了由劳动资料本身的性质所决定的技术上的必要了。"① 在由机器从技术上所决定的协作中,资本找到了相对剩余价值的免费来源。这种"由协作产生的生产力"② 就是资本将其无偿占为己有的"劳动的社会自然力"③。

如果资本积累直接导致资本现有单位的积聚,那么它同样也将无情地间接导致一种更强力的过程——资本的集中。当两个或更多原本独立的资本结合为一个单一资本的时候,就形成了资本的集中,它一般是直接通过合并或接管再或者直接通过信用体系。与既有资本的简单积聚相比,资本集中使得生产规模的扩张更为迅速(劳动的生产性能由此也潜在地获得快速增长)。

> 假如必须等待积累使某些单个增长到能够修建铁路的程度,那么恐怕直到今天世界上还没有铁路。但是,集中通过股份公司转瞬之间就把这件事完成了。……资本所以能在这里,在一个人手中增长成巨大的量,是因为它在那里,在许多单个人的手中被夺走了。④

这样一来,资本集中"决不取决于社会资本的实际增长量。"⑤ 实际上,当遇到经济危机、社会资本缩水的时候,集中进行得通常会更快。所以,集中便是一个资本在遭到破坏的同时

---

① 《马克思恩格斯全集》第44卷,人民出版社2001年版,第443页。
② 同上。
③ 《马克思恩格斯全集》第46卷,人民出版社2003年版,第725页。
④ 《马克思恩格斯全集》第44卷,人民出版社2001年版,第723、724页。
⑤ 同上书,第723页。

另一个资本却在激增。

"集中补充了积累的作用"①;它放大了资本积聚的作用和目标。"资本只不过是把它找到的大量人手和大量工具结合起来。资本把它们聚集在自己的统治之下。这是资本的实在的贮存(stockpiling);就是在各个点上把工人连同他们的工具积累起来。"② 集中的过程是实现这种贮存的最有效的方式,而随着生产力的长足发展,资本集中越发表现出其持续的重要性。马克思写道,"现在单个资本的相互吸引力和集中的趋势比以往任何时候都更加强烈"。③ 要知道,马克思当年写下这些文字的时候,正值商业和银行业几乎只在意"跨国公司"的时期④。而如今,

---

① 《马克思恩格斯全集》第44卷,人民出版社2001年版,第723页。
② 《马克思恩格斯全集》第30卷,人民出版社1995年版,第503页。
③ 《马克思恩格斯全集》第44卷,人民出版社2001年版,第723页。
④ 同上书,第865页。《马克思恩格斯全集》第30卷,第528-529页。下列表格给出了20世纪的轮廓。(a) 100家最大的与 (b) 200家最大的美国公司所掌握的美国经济中财产之百分比。

	100家最大的公司	200家最大的公司
1925	34.5	—
1929	38.2	45.8
1933	42.5	49.5
1939	41.9	48.7
1947	37.5	45.0
1954	41.9	50.4
1958	46.0	55.2
1962	45.5	55.1
1965	45.9	55.9
1968	48.4	60.4

资料来源:美国国会下院反垄断听证会报告 (1969-1970年第91次国会), Report to the Congress on the Hearings of the Sub-Committee on Anti-Trust Monopoly (91st Congress, 1969-1970)。

在任何一个单一的工业领域，一旦所有分散的资本结合为一个单一资本，资本集中就将到达其极限；在任何既有的经济体当中，一旦整个社会资本在一家单一资本主义企业撮合下而结合起来，资本集中也将到达其极限。但正如马克思指出的那样，现实不会达到那种程度。首先，"从原资本上会分出枝杈来，作为新的独立资本执行职能。"① 其次，在自从马克思那个时代以来变得越发重要的过程中，大量集中起来的资本又从内部将自身分解掉，它们在经济上受到相同控制的同时，又作为半自主的部分发挥着作用，这些部分在经济领域不同、但又属于同一个单一的公司结构内组织生产。因此，尽管资本集中的水平会伴随着积累过程而增长，但是，这种增长也总是处于由资本的"集中"和"去集中"构成的长期矛盾状态当中。不过，当马克思下结论说资本主义无法实现资本总集中的时候，他是有更雄心勃勃的想法的。当生产的社会关系阻碍了充分的去集中化之时，另一种解决方案也就出现了："生产资料的集中和劳动的社会化，达到了同它们的资本主义外壳不能相容的地步。这个外壳就要炸毁了。资本主义私有制的丧钟就要响了。剥夺者就要被剥夺了。"②

如果社会的集中是交换价值被集中到越来越少的人的手中，那么空间上的集中就是使用价值的物理集中。资本的社会集中不仅产生同时也要求资本在空间上的某种集中，而且，在单个资本这一层次上，为生产条件和水平的地理分化趋势提供了原初的动

---

① 《马克思恩格斯全集》第44卷，人民出版社2001年版，第721页。
② 同上书，第874页。

力。社会集中虽然不能自动转换为空间集中，或者说，我们虽无法绘就一张从社会集中到空间集中的一一对应的画图，但后者确实是前者的必然结果，就这一点来说，资本社会集中的紧迫性恰恰体现在与某些生产中心的资本积聚相关的地理分化当中。那么，向空间集中的转化是如何发生的呢？

资本的空间集中主要是一个生产资本集中的问题。当然，货币资本的空间集中也会被作为总体的社会资本的集中所加剧，但就货币资本本身的空间集中而言，其重要性是微不足道的。要储存流通于世界各金融系统中心的银行券、支票、存款单、金条、借据、电子信息等等，只需要几家银行和一些建筑物就足够了。而且这些建筑物和机构一般不会再形成新的中心，而是委身于既有的中心。就资本的集中来说，货币资本在社会领域的重要性要远远超过它在空间领域的重要性。但这并不意味着它在空间领域没有任何重要性。作为价值的社会化身和最具流动性的资本形式，货币资本在地理上的运动能够对资本积累过程中出现的任何趋向之轮（不论是均等趋向还是分化趋向）进行润滑。商品资本也很重要，但它自身同样也无法主导资本集中的新模式。首先，即便商品资本的消费算不上社会生产的要素，它通常也是作为生产资本而投资在景观上的。但是，其次，建在景观上的商品资本倾向于在生产资本复合体的周围进行聚集。资本主义主导下的城市发展就是这方面的例子，固定资本的集中投资，吸引了大批的服务和辅助性活动，而少数几个例外也只有在管理型城市中出现。从固定资本所具有的这些情况及其上述原因来看，我们将空间集中问题基本上归结为与生产资本相关的问题是可行的。其

第四章 试论不平衡发展理论（一）：地理分化与均等的辩证法

中主要的一个例外我们将在下文详述。

首先，我们知道，生产力的发展带来了生产规模的扩大。"同一时间、同一地点聚集的劳动工人数量"越大，生产剩余价值所使用的工具和材料也就越大，生产过程的空间尺度也就越大。由于持续的劳动分工，越来越多的劳动过程必然聚集在一起，哪怕是将生产过程的全部环节在空间上剥离开——比如，把自动生产线从基础性的生产中分离出去，工厂的规模还是趋向于越来越大。这种聚集并非仅仅发生于单个资本内部，同样也发生于其外部。劳动分工愈发达，由既定生产过程所需要的辅助性服务和活动的数量就愈大，所共有的生产资本的范围也就愈大，从而也就愈发需要征用地理上的合作权。所以，在那些已经有生产的地方，就会出现各种资本在空间上聚集的趋势。这也不是什么重大的秘密发现：资产阶级的文献早就告诉我们，它们是内部和外部聚集的结果，即所谓的"规模经济"和"聚集经济"（agglomeration economies）①。它们的出现都是为了节约周转时间和成本并充分驾驭协作产生的社会力量，后者的运行既借助于活劳动，又借助于物化在地理结构中的死劳动的馈赠。

资本积累过程连同劳动对象和劳动工具，导致劳动主体的史无前例的空间集中。马克思写道，"促使劳动群众在单个资本家们的命令下集中的原因"，"同样是固定资本辅助与原材料加强

---

① Walter Isard, *Location and Space Economy* (Cambridge, Mass., 1956).

的原因……"① 凡是工人被集中在一起的地方，劳动力再生产的成本就会降低，因为大量的必需品能够被他们共同消费。尤其是，去工作的必经之路被压缩到了最短，工资和社会必要劳动则被压缩到最低，从而剩余劳动时间达到最大化。马克思曾说，资本的积累不仅是工人阶级的积累，而且还是处于特定生产地方中的工人阶级的积累。在对整个过程进行了概括之后，马克思写道，"从物质要素的观点来看，积累在这里无非是指：分工使生活资料和劳动资料在各个点上积聚成为必要，而这些生活资料和劳动资料在以前，……是零星分散的"②，所以资本的影响一直使得先前还未被分化的地理空间发生分化。

在单个资本这一层次上，资本的积聚和集中为地理分化提供了最为核心的动力。这一过程在不同的空间尺度上以不同的方式展开，这一问题我们将留到下一章去讨论。现在，有必要考察一下特定劳动分工或经济的部类分工层次上产生分化的第二种潜在来源（在第二节中提到的）③。这一问题必须放在资本积累的历史节奏的语境中加以探讨。

---

① 史密斯这段《资本论》第二卷的引文在中文版中查不到对应的原文出处。最接近的文字是："随着大量人口和资本在一定的地点这样加速集中，大量资本也就集中在少数人手里……与此同时，不是直接用做生产资料，而是投在交通运输工具以及为运用这些工具所必须的固定资本和流动资本的那部分社会财富，也会增加。"《马克思恩格斯全集》第45卷，人民出版社2003年版，第278-279页。罗密斯引用的英译本页码是第2卷，第219页。——译者注

② 《马克思恩格斯全集》第35卷，人民出版社2013年版，第248页。

③ 史密斯备注的原文是"identified in section II"，即第二节提到的，但从上下文来看，想必是笔误，应该是"第一节第二部分"。——译者注

第四节 积累的节奏

资本在建成环境的投资与更为广泛的资本积累的周期性节奏是同步的。我们可能认为这对于资本的任何部分也都多多少少是这样的,但事实是这只有对投入到建成环境中的资本才是特别重要的,原因正在于固定资本的物质形态被物化在景观上所拖延的周期。在任何既定的环节(moment),都存在着被投资于景观中的个别资本、在任一阶段贬值的资本、固定资本的贬值部分以及因失去价值而被抛弃的资本残余(这是一种惯常的过程,通过这个过程,固定资本在生产中逐步丧失其价值)[1]。资本在这些不同阶段出现的历史现象并不是偶然的,而且作为其后果的地理现象也不是偶然的。在建成环境中投资的历史节奏塑造了独特的地理模式,这种模式又反过来极大地影响了资本积累的议程。从库兹涅茨(Simon Kuznets)和阿布拉莫维茨(Moses Abramowitz)到帕里·刘易斯(Parry Lewis)和布林利·托马斯(Brinley Thomas)[2],很多

---

[1] 有关资本贬值与货币贬值之间的区别,可参看 Neil Smith, "The Conceptions of Devalution, Valorization, and Depreciation in Marx: Toward a Clarification", unpulished, Department of Geography and Envoronmental Engineering, The Johns Hopkins University (1981)。

[2] Simon Kuznts, *Capital in the American Economy* (Prinnceton, 1960); Moses Abramowitz, "On the Nature and Significance of Building Cycles," *Economic Developmentand Cultural Change* 9 (1961), 225-248. Brinley. Thomas, *Migrationand Economic Growth* (London, 1973). Parry Lewis, *Building Cycles and Britain's Growth* (London, 1965). Ernest Mandel, *Long Waves in Capitalist Development* (Cambridge, Mass., 1980).

作者都注意到了这种关系，但是把积累理论同资本主义独特的地理学联系起来考察的最为系统的努力则是由哈维做出的。

哈维以历史事实和马克思的资本主义危机理论为基础，构建了"一个关于建成环境投资的'循环模型'"。为了简要的勾勒这一理论的轮廓，我在此省略了哈维的一些忠告和复杂论证，仅介绍这一模型最基本的框架[①]。在最一般层面上，为生产而进行的建成环境的建设在资本的整个扩张当中与"长波"周期或库兹涅茨循环周期（Kuznets cycles）存在很大的关系。为了解释这一可观察到的结果，哈维提出我们应该区分经济的初级、次级和第三级循环（tertiary circuit）。初级循环是剩余价值生产、消费以及劳动力再生产的所在；次级循环包括资本投资尤其是固定资本投资以及消费基金，其中一部分流向了建成环境；第三级循环则是在科学、教育、技术、社会支出等领域进行的投资。这些循环是完全统一的，很难做出绝对的区分。事实上，在他完成《资本的限度》之时，他已放弃了对这些循环的区分，以便强调这一过程的高度统一，但其核心逻辑并未改变。马克思推导出了处于资本积累核心的危机将必然发生，言外之意是资本过度积累的暴发既是危机的前提也是危机的后果。但是初级循环发生的危机至少可以通过将资本投资暂时转移到次级和第三级循环而得到缓解。哈维指出，次级领域尤其是建成环境通常表现出资本投资

[①] David Harvey, "The Geography of Capitalist Accumulation: A Reconstruction of the Marxian Theory," *Antipode* 7 (2) (1975), reprinted in Richard; "The Urban Process Under Capitalism: A Framework for Analysis," *International Journal of Urban and Regional Research* 2 (1978), 101-131; *The Limits to Capital* (Oxford, 1982), chap. 2, chap. 13.

第四章 试论不平衡发展理论（一）：地理分化与均等的辩证法

不足，因为这些投资的规模巨大，周转时期也长，而且一般还是集体消费项目。这导致单个资本都不愿意进行投资。一些机构特别是信用系统和国家则协助资本流向建成环境。哈维以历史上的例子，如1969—1973年出现的普遍资产繁荣，证明了资本在紧随危机之后的时期流向建成环境。

但这只是暂时解决了问题，建成环境很快也出现了过度积累，直至新的地理模式的形成。然而，过度积累导致资本的大量贬值，而且由于其周转周期长，所以固定资本尤其容易遭到破坏。与生产中发生的那种固定资本的惯常贬值不同，这种贬值是对价值的彻底破坏。如哈维强调的那样，贬值发生在某个具体的地方（place-specific，以下翻译成"驻地性"。——译者注），并有可能导致整个建成环境所在的地区遭遇迅速且波及广泛的贬值。在由此导致的危机中，哈维区分了三种：局部性危机：其影响限于地方（某个部类或地区）；传导性危机：资本撤出全部部类或地区，以支撑其他部类和地区；全球性危机：整个资本主义体系都受到某种程度的影响。主要从1973年蔓延开来的危机就属于全球性危机。

这一模型只是把建成环境的发展同积累节奏联系起来的第一步尝试。不过，人们已经能够看到它对——尤其是——城市发展的适用性。除了上述我们提及的作者对周期理论所做的工作外，伊萨德[①]（Walter Isard）通过文献研究证明了交通领域投资的循

[①] 伊萨德（Walter Isard, 1919-2010），美国著名经济学家，区域科学学科奠基人。——译者注

环本性；怀特汉德（J. W. R. Whitehand）以格拉斯哥为样本，揭示出私人和国家对建成环境的投资出现于经济周期的不同阶段，这导致了私人和公共开发的相互交替的圆圈；沃克尔（Richard Walker）证实了在郊区化过程中存在着同样的周期模式。[1] 这些研究的相同之处就在于，它们都证明了建成环境在资本积累节奏和资本主义经济危机中所扮演的不可或缺的角色。

马克思关于危机最完整的分析出自《资本论》第三卷第三部分[2]。生产力的历史发展不仅是积累的杠杆，同时也导致"不

---

[1] Walter Isard, "A Neglected Cycle: The Transport Building Cycle," *Review of Economics and Statistics* 24 (1942), 149-158; J. W. R. Whitehand, "Building Cycles and the Spatial Form of Urban Growth," *Transactions of the Institute of Brititish Geographers* 56 (1972), 39-55; "Fluctuation in the Land-Use Comosition of Urban Development During the Industrial Era," *Erdkunde* 35 (1981), 129-40; R. Walker, "The Transformation of Urban Structure in the Nineteenth Century and the Beginningsof Suburbanization," in K. Cox (ed.), *Urbanization and Conflict in Market Societies* (Chicago, 1978), 165-211; R Walker, "A Theory of Surburbanization: Capitalism and the Construction of Urban Space inthe United States", in M. Dear and A. J. Scott (eds), *Urbanization and Urban Planning in Capitalist Societies* (London, 1981), 383-429.

[2] 我们这里无法详查马克思主义的危机理论。有关这个话题的文献可谓海量，但要参看 Chris Harman 的一系列论文："Theories of the Crisis", *Internadtional Socialism* 2 (9)(1980), 45-80; "Marx's Theory of Crisis and its Critics," *International Socialism* 2 (11) (1981), 30-71; "State Capitalism, Armaments, and the General Form of the Current Crisis," *International Socialism* 2 (3) (1979), 1-16. 并参看 Anwar Shaikh 有益的评论：Shaikh, Anwar "An Introduction to the History of Crisis Theories," in the Union of Radical Political Economis, *U. S. Capitalism in Crisis* (New York, 1978), 219-241。除此之外还可参看 J. Weeks, "The Process of Acuumulation and the 'Profit-Squeeze' Hypothesis," *Science and Society* 45 (1979), 259-280, 259-280。而在《资本的限度》一书中，哈维对于危机与建成环境之间关系给出了一个有益的讨论，他通过第一级到第二级到第三级建立起了危机理论，而每一级危机变得更复杂，而第三级变成清晰的地理学的危机理论。

变资本同可变资本相比的不断增加"——也就是用于购买原材料、机器等的资本相较于购买劳动力的资本,而且由于缩小了利润形成的相对基础,从而必然导致"一般利润率会逐渐下降"。当然,由于某些固有影响会对抗这种必然性,比如剩余价值率的提高,所以马克思强调利润率的下降只是一种趋势。除了积累这一直接动因,利润率的降低也会"通过对小资本家的剥夺"而进一步"加速资本的积聚和集中"。这就进一步为积累过程提供了动力从而最终造成资本的过度积累。所以,"利润率下降和资本的生产过剩产生于同样一些情况",由此引起"强烈的严重危机,突然的强制贬值,以及再生产过程的实际的停滞和混乱,从而引起再生产的实际的缩小"。①

目前关于危机的讨论显然是采取了线性的简化形式。危机不仅是生产力的发展要求同生产力得以发展的条件之间矛盾的结果,而且,它的具体发展同它的起源一样,也都充满了内在矛盾。我们要考察一下危机的某些后果,因为,不论其造成的破坏性和功能紊乱有多严重,危机对于资本都具有极大的作用。在危机时,资本的兼并、接管、破产、普遍贬值(包括商品、劳动力、机器和货币)及破坏,同样也为资本主义下一个新阶段的发展做好了准备。马克思提到,最终,"不变资本要素的贬值,本身就是一个会使利润率提高的要素。所使用的不变资本的量同可变资本相比相对增加,但是这个量的价值可能下降。已经发生

---

① 《马克思恩格斯全集》第46卷,人民出版社2003年版,第236、281、283页。

的生产停滞,为生产在资本主义界限内以后的扩大准备好了条件"。① 或者如他在别处指出的那样,资本依次经历了"过度松弛、中等活跃、急剧上升和危机这几个时期……但危机总是大规模新投资的起点"。② 正是在这种情况下——即在通过危机进行经济重组从而为新的扩张做准备的时候,劳动的专门分工才表现出最为显著的地理外观。在《资本论》第一卷,马克思描述了资本主义工业的新部类在前资本主义的手工业或早期工场手工业中产生的情况:

> 机器刚刚为自己夺取活动范围的这个初创时期,由于借助机器生产出异常高的利润而具有决定性的重要意义。这些利润本身不仅形成加速积累的源泉,而且把不断新生的并正在寻找新的投资场所的很大一部分社会追加资本吸引到有利的生产领域。③

这一描述同样适用于新生工业部类的发展。比如,曼德尔认为,紧随危机而来的资本积累新阶段主要是由技术创新推动的,这些创新在危机时期是不会被引入的。早期扩张的结果是产生了一批利润率很高、成长十分迅速的新兴工业部类。尽管曼德尔似乎还想进一步给出其关于经济周期的技术决定论解释——我们并不认同这种解释,但是其一般论点已基本确立起来并能够从一些

---

① 《马克思恩格斯全集》第46卷,人民出版社2003年版,第284页。
② 《马克思恩格斯全集》第45卷,人民出版社2003年版,第207页。
③ 《马克思恩格斯全集》第44卷,人民出版社2001年版,第518页。

刊物上获得佐证①。马克思在他关于固定资本的讨论中,曾就这种关系同新兴生产部类和危机的关系做出过阐释。即使不同资本的周转期不同、投资的点不同,但是,"这种由一些互相连结的周转组成的长达若干年的周期(资本被它的固定组成部分束缚在这种周期之内),为周期性的危机造成了物质基础"。② 正是由于这个原因,他认为危机总是构成新的更大投资的起点。马克思没有再展开他的观点,在经验上他的说法也没有得到有力的检验,但从直觉上讲,是颇有道理的。如果说以机器形式存在的固定资本的周转时间构成了5—10年这种相对较短的经济周期的物质基础的话,那么,建筑、交通工具和其他需要改善的大型设施中的大规模投资的周转时间,则可被看作是18—25年这样较长的"库兹涅茨曲线"的物质基础。

用哈维的话来说,危机时期生产资本的贬值以及相继而来的急剧扩张都是在具体地点上展开的。这种驻地性不只是仅存于单个资本层次,在这一层次,固定资本的那些具体形式的贬值或限价都发生于分散的地点,更为重要的是这种驻地性还发生于整个经济部类当中。这种关系被马克思揭示出来,马克思观察到了固定资本的周转同危机周期之间的联系,并且这种联系由资本本身在危机的现实实践中呈现出来。纵然危机只是零星地出现——这

---

① Ernest Mandel, *Late Capitalism* (London, 1975), chap. 8; Doreen Massey, "The UK Electrial Engineeringand Electronics Industry", *Review of Radical Political Economics* 10 (3) (1978), 39-54; Walker, Richard, and Michael Storper. "Capital and Industrial Location," *Progress in Human Geography* 5 (1981), 473-509.

② 《马克思恩格斯全集》第45卷,人民出版社2003年版,第207页。

边是银行,那边是钢铁公司,别的某个地方又是耐用商品制造商,还有那些小资本家群体——它也都是以当初资本控制前资本主义经济的那种相同的方式展开的,即一个部类接着一个部类,其作用就像竞争的作用一样。贬值最先发生的地方,受害者们都试图往最便捷的方向去躲避,这也就意味着他们成为最直接的竞争者。这正是哈维发现的局部危机同部类危机的关键区别所在。既然经济部类在空间上是集中的,那么,贬值的驻地性特征就会将部类危机转换成影响整个区域的地理危机。另外,老技术的过时与新技术的崛起对于资本主义是极其重要的,它们同样也伴随着旧的空间结构向新空间结构的转型。

即便是经济下行达到更大的全球危机的时候——利润率统一下降到接近的平均水平——危机的影响(社会贬值的分布)依旧是不平衡的。马克思说,"在一切都顺利的时候","竞争实际上表现为资本家阶级的兄弟情谊"。它们友好地将世界分为大大小小的帝国,而后怀着相当大的热情做生意。"他们按照各自的投资比例,共同分配共同的赃物",尽管平时有些小矛盾。但是一旦遇到危机,利润的分享变成了损失的分担,每一个人都力图将自身损失降到最低。"每个资本家要分担多少,要分担到什么程度,这就取决于力量的大小和狡猾的程度了,在这种情况下,竞争也就变为敌对的兄弟之间的斗争了。"[1] 其中的一些兄弟留下来为自己的帝国而战,其他的则卷起铺盖走人,但结果是一样

---

① Ernest Mandel, *The Second Slump* (London, 1978);《马克思恩格斯全集》第46卷,人民出版社2003年版,第281-282页。

第四章　试论不平衡发展理论（一）：地理分化与均等的辩证法

的。资本家阶级作为一个整体试图通过注销那些小兄弟及其帝国而将危机局地化，由这些地方承受最为剧烈的贬值。如马克思所言，如果"各个生产部类之间的平衡表现为由不平衡形成的一个不断的过程"①，那么这种不平衡的地理表现在危机中就变得极其醒目了。

根据马克思的说法，资本主义生产方式"使生产条件从属于自己的程度"，表现为"资本向不动产的转化"②。也就是说，具体的空间的生产的程度成为衡量资本普遍化的尺度。这正是马克思宣称固定资本"表现为资本一般的最适当的形式"③的原因。但同样显而易见的是，在出现危机的情况下，正是因其不动，固定资本变为资本一般之最不适当的形式。相反，恰恰是流动资本使得资本家阶级的幸存成为可能，尽管它必须得"吞食自己"。④在一波波急剧贬值的风浪中，流动资本的流动性成为分化趋势而非均等趋势的工具，而离开分化趋势资本的幸存就是不可预见的。所以，马克思很快又补充说，流动资本同样是资本一般最适当的形式。这种矛盾的解决只能交给历史。

资本积累的后危机时期继承了因危机而高度分化的地理空间。资产阶级的区位理论充其量也仅限于在这一田园牧歌式的扩张期证明其有效性，这一时期，在兄弟相残中苟活下来的人返回

---

① 《马克思恩格斯全集》第46卷，人民出版社2003年版，第286页。
② 《马克思恩格斯全集》第31卷，人民出版社1998年版，第140页。
③ 同上书，第93页。马克思的整句话是，"固定资本——就资本对自身的关系来看——则表现为资本一般的最适当的形式"。
④ David. Harvey, *The Limits to Capital* (Oxford, 1982), 438.

家乡，再度沐浴在舒适的兄弟友谊之中。区位理论以既有的景观分化作为前提假设，而后考察决定个体企业的区位要素。区位结构——资本主义的地理——被认为是历史性地发生变化，而这种变化则被当成是对这些决定性要素的数学合计。在上述扩张期，流动资本只是方便了固定资本投资，这种固定资本投资如今已承担起资本积累杠杆的历史使命，一幅生产性景观的和谐画面被构建起来。但是这些对资本（同时也是对区位理论）而言的田园牧歌式的条件从来都只是暂时的。资本和区位理论总是会被裹进它们无法解释的历史地理洪流之中。但是，在区位理论中还先天地存在着另一种需要仔细分析的假设：对决定个别区位要素的合计将导向地理均衡的趋势，即区位的平衡组合（a balanced set of locations）。从根本上来说，这种均衡是经济分化在空间上的均等化。但具有讽刺性的是，坚持这种传统的研究者通常急于否认他们研究结果的现实性，声称那种均衡只是一个理想化的结构，而事实上当他们这样做的时候，现实资本主义内部却存在着真实的均衡趋势。

均衡（equilibrium）问题不论是在政治意义上还是地理意义上都是重要的。隐匿于均衡问题之内的最终问题是，通过某种空间方案即空间"修复"（spatial fix），资本主义生产方式到底能否解决还是只是转移其内在矛盾。这反过来映射出尺度的问题，下面我们将通过对这两个问题的考察，打通通向不平衡发展的一般理论的最后一公里。

如果说，关于均等和分化的讨论是基于对马克思相关评论和思想的抽象解释和推演的话，那么对资本积累危机和节奏的关注就应该更为具象一些。资本在危机中的部类贬值显然就是其中直接的一例（certainly has an immediate ring to it）。例如，去工业化的过程不仅意味着它是一个贬值的过程，而且对于特定部类和特定地区它也意味着特殊的意义。至此，将地理分化和均等这两类基本趋势以及劳动分工同资本积累的节奏统一起来的理论努力，我们已经部分地完成了。下一章，我们将走完这一理论之旅。

第五章　试论不平衡发展理论（二）：空间尺度和资本的跷跷板

如果地理分化与均等的辩证法最终能够解释资本主义不平衡发展的模式，那么就这一辩证法自身而言，它尚未完整地具体描述这一过程。有两个问题提出来了：首先，为何这种辩证法不仅仅是造成了发展水平上的静态两极分化，而且更导致了不平衡发展的一种动态模式？其次，这一辩证法在何种尺度上展开，这些尺度又是如何演化出来的？我们需要分别考察这些问题。我们将再次回到哈维的分析，从空间均衡问题开始。

第一节　空间均衡的可能性

根据哈维的看法，区位优势应该像技术创新那样被视为剩余价值的来源。单个资本家总是会永无止境地被驱使着去利用最佳的区位。由于生产者在任意移动，所以他们的超额利润也只是稍纵即逝的；而在他们长期滞留的地方，超额利润则作为地租被收走了。因为假设了资本主义生产者平等地获得技术并展开空间竞争，所以，"租金的收取或生产资本的地理流动将造成这些不同地方生产者的利润率趋向于平均化"。基于这一点，哈维总

第五章 试论不平衡发展理论(二):空间尺度和资本的跷跷板

结道:

> 在一个封闭的平面上,总的长期的后果是:对个别的、由区位带来的超额利润的追求会迫使平均利润率越来越接近于零。这是一个不同寻常的结果。它意味着在一个封闭的平面上,追求相对的区位优势的竞争在积累的条件下倾向于产生一种与进一步的积累背道而驰的生产景观。在强制性的竞争压力之下,单个资本家总是按自利原则行事,并力图将利润最大化,这就驱使他们总是倾向于扩大生产并转战各地,直到那个地方生产剩余价值的能量耗尽为止。这好像就是马克思利润率下降论点的空间版本。①

尽管这看起来似乎有些刻意简单化了,但是从中得出下述结论也并非毫无道理,就是说,某种形式的均衡是可能的,但决不存在景观均等意义上的均衡。不论利润率平均化的趋势——同时通过流动资本的运动而被空间化——有多强烈,最终却总是难以实现。因此,哈维指出勒施②的六角形市场网络下的空间均衡"是一种零积累的景观,与资本主义生产方式完全不一致。"因此,"由于深层的结构上的原因,资产阶级意义上的空间均衡(均等化)在资本主义社会关系之下是不可能实现的。""生产越是接近于空间均衡的条件(例如,不同地方的利润率平均化),

---

① David Harvey, *The Limits to Capital* (Oxford, 1982), 388-390. 戴维·哈维:《资本的限度》,中信出版社 2017 年版,第 599 页。
② 勒施(August Losch, 1906-1945),德国地理学家,《经济的空间组织》一书的作者。——译者注

单个资本家通过技术变化打破那种均衡基础的竞争性动机就越强大。"这扰乱并改变了"实现空间均衡过程的条件"[①]。

泛泛而论,哈维表达的观点是,尽管存在着空间均衡(均等意义上)的既定趋势,但它总是受到来自资本核心的同样强大力量(比如技术上的动力)的持续阻挠,这种力量引起持续的地理失衡趋势。但正如我们在前面一章——尤其是在对列宁和卢森堡几处不多的讨论当中——所看到的那样,空间均衡趋势还有更为深远的重要意义。资本不仅仅是倾向于将空间均衡作为自身的地理镜像而进行生产,毋宁说,地理空间的生产已成为它保护社会和经济均衡以及摆脱危机的主要手段。马克思就是以这种理解方式来看待国外贸易、出口和原始积累等问题的,并对绝对空间做了简化处理,卢森堡基本上也是这么做的。而列宁的情况则相对复杂一些,他潜在地承认了空间的相对性。哈维提出了与过度积累相关的想法,并探问对于资本主义的内部矛盾能否进行"空间修复"。这正是当他强调在资本整个循环和积累过程中"空间是积极因素"时,脑海里所盘旋的东西。"空间均衡"不仅是资本主义发展的有意思的副作用,而且是一种无法或缺的必然性,成为衡量资本界限的尺度。

首先,"外部解决"已经不存在了。不论商品、生产资本、劳动力和物种甚至失业和贬值的输出在短期内如何畅通无阻,它们都只是暂时的解决方案,而从长远来看则会使问题更加恶化。

[①] David Harvey, *The Limits to Capital* (Oxford, 1982), 390, 393, 395. 有关利润率平抑化问题参看《资本论》第 3 卷,第十章。——译者注

第五章 试论不平衡发展理论（二）：空间尺度和资本的跷跷板

危机越普遍，输出危机就越困难。从这种解决方案成功的那一刻起，它就已经给自己挖下了墓穴。资本入侵前资本主义的部类和领域的方式仍只是把它们资本化，因此，也就创造了新的竞争对手。资本化如果被阻止，例如通过殖民主义的政治机制，那么它就无法把殖民地转变成过剩资本的重要蓄水池。（正是这种情况，而非所谓的仁慈，或许能部分地解释大英殖民帝国的衰落）。而在已经是资本主义的地区，资本输出则成了加速利润率下降和加剧危机普遍化的工具。那么，是否还有"内部的"空间修复呢？

这个问题情况还是相当复杂的，哈维在《资本的限度》最后一章花了很大篇幅来详细探讨这一问题中的某些复杂情况。他总结说，为资本积累和扩张打开可能性从而也因此第一次把资本推上危机之路的那些相同的措施，如今已成为任何解决内部空间危机方案的障碍。现在所要做的是对包括资本的合理性贬值和控制再投资在内的生产过程的彻底重组。然而，这又是不可能的，因为既有的空间经济只是部分贬值，而且由于资本的私有制也无法做到合理性贬值。竞争的无政府状态再次被证明是资本的阿喀琉斯之踵。那些为生产而建并在资本扩张中冲锋在前且一度充满生机的建成环境，如今已成强弩之末。在那些无法得到合理性管控的地方，零星且有时剧烈的贬值在上演。所以，不存在那种"瞬间魔力般的"空间修复，也"不存在能长期吸纳资本主义矛盾的'空间修复'"。积累的合理性逻辑导致彻底的非理性，导致战争，那时，劳动力和资本都将遭受残酷的贬值。"危机向全球结构加深和扩大，把资本主义的同类相食转变成多种同归于尽式的制衡（mutually assured destruction①）模式。"② 当资本别无选择时，这是资本所能退守的空间修复的底线。

哈维在其《资本的限度》最后几章有力地证明了地理空间是如何不可阻挡地被拖入到资本的中心的。但地理空间与其说被拖到扎格纳特的车轮下面，倒不如说它被置于那发烫的驾驶室中发挥作用。如果它没有被拖进来，资本就会施以可怕的报复。在这一方面，哈维的分析同列斐伏尔相似，但同列斐伏尔比起来，他对空间的生产背后的物质力量给出了更加具体的理解。他同样含蓄地阐述了处于空间的生产核心的地理均等和地理分化之间的辩证法。哈维在讨论战争功能时触及的这种关系同恩格斯描述曼彻斯特工人阶级时提及的那种关系一样，都是显而易见的：

恩格斯回顾了他所观察到的曼彻斯特工人阶级生活区如下的情况：

> 只要哪里还空下一个角落，他们就在那里盖起房子；哪里还有一个多余的出口，他们就在那里盖起房子来把它堵住。地价随着工业的发展而上涨，而地价愈是涨得高，就愈是疯狂地在每一小块土地上乱盖起房子来，一点也不考虑居民的健康和方便，唯一的念头就是尽可能多赚钱，反正无论

---

① 此概念源自冷战时期的美苏争霸，意指双方都拥有置对方于死地的核武器，因此双方都拿"一旦核战争爆发就将同归于尽"而相互威慑和制衡。——译者注

② David Harvey, *The Limits to Capital* (Oxford, 1982), 390, 426-445. 大卫·哈维:《资本的限度》，中信出版社2017年版第600、651-677页；并参看 David Harvey, "The Spatial Fix-Hegel, von Thunen, and Marx," *Antipode* 13 (3) (1981), 1-12.

多坏的小屋，总会找到租不起好房子的穷人的。①

说到我们所感兴趣的空间，马克思表现的甚至更为明显：他陈述到，任何一个"公正的观察者都能看到，生产资料越是大量集中，工人就相应地越要聚集在同一个空间，因此，资本主义的积累越迅速，工人的居住状况就越悲惨。"② 从第三章的讨论来看，资本似乎分化出了一个独特的城市空间，它不仅为集中化的生产提供了绝对空间，而且同样提供了绝对的、但又是丑恶的空间，这种空间为了限制无产阶级的流动，制造并强化着自然（此处是指人造自然）的退化。这与战争中资本的贬值惊人相似。两者对资本主义来说都是有用的，只不过前者是系统性的和日常的，后者是不规则的和周期性的。随着资本在战争中贬值，在自然的一切——包括人类和其他东西——都被夷平的地方，大量的绝对空间被创造出来。

这一辩证法使得地理尺度的问题得以复兴。前一章已经提到，为了完整地理解资本主义的不平衡发展，有必要了解地理尺度的起源。我们理所当然地倾向于把这个世界区分为城市、区域、国家和国际诸尺度，却很少去解释它们是如何产生的。对于尺度的理解将为我们提供一个关于不平衡发展问题的最终同时也是关键性的窗口，因为，如果缺少对地理尺度的清晰理解，那么我们将很难洞悉诸如"分散""去中心化""空间重组"等概念的真正内涵。它同样能为理解地理均衡趋势及其最终阻力提供一

---

① 《马克思恩格斯全集》第2卷，人民出版社1965年版，第335-336页。
② 《马克思恩格斯全集》第44卷，人民出版社2001年版，第757页。

个更为精锐的聚焦点，因为空间均衡（或均衡不足）意味着某种尺度上的绝对空间生产。尺度问题在哈维的论证中着墨不多，这给人造成一种印象，即系统的而且是充满内在矛盾的某种逻辑引导着资本主义的空间生产，但这种生产的产物却不反映该过程的组织情况，用理查德·沃克尔的话来说，不平衡发展由此形成的模式成了一个"马赛克"[①]。

前资本主义的空间可以被恰当地描述为一个马赛克，例如，由发达的市场体系构成的交换空间的马赛克（中心和穷乡僻壤）。但随着资本主义的发展，以及空间生产对于资本主义日益增长的重要性，其产物乃至过程变得越来越系统化。我认为，与马赛克比起来，用分化和均衡的辩证法对资本生产的实际空间尺度进行追根溯源并展示不平衡发展的后果，既是复杂的，同时也是简单的。空间修复不太可能克服资本的内在矛盾，对于这一点已基本没有疑问，但是在孤注一掷地进行空间修复的尝试中，资本部分地实现了空间修复，这种修复被组织到可辨别的、各自隔离的各种社会活动尺度当中。

---

① R. Walker, "A Theory of Surburbanization: Capitalism and the Construction of Urban Space in the United States," in M. Dear and A. J. Scott (eds), *Urbanization and Urban Planning in Capitalist Societies* (London, 1981), 383-429. "The Transformation of Urban Structure in the Nineteenth Century and the Beginningsof Suburbanization," in K. Cox (ed.), *Urbanization and Conflict in Market Societies* (Chicago, 1978), 165-211.

第二节 资本的空间尺度

资本承袭了一个早已分化成复杂空间模式的地理世界。因为景观已处在资本的摆布之下(就前面已经讨论的情况而言,并日益为其服务),所以这些模式就被分为日趋系统化的空间尺度等级。伴随着资本主义的空间生产,形成了三种主要的尺度:城市空间、民族国家空间和全球空间[1]。在不同程度上,在进入资本主义之前,这些孤立的尺度中的任何一个在历史上都是给定的。但就范围和实质而言,它们最终经由资本之手而被改变。空间整合是作为价值形式的抽象劳动的普遍化的必然结果,同样,

---

[1] 正如彼得·泰勒(Peter Taylor)非常敏锐地观察到的那样,在这个三分法效用性问题上,来自于广阔领域的研究者们达成了策略性的一致,但并没学者愿意去深究这些尺度的起源与功能。泰勒建议需要建立一种"尺度的政治经济学",而他把这些空间尺度指认为现实的尺度(全球的空间),意识形态的尺度(国家)以及体验的尺度(城市)。在经以上方式定义空间尺度过程中他借助了华伦斯坦的著作,后者为分析世界体系提供了一个便于理解世界空间的优越基础,而与传统的资产阶级的国家空间与民族-国家的优先假设形成对照。泰勒追问了这个姗姗来迟的关于尺度的问题,但我不认为我们必须重回华勒斯坦"交换空间"(而不是生产空间)的视野以便理解全球尺度,我们也不必要依靠这个非常抽象的现实、意识形态与经验的区别,以便发现社会过程中的空间尺度的基础。在泰勒著作的精神中,有一种更加直接的"唯物主义框架"用以理解资本主义条件下的这些不同的空间尺度的生产。参看 Peter Taylor, "A Materialist Fraework for Political Geography," *Transaction of the Institute of British Geographwes* 7 (1982), 15-34; "Geographical Scales in the World Systems Approch," *Review* 5 (1981), 3-11. 有关华勒斯坦的批评尤其参看 Robert Brenner, "The Origins of Capitalist Development: A Critique of Neo Smithian Marxism," *New Left Review* 104 (1977), 25-92。

作为社会活动特定尺度的绝对空间必将发生分化,也是资本的内在要求。作为组织和统一资本流通和积累的不同过程的手段,这些绝对空间被固定在更大范围的相对空间之流中,并成为全部价值流通和扩张的地理基础。所以价值的内在要求,就是要形成从这些尺度上组织起来的统一的空间经济。这是一个动态的过程,不管这些尺度有多么稳固,它们都会改变,而且,正是通过价值的这种持久要求以及空间尺度的内在分化,资本主义的不平衡地理发展才被组织起来。此处问题之关键在于,不论这些空间尺度表面上是如何不证自明,都不应简单地将其视为给定的,而是更要理解,每一种尺度的起源、规定(determination)以及内在的一致和分化都早就内含在资本的结构之中了。

城市尺度

在城市发展中,能够找到资本集中的最完备的地理表现。通过资本集中,城市空间被资本化为绝对空间的生产。因资本集中而导致的地理分化同样出现在其他空间尺度上,但在那些尺度上,分化既不像在城市尺度上那样是资本集中的直接产物,也不像在城市尺度上那样是资本集中的唯一产物。在其他那些尺度上涉及一种更为复杂的力量组合,且无论在何处,其最后的模式都不像在城市尺度上表现得那样纯粹。就城市空间来说,资本主义承袭了城乡的分化,但是前资本主义城市中所出现的经济财富和经济活动的集中,首要的是由对有组织的市场交换体系的需求所引起的,或者是由宗教和防卫功能所造成的。但只是由于工业资本的发展和扩张,生产活动的集中才最终取代了市场功能而成为城市发展的决定性因素。如果像这样的城市尺度是生产资本集中的必要表现，那么对城市尺度的地理限制（请不要同城市的管理边界相混淆）则主要是由地方劳动市场和日常通勤限制所决定的。随着资本主义城市的发展，工作地和居住地以及生产空间和再生产空间之间出现了系统的分化。作为定义城市规划界限的经验性概念，劳动市场在资产阶级的社会科学——尤其是地理学和经济学——中得到了很好的理解①。但在资产阶级的社会科学中这种空间关系的内涵并未得到阐发，而这正是卡斯特力图填补的空白。他正确地指出，"城市特性"在本质上"是被限制的那部分劳动力的日常空间"。但卡斯特由此出发，进一步把"城市特性"界定为"集体消费领域"；他说，"城市就是再生产的领域"，而区域这一尺度则是进行生产的空间。② 然而，这种把城市与区域的对比等同于再生产与生产的对比之做法，建立在一种因简化而导致对两个方面的混淆之上，即一方面是城市尺度的地理界限，另一方面则是首要地造成生产资本在城市集中的力量和过程。

劳动力上班行程的重要性以及大尺度通勤界限的重要性不仅仅是一个物理问题。通勤成本是劳动力价值的一部分，这一部分在劳动力价值的地理表现中具有关键作用。所以，日常劳动市场

---

① 在这方面有众多的文献，可重点参看 Edward J. Taaffe, Howard L. Gauthier, and Thomas A. Maraffa, "Extended Commuting and Intermetropolitan Periphery", *Annals of the American Geographers* 70 (1980), 313-339; B. J. L. Berry and Q. Gillard, *The Changing Shape of Metropolitan America* (Cambridge, Mass, 1977)。

② 关于这一区分的最清晰的表述是卡斯特在其《城市问题》的后记（Manuel Castells, *The Urban Question*, London, 1977, 439-452）当中。

的地理界限就表现着城市尺度上的空间整合性的界限：哪里的城市界限变得过度延伸，哪里也就预示着抽象劳动普遍化过程中的碎片化和去均衡化；哪里的城市界限在地理上被过分限制，哪里的城市劳动力就相对受到限制，哪里也就会伴随生产力的发展而出现过早的停滞。因此，城市空间的扩张，不只是生产力日益集中的问题，或者不只是具体劳动的日常系统发生于其上的尺度的扩张问题。相反，作为抽象劳动的日常地理领域的扩张，它是被建构的。

城市空间的均等化是在劳动市场的地理单位中实现的。就这种单位被打破以及均衡局势被狙击而言，危机是在城市空间经济中显示出来的。这实际意味着如下的情况：城市空间的绝对地理扩张必然伴随着由积累所控制的价值扩张。毕竟，在关系到新的或扩大的生产活动及其附属功能的地理区位时，资本面临着选择，而且还是一个被严格限定了的选择。发展涉及绝对城市的扩张，但它同样能够通过在原地扩张来实现：可以通过强化既有的空间消费，或者再造、重组消费空间来满足新的需求。所以，城市空间的内部分化决定着城市扩张得以展开的具体条件。在最基础的层面，城市空间被分成了生产空间和再生产空间，它们造成了具体活动和土地使用——如工业、交通、住宅、休闲、零售业、商业、金融等领域的活动和用地的地方性积聚。

早先，我们假设生产资本引导着地理空间的建构和重构，但是现在我们能看到这种假设的局限性。生产资本依旧是重要的，不仅仅是因为工业区位，而且还因为在直接建设过程中使用的资本始终是生产资本。当然，在城市这一尺度上，建筑商品的消费

第五章 试论不平衡发展理论（二）：空间尺度和资本的跷跷板

除了涉及工业领域还可能涉及大量的土地使用，而且它一般不采用在其他领域通用的那种工业投资模式。住宅、工业、休闲和其他领域的土地使用在内城这一层次上是分化的和并置的，就这一点而言，城市空间的连贯性源于资本不同功能的运行。城市发展源自生产资本的集中，然而不论这一事实如何不容置疑，都必须承认城市的内在分化都是由用地上的彼此分割造成的，且都是通过地租系统来加以管理的。无论关于城市形式和过程的精确特征存在多大的争论和异议，但资产阶级和马克思主义的相关文献已形成了一个基本的共识，即地租在调停（mediating）城市空间的地理分化中发挥了根本性作用[1]。作为地租功能的直接后果，双轴心——从边缘地区的低地租到中心地带的高地租——通过更为复杂的城市分化模式而交织在一起。

城市空间的基础建筑群属于私有财产的个体绝对空间，而且任何此种空间都以地租形式具有价格。特定空间的地租是由若干要素决定的，其中包括其性能（大小、表面形式、当下的使用情况等）以及它同其他设施和地方的关系（市中心、交通、污水处理等）。地租系统将城市空间拉平到交换价值的维度，但它是通过将自身作为协调并统一城市空间（作为一个整体）内的个体空间使用的手段做到这一点的。处于地租结构中的城市空间

---

[1] William Alonso, *Location and Land Use* (Cambridge, Mass., 1964); "A Theory of the Urban Land Market," *Paper and Proceedings of the Regional Science Association* 6 (1960), 149-158; David Harvey and Lata Chaterjee. "Absolute Rent and the Structuring of Space by Financial Institutions," *Antipode* 6 (1) (1974), 22-36; Neil Smith, "Toward a Theory of Gentrification: A Back to the City Movement by Capital not People," *Journal of the American Planning Association* 45 (1979), 538-548.

均等化成为其分化的工具。竞争性使用首先是通过地租系统而在地理上进行分类的。然而，当然无法保证统一的有效性。一些设施是被共同消费的，而且是同时作为生产资料和再生产资料，就这一点来说，不会有单个资本能够或愿意提供给它们。为了维持城市空间有序发展的条件，政府（地方政府或中央政府）一般都会插手，因为政府能绕开（circumvent）土地市场。土地市场的理性被兑换成城市规划的政治逻辑。如果考虑到交通设施的集体消费和通勤的重要性，那么交通工具方面的建设就是尤其关键的，而且对于污水处理、电力和供水等同样如此。土地市场的秩序以资本集体秩序的名义被规避掉了，但实际的结果可能是极端失序的。①

但是竞争性的土地市场本身，或者不如说，它被更大层次上的经济领域所整合，同样导致了与其自身相应的失序。随着资本主义的历史发展，地租成为利润率的表现②，正是在这个意义上，在作为整体的系统中，地租结构同价值要素捆绑在一起。尽管如此，就土地本身成为投机性交换和发展的目标而言，地租的综合性功能被打破。因为在回应投机信号的同时，地租无法再系统地以同抽象劳动的普遍化要求相一致的方式统一和协调城市的发展。诸多矛盾只能向上和向外转移。

---

① 关于美国城市有序和失序的这种并置情况，请参见山姆·巴斯·华纳：《城市荒野》（纽约，1972），第二章。Bass Warner, *The Urban Wildness* (New York, 1972), ch. 2.

② David Harvey, *The Limits to Capital* (Oxford, 1982).

全球尺度

全球空间的地理下限通过私有财产的绝对空间表现出来,如果我们抛开非地球空间不谈,那么,全球空间的界限就是既定的。作为绝对空间,它是人类活动的一个十分高效的容器。我们可以将其归功于大自然,而丝毫不用担心有什么矛盾之处。但是,我们把这种空间理解为何物则完全是另外一回事了。资本主义把全球尺度作为全球市场承袭下来。这种尺度的生产,无论最初多么不彻底,总是使资本主义的发展成为可能的条件之一。但是,同其一贯做法一样,资本主义以一种形式继承下来的东西,会将其以另一种形式再生产出来。从乡村开始的一种特定空间的原始积累(即私有财产或地块)[1],为了把封建主义的地理转化成资本主义的地理提供了必要的条件。以交换为基础的世界市场被转换成以生产和雇佣劳动普遍化为基础的世界经济。通过商业市场的价格机制而实现的空间一体化——最好的情况下也只是松散的和表面上的——逐渐被由价值规律实现的空间一体化在更为根本性的层面上所侵蚀和取代。

城市尺度是资本通过空间集中而实施的分化过程的产物,而国际尺度则纯粹是均等趋势的产物。在这一点上并没有什么特殊的原创性。资本趋向普遍化的利刃是力图把劳动力的世界铲平为商品状态。资本通过打击、密谋和巧取豪夺,把雇佣关系渗透到

---

[1] John Merrington, "Town and Country in the Transition to Capitalism," *New Left Review* 93 (1975) (reprinted in R. Hilton, [ed.], *The Transition From Feudalism to Capitalism* [London, 1976], 170-195.

它所遇到的任何一处前资本主义的缝隙之中。而之所以还存在能被它容忍甚至鼓励的例外之地，那是因为这些地方已同样处于由雇佣劳动关系造成的世界经济的普遍殖民化的影响之下了。正像积累的必然性意味着资本集中一样——这种集中解释了一个显著的城市尺度的形成过程——同样的必然性把全球尺度的生产引向了均等化。由于雇佣关系的普遍化，这种尺度在生产关系层次得到规定。这本该就是我们能预料到的。资本主义用自己的形象精确地规定了全球地理尺度。尽管其中有经济力量和过程的参与，但对全球尺度的规定具有典型的政治性质，它是资本主义阶级关系的产物。

作为价值规律普遍化的手段，资本的扩张在其所继承的绝对空间中填满了政治和经济内涵。因为这种绝对扩张已接近全球尺度的极限，经由市场而实现的空间一体化形式方面日渐被吸纳到实质空间一体化趋势之中。从理论上看，把这一趋势同马克思的观点——即资本对劳动的吸纳逐步从形式吸纳转变为实质性吸纳——做类比，是正确的①。历史地看，全球尺度上实质性空间一体化的霸权形成与列宁所讨论的帝国主义（有别于狭义的殖民主义）的崛起以及一战的爆发有关。在前述的章节②中我们提到了资本从绝对地理扩张向内部空间分化的空间的生产方式的转

---

① 有关劳动力对资本的形式与实质从属，参看《资本论》第 1 卷，载《马克思恩格斯全集》第 44 卷，人民出版社 2001 年版，第 583-584 页；"直接生产过程的后果"，载《马克思恩格斯文集》第 8 卷，第 423-548 页。有关该问题与美国经济不平衡发展的关系的讨论，参看 M. Aglietta, *A Theory of Capitalist Regulation*（London, 1979）。——译者注

② 本书第三章第三、四节等。

变,而深藏于这一转变背后的,恰恰是从形式上统一向实质性统一的这种历史性转变。不论时间多么短暂,殖民主义的作用都不是作为某种"外部的"空间修复,而同样地,当全球尺度上的空间一体化成为实质性的而非仅仅是形式上的时候,外部地理空间的外部性也是不被承认的。当第一自然最终在第二自然之内且作为第二自然的一部分被生产出来时,"外部"空间也相应地被内在化并在资本主义全球地理之内且作为资本主义全球地理的一部分被生产出来。这就是处于不平衡发展核心的"不发达的发展"。

如果说全球空间的均等化源于雇佣关系的普遍趋势,那么,这一尺度上地理分化的核心则是决定劳动力价值的不同要素及受其影响的工资的地理模式。这一过程的历史根源在于原始积累,然而,在发展水平和条件两方面继承下来的两极分化向今天的这种分化模式的转变,并不是自动完成的。相反,在积累过程的中心存在着矛盾,这种矛盾的历史发展决定了全球空间的分化,我们在前面讨论空间修复问题时已有所暗示。对于是否扩展到前资本主义社会,资本确实别无选择,但是它却能"选择"如何去做。一方面,充分发展起来的、高度集中的资本不仅要持续寻找生产的物理要素,即必要的使用价值。而且,还要寻找这些材料,尤其是新材料和劳动力的更为廉价的来源。在持续扩大追求相对剩余价值的过程中,资本被驱使着把这些外部的、相对来说发展不够充分的空间转变成生产和积累的空间。另一方面,由于受到持续的过度积累的威胁,资本试图把这些地方转变成它的销售市场和消费场所。但它不能两者兼得,因为它不可能仅仅通过发展这些地方以及提高工资以促进消费的方式把这些未发展的社会转变成消费场所。在积累的手段和维持持续积累的必要条件之间存在着矛盾①，它塑造了尖锐的地理形象。

马克思看到了这种矛盾但倾向于强调"落后"民族的市场作用，这同他关于印度经济发展的谨慎乐观态度及对发展水平的均等化趋势的强调是一致的。不过，历史地看，同在上述地方的消费相比，资本本身似乎更强调积累的可能性，通过维持差异化的工资并依靠发达世界的国内市场来加速消费定额。结果是，依据劳动力价值形成的全球地理分化被复制到一系列更具有固定性的空间特征当中，例如显著的国际劳动分工，以及在发达地区和不发达地区的资本有机竞争之间产生的系统分化。② 然而，强调积累的过度消费也仅仅是一种强调而已。即便是最新实现工业化的经济体也会因它们在劳动的国际分工中的功能以及资本的国际控制而受到严重限制。③ 因为，到最后，剩下来的仍然是在积累的手段和维持持续积累的必要条件之间的矛盾。就它始于原始积累以及资本反对前资本主义社会而言，它仍保留了其二分模式。但今天，它基本上已不再是作为一个"不同生产方式的接合（articulation）"问题而存在，而更表现为一极是发达的发展而

---

① David Harvey, *The Limits to Capital* (Oxford, 1982), 429。

② 关于此类问题存在大量的讨论和争论，但在工资率的重要性方面却鲜有不同意见。参见 Samir Amin, *Unequal Development* (NewYork, 1976) Ernest Mandel, *Late Capitalism* (London, 1975), chap. 11。

③ Nigel Harris, "The Asian Boom Economies and the 'Impossibility' of National Economic Development," *International Socialism* 2 (3) (1979), 1-16. 所以，我强烈反对沃伦在《帝国主义》中的分析。

另一极是不发达的发展的问题（借用弗兰克①富于洞见的说法）②。前资本主义生产方式已作为"内在化的外部"而被整合到资本主义的世界体系之中了。由此，它们并未彻底完成从形式统一到实质性统一的转换，而且全球经济空间的实质统一也必定是未完成的。劳动力在世界经济中越是被商品化，劳动力的价值也就越成为破坏空间一体化趋势的杠杆，世界经济的最初政治基础作为社会进一步发展的主要障碍这一点，也就表现得愈加明显。

民族-国家尺度

如果说，城市尺度和全球尺度分别是分化-均等的矛盾趋势在地理上的完美代表，那么民族-国家尺度则不怎么是这一矛盾的直接产物。该尺度生产的动力主要来自资本流通，更具体地说，是来自世界市场上不同资本竞争的指令。布哈林曾泛泛地指出，资本主义国家产生于社会的经济基础，资本在国际化的同时也在民族化（在国民经济和民族资本都已发达的意义上），这就为资本主义的民族国家提供了具体的经济基础。这导致了以民族为基础的价值规律被或多或少地整合进更大的国际价值规律之中的一套等级。就其所导致的"不平等交换"而言，后者源自资

---

① 安德烈·冈德·弗兰克（Andre Gunder Frank, 1929 - ），著名的马克思主义经济学家，依附理论的重要代表。——译者注

② Andre Gunder Frank, *Capitalism and Underdevelopment in Latin America* (New York, 1967).

本主义的不平衡发展而非相反①。问题似乎是，为什么这一尺度上资本的组织采取了这样一种高度固定化的空间形式。

我们已经提到了景观当中的生产资本的固定性，马克思从这种必然性中观察到它在"国民经济中具有一种独特的作用"。这种资本"不能被运往国外，不能作为商品在世界市场上流通。"②这种不能流动的、我们称之为"民族资本"的独特性，在于它如果要在相对剩余价值生产中发挥作用，就必须被用来抵御其他资本；这意味着需要各种基础设施和贸易法律的支持，对劳动力再生产的管制以及本土货币的供应，所有这一切对于集体资本家而非单个资本家都是必须的。国家发展起来以完成这些任务，还有就是，在必要的地方以军事行动保卫资本。不仅如此，资本也必须保卫自己、反对工人阶级，因为它总是持续面临着后者造反的威胁。"资产阶级的这种发展的每一个阶段，都伴随着相应的政治上的进展的每一个阶段，都伴随着相应的政治上的进展。""资产阶级从大工业和世界市场建立的时候起，最后它在现代的代议制国家里夺得了独占的政治统治。"③

资本主义继承了城市-国家、公国、王国等诸如此类的地理结构，它们都是处于前资本主义国家控制下的地方化的绝对空

---

① Nikolai Bukharin, *Imperialism and World Economy* (London, 1972). Colin Barker, "The State as Capital," *International Socialism* 2 (1) (1978), 16-42; Arghiri Emmanuel, *Unequal Exchange* (NewYork, 1972); Anwar Shaikh, "Foreign Trade and the Law of Value: Part II," *Science and Society* 44 (1980), 27-57.
② 《马克思恩格斯全集》第 45 卷，人民出版社 2003 年版，第 182 页。
③ 《共产党宣言》，载《马克思恩格斯选集》第 1 卷，人民出版社 2012 年版，第 402 页。译文略有改动。

间，但同其一贯做法一样，它改变了所继承下来的东西。随着生产力规模的不断扩大和资本的国际化，资本主义普遍将许多小国整合为一个民族-国家。往小上说，为了刺激积累，民族-国家的地理尺度只要能满足对一个足够大的（劳动和商品）市场的控制需要就够了；往大上说，民族-国家在大的时候则发现它大得难以对其全部领土维持政治控制。① 不论这一尺度的界限在多大程度上是由均等与分化的辩证法引发的，决定这种界限的真正因素都并不直接来自这种辩证法，而是由历史上的一系列交易、妥协和战争而从政治上决定的。被决定的恰恰是一套领土管辖权，它们被铁丝网、海关站和边境警卫镶嵌在景观之上。结果是全球被分成160个或更多的彼此不同的绝对空间。

在资本积累的强劲而又动荡的世界中，地球的这种政治划分对于组织资本积累的扩张是一种相当稳妥的安排。不论民族空间在两次世界大战和去殖民化浪潮中发生了多么重大的重组，1980年与1900年世界地图的相似性比资本主义历史上任何之前的两张相隔80年的世界地图的相似性都要大。工人阶级被分割在国家单元中以及民族主义意识形态的灌输在这种稳定性生产中的重要性是显而易见的。只要世界经济持续扩张，只要借助资本输出（无论何种形式）的经济机制而非直接的殖民入侵就能实现全球尺度的积累，国家就没有必要做这种扩张。一旦发生贬值和危机，对于把由个体企业这一经济层次的竞争所造成的更具破坏性

---

① 这恰恰构成以杰斐逊为一方和以汉密尔顿与麦迪逊为另一方的联邦党人争论的问题之一。

的影响转移到国家的政治领域来说，世界被分割成民族-国家这一点就被证明是一个强有力的机制。民族资本的个体部分当然也会经受贬值的发作，但整个民族资本是在世界经济中遭受威胁，针对这一点，国家会动用从关税到贸易禁运、减税优惠到坦克（tax beaks to tanks）（国内国外都可以用）的一切手段来保护整个民族资本。这正是列宁关于帝国主义战争不过是经济竞争的逻辑延伸的那句名言所告诉我们的。

要是这么说，另一个重要的问题就来了。就经济竞争迫使贬值而言，结果是资本广泛而迅速的集中。既然如此，那么在通过军事和政治手段实现的强制性贬值之后，为何与资本集中相似的、作为加强经济集中手段的政治集中却没有发生呢？换言之，为何国家尺度的地理稳固性同城市扩张的流动性会形成如此鲜明的对比呢？一方面，不发达世界的去殖民化充分表明，长期而直接的政治控制同世界经济中民族资本的地理扩张不再具有必然的关联性。资本的国际化催生了大量国际组织，如国际货币基金组织、世界银行和联合国，由它们来履行一个国际性政府的某些职能，但它并未带来民族-国家自身的国际化。所以，当前尺度上这种民族-国家的既定状态，可以被视为阻碍集中化的力量，它对于对抗利润率下降趋势具有关键性的影响。然而，即便它确定引起了那种结果，也绝不意味着就能够解释这一尺度的历史稳定性。相反，相关的解释似乎更应聚焦于对工人阶级的政治控制问题。民族-国家，尽管其在经济上过时了，但它在政治上却仍发挥着很强的政治功能。很难想象，"一战"后，英国资本能从伦敦控制德国工人，或者"二战"后欧洲工人能受到华盛顿的控制。

这一切对工人阶级乃至整个人类来说是一个巨大的讽刺。对工人阶级受到的国家政治压迫的补偿却是工人阶级拿起武器保卫国家、保卫民族资本、保卫"民族利益"[①]的权利。世界经济在民族资本尺度上的划分是资本能够使其雄心壮志征服四海的必要基础。但它同样导致了帝国主义之间残酷的战争,就此而论,世界经济被分化成民族-国家同样威胁着资本主义乃至人类自身的全部基础。

正是在相互分离的国家-民族这一尺度上,区域的发展和分化才是重要的。国家领土从内部分化出清晰可辨的区域,这一点成为劳动分工的地理表现——不论是在劳动的个别资本分工还是在劳动的(部类之间的)专门化分工层面上,都是如此。资本在区域上的集中是空间集中趋势的径直产物,但这在城市尺度上并不是一个直接就能确定的过程,其中涉及的方面还有很多。就在劳动的专门分工上能看到其清晰的地理表现而言,倒是可以说它发生在这一尺度上。国家经济与国际经济的不同部类被积聚和集中在一些特定的区域。这就是我们通常所说的劳动的地域分工。它发生在比城市还要大的尺度上,这种尺度是一个处于劳动的国际分工之下的、单一的地理劳动市场,而且,在这里,不同

---

① 这种控制涉及民族主义意识形态,从这点来看,泰勒在民族-国家同意识形态尺度之间画等号的物质基础就变得显而易见了。Peter Taylor, "Geographical Scales in the World Systems Approch," *Review* 5 (1981), 3-11. fn. 63. 因此,传统的偏见、区域的与民族的争斗之所以能得到延续与重建,是由于它们在不平衡的地理发展这个不断演化的框架中有一种物质基础。参看 David Harvey, *The Limits to Capital* (Oxford, 1982), 442。

民族-国家之间的劳动流动受到严格限制。尽管存在后一种差别,但在国家尺度上的那些具有不同特点的地理区域实体具有相同的功能,即起到了发达世界与不发达世界之间的全球分工的作用。两者都提供了在地理上相对固定的雇佣劳动资源——一个是在国际尺度上,另一个则处在民族资本更加直接的控制之下。

劳动地域分工的早期模式受到因获取关键原材料而引起的地理变动的影响。经济的特定部类以及具有专业技能的劳动大军就落户在距离这些自然资源不远的地区。但根据马克思的观点,随着资本主义的发展,"把特殊生产部类固定在一个国家的特殊地区的地域分工,由于利用各种特点的工场手工业生产的出现,获得了新的推动力"。[①] 尽管这种劳动的地域分工的强化看起来已经形成,但它也仅仅是在资本主义工场手工业刚开始时才做到的。随着生产力逐步从自然的控制之下解放出来,工场手工业体系,或者毋宁说现代工业(用马克思的话来说)已不再为那些被接受下来的前资本主义的地域专门化模式提供"新的推动力"。相反,它去开发专属于资本主义的独特的劳动地域分工,被接受下来的地域马赛克则遭到破坏。地方经济被作为新的空间构型(spatial configuration)而整合到国家经济和国际经济之中。马克思观察到这种过程同新的交通工具之间的关联,这些新的工具引起"旧的生产中心衰落了,新的生产中心兴起了"。结果是"由于生产地点和销售地点的相对位置随着交通工具的变化而发生变化,这些地点又会发生一些变化"。马克思继续写道:

---

① 《马克思恩格斯全集》第44卷,人民出版社2001年版,第409—410页。

一个生产地点,过去由于处在大路或运河旁边,一度享有特别的地理上的便利,现在却位于一条铁路支线的旁边,这条支线要隔相当长的时间才通车一次。另一个生产地点,原来和交通要道完全隔绝,现在却位于好几条铁路的交叉点。后一个生产地点兴盛起来,前一个生产地点衰落了。因此,交通工具的变化,在商品的流通时间,买和卖的机会等方面造成地点差别,或者使已有的地点差别再发生变化。①

这里必须强调的一点是,这些相对空间方面的变化和发展既不是偶然的也不是任意的,而是在国家尺度的生产及其分化出此起彼伏的区域过程中的必然现象。

随着生产力的发展、资本进出生产领域的流动性日益增强以及工业逐步挣脱自然控制而获得的解放,工资率的差异和现有的劳动技能方式决定了区域的定位(相比而言,后者的决定程度较小),这些区域是资本向其流动和集中的地方。资本的集中程度越高,地理分化的程度就越重要,因为更多更大的资本运营在国家和国际尺度上而非地方尺度上,在这一尺度上资本更能充分利用(同时也制造)分化。而且,单一资本有组织地分化成不同的公司部类,这一点能够强化领土分工,因为不同工作过程因同样不同的劳动条件而发生的有组织的分离促进了地理上的分离。比如,研发能够集中于一个可以大量供应受过大学教育的技术劳动的区域,而批量生产能够集中于具有非熟练劳动工人储备

---

① 《马克思恩格斯全集》第45卷,人民出版社2003年版,第277、278、279页。

的其他地区。①

以劳动的地域分工为依据的民族国家空间分化对来自于扩张和危机的节奏是十分敏感的。尽管某种生产活动的专门化发生在城市尺度上，但是相比区域分化这一层次，它受到更多的限制，后者部分地被限制在劳动的专门分工这一层次上。在这一层次上，快速扩张和快速贬值伴随着特定部类的起起落落而在地理上实现其定位。在这里，资本日益增强的流动性并不受民族边界的限制，而且，同国际尺度比起来，资本在国家尺度上进出区域的运动可以更加迅速和彻底。在民族-国家的区域部类层次上，固定资本积累和贬值带来的影响被显著地转换成空间的发展和衰落。在当前全球危机的语境下，这或许有助于解释对所谓区域问题的日益重视，也或许有助于解释民族空间的区域部类成为一个明显的生产活动尺度这一现象。

尽管我们已将区域视为民族空间分化的产物，但并不存在与超国家区域（supranational regions）发展相关的本质性问题。事实上，如果民族边界被设置为一种政治类型而非经济类型，并且某些民族-国家边界表现的比较小，那么我们就能寄希望于超国家区域的发展。假如生产力的规模在扩张，资本持续国际化，以及作为政治控制手段的国家边界也已经固定下来，那么，超国家区域的发展在所有最大的民族-国家当中就是一个经济上的必然。这正是今天欧洲所发生的，生产过程的国际化以及由此带来的北

---

① Doreen Massey, "In What Sense a Regional Problems," *Regional Studies* 13 (1979), 233-243; "The UK Electrical Engineering and Electronics Industry," *Review of Radical Political Economics* 10 (3) (1978), 39-54.

部去工业化模式和南部工业扩张,正在不同地区之间形成一个彻头彻尾的超国家区域。戈特曼1960年代的预言,"这些欧洲地区或将陷入严重的耗尽空间的危险",并未完全应验。实际上,一旦我们理解了区域尺度的经济决定要素同国家边界的政治决定要素之间的矛盾,所谓区域将"耗尽空间"的观点就不值一提。从欧洲经验的角度来看,真正的问题是,在相互分离的区域尺度上的地理空间分化是否还是民族尺度的一部分,或者,作为新的国际劳动分工的一部分,全球空间分化成区域是不是(看起来更像是)更为直接的由国际尺度所决定的。①

但是尽管面临自身的地理界限(在这里,是隐藏在区域扩张背后的国家界限),资本扔试图持续加强空间的统一。正是在这里,矛盾爆发出来。首先,资本从一组空间界限中逃出来,但又在不同的规模上设置了界限。新生的超国家区域需要与之相配套的政治机构,欧洲经济共同体的发展尤其得益于这种过程。新的空间固化将空间一体化过程中的旧矛盾拉回来,从而也就没有了空间修复。但更重要的是,资本国际化的趋势因被民族-国家作为政治控制的手段而受到了严格的限制。这从欧洲经济共同体的经验中也能看得很清楚。因此,在这一尺度,我们再一次看到了马克思相关分析的地理版本,即资本积累的手段无法避免地同积累的条件产生矛盾;管理与控制资本的政治基础的必要手段

---

① Jean Gottmann, *Megalopolis* (NewYork, 1967), 216; J. Carney, R. Hudson, and J. Lewis (eds), *Region in Crisis: New Perspectives in European Regional Theory* (London, 1980). Frank Moulaert, and Patricia Salinas (eds), *Regional Analysis and the New International Division of Labor* (Boston, 1983).

——劳资关系——同资本扩张的能力发生矛盾。

概言之,资本主义条件下形成普遍化趋势的动力仅仅带来了发展水平和条件的有限均等化。资本生产出显著的空间尺度——绝对空间,在这些空间中,朝向均等化趋势的动力被积聚起来。但是,它只能通过在尺度之间和尺度之内发生的相对空间的尖锐分化和持续再分化来实现这一点。尺度本身不是固定的,而是在资本本身的发展之内而发展(永远的成长之痛)。但它们并非不受影响;城市和国家空间是世界资本的产物并受到它的持续塑形。然而这些尺度的离散化和尺度的内在分化的必然性是确定的。这构成了不平衡发展理论的最后一个基础元素。

第三节 不平衡发展的跷跷板理论

在《资本论》第三卷的一段很著名的文字中,马克思把处在其资本主义分析焦点的那些主题统一起来。他说,利润量的增长必然导致利润率的缓慢下降,但也带来了资本的大规模集中,"即小资本家为大资本家所吞并,小资本家丧失资本":

> 这不过又是劳动条件和生产者的再一次的分离,这些小资本家还属于生产者,因为对他们来说,本人的劳动还起着作用;一般说来,资本家的劳动和他的资本量成反比,就是说,和他成为资本家的程度成反比。正是劳动条件和生产者之间的这种分离,形成资本的概念;这种分离从原始积累……开始,然后在资本的积累和积聚中表现为不断的过程,

第五章　试论不平衡发展理论（二）：空间尺度和资本的跷跷板

最后表现为现有资本集中在少数人手中和许多人丧失资本（现在剥夺正向这方面变化）。如果没有相反的趋势总是在向心力之旁又起离心作用，这个过程很快就会使资本主义生产崩溃。[1]

马克思以一种更具地理学视角的笔调注意到，"资本所以能在这里，在一个人手中膨胀成很大的量，是因为它在那里，在许多人手中丧失了"。[2] 如果按照前述关于均衡和空间尺度的讨论，那么在我们将前者的阐述翻译成后者的地理学视角之后，就已经获得了不平衡发展理论的雏形。

在现有不平衡发展模式的背后，隐藏着一种我们称之为资本的"跷跷板"运动的逻辑和动力。如果资本积累必然包含了地理的发展，而且如果这种发展的方向由利润率所引导，那么，我们就可以将世界想象为一个由资本自身在三种相互分离的尺度上生产出来的"利润平面"。资本向那些利润率最高（或至少也是高的）的地方移动，这些移动同时伴以积累和危机的节奏。资本的移动带来了利润率高的地区的发展，而导致了那些利润率低的地区的不发展。但是发展过程本身导致较高利润率的缩减。我们不仅能借助马克思的结论——即利润率存在一种平均化的趋势，尽管它也有地理上的表现——看到这一点，而且我们也能在各空间尺度上具体地看到这一点。在国际和国家尺度上，一个特定地方的生产力发展将带来低失业率、工资率上涨、工会的发展

---

[1]《马克思恩格斯全集》第46卷，人民出版社2003年版，第274—275页。
[2]《马克思恩格斯全集》第44卷，人民出版社2001年版，第722页。

等等，所有这一切都起到降低利润率的作用，因此也夺走了发展的根本理由。在城市尺度上也是相似的，不发达地区的发展导致地租的快速增长以及超过一定点之后的进一步发展受到阻碍。

在相对的一极也就是不发达的发展这一边，资本匮乏或持续溢出导致高失业率、低工资和工人组织水平的减弱。因此，恰恰是特定地区的不发展导致了那些使得一个地区拥有较高利润率并由此能够快速发展的条件。不发达同发达一样，出现在任何一种空间尺度上，而且资本总是试图以如下的方式在地理上快速移动，即持续利用那些发达的机会而不支付不发达的经济成本。也就是说，资本试图玩一种从发达地区到不发达地区的跷跷板游戏，进而在以后的某个时间点再返回早先的地区，而这个地区如今已变得不发达，然后周而复始。资本在一个无法移动的生产环境中难以进行空间修复，因此，为了进行空间修复它必须进行彻底的移动；在这里，我们再次看到了空间固化和去空间化之间的这种"同根相生、相煎何急"（prongs of the same fork）的关系。资本所追求的均衡并不是固定在景观上的，而是体现在它那种以系统化的方式跳跃景观的通行能力。这就是隐匿于更大的不平衡发展过程背后的资本的跷跷板运动。

在《共产党宣言》中，马克思、恩格斯在地理扩张的语境中指述到资本"按照自己的面貌为自己创造出一个世界"[①]。这在发达和不发达的地理矛盾中体现的再明显不过了，一极是资本的过度积累，而与之匹配的是另一极上的劳动的过度积累。曼德

---

① 《马克思恩格斯选集》第1卷，人民出版社2012年版，第404页。

第五章　试论不平衡发展理论（二）：空间尺度和资本的跷跷板　**257**

尔（Ernest Mandel）在如下论述中扼要地表达了这一点，他说，"依马克思的观点来看，……不发达最终往往意味着失业，在量（大量失业）和质（劳动生产率）上都是如此。"[①] 如果再回顾一下第一章关于自然意识形态的相关讨论，我们就会和索恩·雷特尔一起问到那个一般说来有些夸张的问题："除了表现为二元性之外，资产阶级世界怎么可能还有真理呢？"[②] 在发达与不发达作为地理两极被生产出来的不平衡发展语境中，这一问题的重要性显得愈加具体而深刻。

此处的关键不仅仅是资本按照自己的面貌创造出一个固定的世界，在这个世界中，发达与不发达成为劳资关系的地理镜像，关键还在于地理空间的动力同样是资本面貌的反映。从发达到不发达而后再折返回来的跷跷板不过是从固定资本到流动资本再到固定资本运动之持续必然性的地理表现。

资本利用一切进行积聚，这是它矢志不渝的追求；它力图从发达的空间移动到不发达的空间而后再回到发达的空间，而此时这里已经由于资本的剥夺而变得不再发达，如此循环往复。如果资本足够敏捷，它能够在利润率下降之前抢先一步。就资本能够完成这种地理跷跷板运动而言，它的确能实现某种空间修复。但资本并不是全能的，而且它在现实中——尽管这是它自己造就的

[①] Ernest Mandel, *Late Capitalism* (London, 1975), 60-61. 厄尔奈斯特·曼德尔：《晚期资本主义》，马清文译，黑龙江人民出版社1983年版，第59页。

[②] Alfred Sohn-Rethel, *Intellectual and Manual Labour* (London, 1978), 15. 阿尔弗雷德·索恩-雷特尔：《脑力劳动与体力劳动》，南京大学出版社2015年版，第12页。

现实——能做的是极其有限的。

源自资本跷跷板运动的不平衡发展建立在资本的快速移动之上,就此而论,我们应该去寻找这一模式——资本在这种模式中能够穿梭自如——的最深刻的发展形式,即在城市规模上发生的那种。事实上,不平衡发展的最发达模式的确出现在城市尺度上。在郊区化建设中,资本在地理上的去中心化导致内城的不发达。伴随着郊区发展,地租在快速增长,资本由此被吸引过来,原本地租很高的内城回报率降低,从而被资本系统化地抛弃。这导致整个内城的持续贬值,不论是旧有港口、商业设施、仓储用地,还是住宅小区,无一幸免。在某个点上,资本的贬值将地租拉到足够低的水平,以至于在现有的资本化地租同潜在地租(被预期了一种"价值更高"的使用)之间所形成的"租隙"(rent gap)足够大,从而使得城市更新和绅士化成为可能。曾一度因资本的郊区化而陷入不发达的内城再次成为开发的新热土(毋宁说是再开发)①。当代北美的重组以及较低层次上的欧洲城市都出现了内城当中休闲用地和中上层阶级居住用地的集中现象,同时也出现了专业性和管理性的工作岗位,工业和日常办公活动的郊区化也逐步扩大。

如果说资本的跷跷板运动在城市这一尺度上是十分明显的

---

① Neil Smith, "Toward a Theory of Gentrification: A Back to the City Movement by Capital not People," *Journal of the American Planning Association* 45 (1979), 538-548. fn. 10; "Gentrification and Uneven Development," *Economic Geography* 56 (1982), 139-155. 与其他尺度相比,都市尺度的独特性部分在于与都市尺度本身的扩张同时的是移心化,且全然不是某些另外地方的活动之再度中心化。

话，那么，在民族-国家尺度上就不是这么明显了。毫无疑问，危机导致了地理地区的重组[1]，但这是否也是资本的跷跷板运动造成的，还不是很清楚。比如，诸如苏格兰中部和新英格兰这些地区的不发达已经出现了一种新的发展迹象，但是作为资本回潮的结果，这些地区直至目前的发展在类型和程度上都是有限的。跷跷板运动能行多远？对于这个问题，基本上是从经验上来回答。但在当前的讨论语境中，还有一个需要进一步提炼的问题，这就是，分化正在集中，还是正在发散？这反过来又提出了一个更为基础的问题，即区域分化是否尚未变得无关紧要？大城市的增长对区域界限的尺度提出了严格的要求，从这一点来看，事实上区域分化是在不同城市中心之间呈现出来的分化。而从生产条件和水平的均等化已经真正实现这一点来看，区域分化的程度又很低。而超国家的区域地点则朝着相反的方向发展，即更加严重的区域分化。确切地说，这一问题的答案存在于所涉及的民族国家的大小同资本的国际化程度之间的关系当中。在任何情况下，此处的不平衡发展理论都清楚地表明，由很多作者所指出[2]的那种不同区域的明显趋同（convergence），都能用不同的概念加以解释。例如，"太阳带"的发达和美国东北部的不发达就不能作为趋同发展的例证，而应看作是地理跷跷板运动的第一阶段的例证。这些地区并不像趋同理论所认为的那样是在一个共同的计划

---

[1] J. Carney, R. Hudson, and J. Lewis (eds), *Region in Crisis: New Perspectives in European Regional Theory* (London, 1980).

[2] 例如 B. J. I. Berry, "Inner City Futures: An American Dilemma Revisited", *Transactions of the Institute of British Geographers* NS 5 (1) (1980), 1-28。

主持下相互碰面，而是在一夜之间穿过彼此的地盘。

在国际尺度上，很难捕捉到地理跷跷板运动的迹象。资本主义的财富和发达集中在几个少数交了好运的国家，资本主义的贫穷似乎被隔离了，尽管是在世界这一尺度上。资本——尤其是劳动——的流动性受到民族-国家边界的严格限制，并且是受到发达和不发达的彼此对立的条件的严格限制。不错，确实存在一小撮所谓的新兴工业化国家，从墨西哥到委内瑞拉、科威特和沙特阿拉伯，直至东亚正在崛起的那些经济体。也存在着正在遭受剧烈而又难以补偿的贬值的所谓核心国家，其中最引人注目的就是英国。但这些国家仍都只是例外。这些新型工业化国家在严格限定的劳动分工基础上只是部分地被纳入到世界经济当中[1]。尽管面临所有的问题，英国政府却仍和美国并立于世界的资本主义秩序中心，不论在金融上还是军事上都是如此。

在城市尺度上能明显地看到资本的跷跷板运动，但在国际尺度上却难觅其踪影，这一点暴露了不平衡发展理论的局限性。作为对抗利润率下降趋势的手段，资本确实想拼命实现跷跷板运动，为了推动积累和把贬值地方化，它生产出地理空间，而这种地理空间越是绝对，实现资本跷跷板运动所需要的流动性遇到的障碍就越大。资本紧紧盯着未来并迫不及待地逃离过去，所以它持续被引诱着要么拥抱流动性，要么拥抱固定性，从而将其作为空间修复的替代版本。然而，这些都不奏效，但是，任何一种版

---

[1] Nigel Harris, "The Asian Boom Economies and the 'Impossibility' of National Economic Development," *International Socialism* 2 (3) (1979), fn. 17. Alain. Lipietz, "Towards Global Fordism?", *New Left Review* 132 (1982), 33-47.

本的修复都带来了地理景观的均等化和分化趋势,其结果就是资本主义的不平衡发展,这种不平衡发展在全球尺度上表现得更为静态化,而在城市尺度上表现得更为动态化。而且,不论被施加了多少限制,资本主义的不平衡发展都被彼此对立的均等化和分化趋势及其导致的资本跷跷板运动持续推动着。

第四节 结 论

如果我们借用奈杰尔·哈里斯(Nigel Harris)的形象描述,资本就像一场蝗灾。它看中一个地方,将其吞噬干净,然而再移动到另一处,同样将其吸干榨尽。[1] 最佳的说法是,地区在一次蝗灾后的恢复过程中使得自己相对于另一个地区变得成熟。至少可以说,不平衡发展是资本诸多矛盾的地理表现。使用价值在地理上的固着和交换价值在地理上的流动转变为分化和均等的趋势。在资本普遍化趋势中,资本的整个结构和发展有诸多地理分化的来源,马克思将其分解为差别、比例失调和失衡。资本的历史使命就是通过使生产条件和水平的均等化趋势成为可能来推动生产力的发展。自然的生产是这种均等化趋势的基础条件,但是均等化受到地理空间分化的持续阻碍。作为空间修复的手段,分化本身成为一个需要被解决的问题。

---

[1] Nigel Harris, *Of Bread and Guns*: *The World Economy in Crisis* (Harmondswoth, 1983).

地理空间的分化具有多种形式，但在根本上它表达的是由资本所确立的社会分化：资本和劳动的关系。随着不平衡发展日益成为克服危机的必然要求，地理分化越来越不像是一个副产品，而越来越是资本的内在必需。资本主义的历史不是简单的循环，而是渐进的，这也同样被铭刻在景观当中。周期性的危机并不能清除其矛盾体系，利润率的下降也没有被减缓，资本主义的不平衡发展变得越来越强烈，因为积累本身被强化了，并伴随着这种情况出现了分化和均等化的趋势。一旦现存的不平衡发展模式把重构地理空间的急切需求给封堵住了，这时，不平衡发展背后经济逻辑的脆弱性在危机中便被生动地暴露出来了。尽管随着危机上演，通常会出现国家和政治沙文主义抬头，但是，政治斗争的属地化（localization）变得难以维持，因为局部危机发展成了全球危机。只能通过扩大工人阶级所面对的尺度来容纳阶级斗争。

我们已经看到了，只要资本具备迈向均等化的内在全球趋势，它就会在全球尺度下全力分化空间，以便将其作为政治控制和挽救经济的手段。工人阶级则必须针锋相对，作为一个被分化的阶级，它必须努力在全球尺度上实现统一。工人阶级的政治前景存在于生产条件和水平的均等化当中，这是一个在资本主义内部永远面临被阻挠的过程。这是对均等化和分化这一对矛盾的真正历史性的解决方案。只要工人阶级之间的空间合作达成了一种政治力量，这一方案就能够实现；工人阶级将从资本导致的不发达中恢复自己的人类本质。

在对固定资本和科学的分析中，我们看到了均等趋势的实现颠覆了资本主义的真正基础。尽管剧烈的空间现象多发生在固定

第五章 试论不平衡发展理论（二）：空间尺度和资本的跷跷板

资本身上，但对资本而言却是一个普遍的后果。在更大的意义上来说，发展条件和水平的均等化为社会主义的发展提供了基础。马克思非常清楚资本主义的进步性；在资本主义条件下，而且也只有在资本主义条件下，生产力才能发展到这样一个点，即社会实现了真正的富裕，能够生产出可以满足整个人类需要的大量的、必要的社会使用价值。但是资本主义永远无法实现这种发展潜能，恰恰是因为这种生产方式所得以建立的阶级基础。它提供了社会财富公平生产和分配所必需的生产力基础，而社会主义是分配富有而非分配贫穷的历史阶段。所以，资本的历史使命，是发展能够实现均等的那些条件。空间分化被克服了，价值的内在趋势也就在地理上获得了实现。但是为了彻底实现这种趋势，资本自身以及作为资本基础的政治分化，必须被清除掉。为实现阶级关系均等的斗争将构成社会主义历史的核心，当然这无疑也是一个地理规划。套用马克思揭示城乡关系的话来说，废除不平衡发展是公共生活的首要条件。阶级斗争是实现这一目标的手段；资本的经济法则将让位于历史的直接的政治决定权。

最后，梳理一下资产阶级意识形态歪曲平等的方式是一件有意思的工作。资产阶级一致反驳说，社会主义就是一切人和事物都被还原成一个模子（sameness）的历史阶段——最小公分母。一切都是同样的；多样性被扼杀了；社会主义无聊透顶；事实上，尽管马尔库塞的单向度的人是一种趋势而非现实，但是我们已经看到了恰恰是资本主义才将一切还原成一个模子，而且试图将一切都夷平到自己的轨道里。有关社会主义将是千篇一律的观念不是来自社会主义运动，而恰恰来自资本主义现实的投射。从根本上说，它来自对于使用价值和交换价值之间区别的可以想见的、粗俗的无知，之所以说是可以想见的，是因为这种无知广泛地存在于资产阶级意识形态的根基之处。资本主义条件下的均等趋势代表着价值对使用价值的胜利，以使用价值的方式表达的平等却是价值的统治。社会主义降临的基础在于让使用价值从价值下获得解放，当然这种解放是在现实中而非仅仅是在资产阶级的头脑中。

第六章 结论：
资本的重组？

不平衡发展既是资本主义发展的结果，又是其发展的地理前提。作为结果，其模式显著地表现在资本主义的景观中，比如在发达世界和不发达世界、发达区域和萧条区域、郊区和内城等这些不同尺度上所出现的发达空间和不发达空间之间的分化。作为资本主义进一步扩张的前提，不平衡发展只需通过对资本主义自然和空间的生产的理论分析就能够获得理解，不平衡发展是社会的不平等在地理景观上的投射，但同时它又利用那种地理不平衡为一种特定的社会目的而服务。在本书中，我打算做的工作就是从在经验上看是相当凌乱的历史条件——这种条件为资本主义所用，同时也部分地由它所生产——中进行抽象，考察日益系统化的不平衡趋势，这种趋势越来越主导着资本主义的发展。这样的分析，既有长处，也存在着不足。

如果本书成功地把地理的和政治的这两种传统连接起来，并成功地把它们之间存在的线索编织成了一条索桥——不论这座桥有多么不稳，那么，它就基本达到目标了。如果在这一过程中，它又造成了尚未进行认真思考的新空白，那也挺好。但本书的局限性也是一目了然的。首先，分析基本上仅限于马克思所说的那种过程的理想环节（ideal moments）。所以，尽管本书勾勒了不平衡发展的逻辑和不平衡发展的实际历史进程的最简单轮廓,但是并不能说,既有的分析已经提供了对不平衡发展的精确的历史解释。我们的目的不是要把现实还原为一个单纯的概念,而是通过理论概念的展开证明不平衡发展的现实性。在这种抽象当中,一旦经验的考察不是把不平衡发展仅仅视作一种横亘在发达地区和不发达地区之间的"空白"或普遍现象,而是把它作为以往资本主义发展的系统化产物和未来资本主义的基本前提,那么这种分析也就很快变得毫无用处。

其次,同样清楚的是,我并没有讨论其中所涉及问题的多重性,也就是所谓的"生产方式的接合"(the articulation of modes of production)问题。毫无疑问,这个问题在历史上先于资本主义的不平衡发展问题,而且接合问题在关于不平衡发展的研究中正成长为一个实质性的焦点。但同样毋庸置疑的是,不平衡发展的逻辑在理论上优先于生产方式的接合的问题。别忘了,商业资本在历史上先于工业资本出现,但是为了弄懂资本主义生产方式,马克思分析的是后者。现在的问题是,"生产方式的接合"是资本发展及其界限的产物,而不是相反。说得更具体一点,正是不平衡发展的逻辑建构了这种接合的环境。

因此,关于不平衡发展的理论理解大大有助于理解资本主义和非资本主义生产方式的某种具体的接合,但是有关接合的具体案例对于指认不平衡发展的一般理论框架却没有多大帮助。也正是在这些情况下,资本的跷跷板不仅仅是没有发生,而且真正的问题是"为什么没有发生"?如果在其他尺度上和其他环境当中,资本都能够重复发动"永恒的动力机"并像蝗灾一样绕着

第六章 结论：资本的重组？

地球不停地移动，而为什么在作为帝国主义一部分的其他地方，资本及其附属的社会关系却坚如磐石？这一问题的答案当然需要具体的历史的分析，但是不平衡发展理论为分析什么和如何阐释这些发现提供了重要的参照。

这里我想指出的其重要性更为迫切的问题是世界资本主义体系的当前危机。在战争中提升学科声誉是20世纪地理学的可怕宣言。这无疑是对的，但将地理空间提上日程的绝非仅仅是战争。因为当危机袭来，在投机浪潮之后，我们能普遍地看到纸币——任何一种可能的债务——都在拼命地把自己固定在真实和有形的生产能力或产品之上。更普遍的是，危机在发展中的时候会利用日益增长的空间维度；所以，克莱斯勒的金融破产迫使公司带头关门并退出汽车产业的普遍重组活动。资本主义的不平衡发展变成了不平衡下降的工具而不是不平衡扩张的工具。

问题的关键在于，危机的周期同样也是剧烈重组的周期。资本主义总是按照自己的面貌改变空间，但在扩张时期这意味着之前时期所建立的模式或多或少出现了空档。恰恰是在危机时期，在地理空间的前所未有的重组当中，这些新的模式被建立起来。[209]而这正是我们今天所处的阶段。如果1920年代至30年代蓄意制造的持续贬值——紧接着是"二战"期间大规模的剧烈贬值——为战后近乎三十年的扩张创造了平台和机会，那么如今，机会已经用完了。自1973年以来，我们进入了一个持久且不均衡的贬值新阶段，与之相伴的是居高不下的失业率、持续下滑的平均利润率、雇主阶级对工人阶级的进攻、工厂倒闭、资本逃逸和去工业化浪潮。地理空间的重组既是对危机的回应，其中有部分是徒劳地寻求局部的解决方案，而且也是——至少在以前的所有危机当中是——在资本控制下为长期的解决方案所建立的一个不情愿的基础。

如果在城市尺度上通过更新、绅士化和非都市化增长等方式进行的重组，是该过程最完备的和最明显的例证，那么从长远来看，它也是最不重要的。当前的危机能够首先在国际尺度上得到解决，而且恰恰是在那一尺度上必定发生深刻的重组。所以，在上面我们看到，尽管马克思预期殖民地世界将很快被吸收进国际市场，但这种统一并未发生。资本更多地不是把不发达世界作为一个市场，而是日趋把第三世界作为一个廉价劳动力的来源地，由此使得它们不能被完全整合到世界市场当中。有一批人把二战后时期视为贴着福特主义标签的、以集约化积累体制为标志的时期，所以，对于发达世界来说，"市场问题是通过战后都市中大规模的消费所建立起来的内部基础而得以解决的"。① 此说法是能被接受的。

由于种种原因，这种解决方案在今天已经不再奏效了，尤其是自1973年以来，作为解决当下经济危机的方案，它孕育了剧烈的第三世界去工业化的幽灵。资本向第三世界的大规模迁出能算得上是局部性的空间修复吗？这正是列宁（错误地）以为他所看到的20世纪初正在发生的事情，只要其他条件都一样，我们就能借助不平衡发展理论预测资本的运动。确实，用列宁的话

---

① Alain Lipietz, "Towards Global Fordism?" *New Left Review* 132 (1982), 33-47; M. Arglietta, *A Theory of Capitalist Regulation* (London, 1979).

第六章 结论:资本的重组?

来说,它只是转移和强化了资本的矛盾,因为整个的廉价劳动力储备已经被从市场上清除出去,这就在一段时间内通过发展水平的局部均等化削弱了危机的影响。然而,从经验上来看,尽管由于1970年代在一些第三世界发生了剧烈的去工业化过程,但普遍而持续的去工业化看起来还是不可能的。① 所以,这种重组被资本积累内在的模式堵塞了。对第三世界持续去工业化之可能性的更精确的估计将包括对资本移动边界的辨认,尤其是对国际尺度上非常主要的资本的跷跷板运动的辨认。

在寻求可能的解决方案过程中,现实更为冷酷。现在,社会民主派阵营越来越倾向于得出如下结论,即如果我们确实支持一轮重组,那么根据劳动需求而非资本标准,这必将经历一次重组的较量,因此这必将是一次"彻底的再工业化"(radical reindustrialization)。由此所导致的世界经济的"民主化"化将被"持续的人口流动"所强化②。这种看起来像是民粹主义的改良主义同自由主义甚至供给学派一道,在去工业化中对危机的本质做了灾难性的误解。重组确实在酝酿,但只是处于初期,而且从城市尺度到全球尺度,这种去工业化同资本的大规模贬值比起来都相形见绌。尽管很不平衡,但危机仍在世界体系中不断蔓延,然而危机并不能通过一次平稳的转机和偶然兴起的大规模再投资而得到

---

① Alain Lipietz, "Towards Global Fordism?" *New Left Review* 132 (1982), 33-47; Nigel Harris, *Of Bread and Guns: The World Economy in Crisis* (Harmondswoth, 1983); 而相反的观点参看 Bill Warren, "*Imperialism: Pionnerof Capitalism*" (London, 1980)。

② Barry Bluestone and Bennett Harrison, *The Deindustrialization of America* (New York, 1982); Samuel , Bowles, David Gordon, and Thomas Weisskopf, *Beyond the Wasteland* (New York, 1983).

解决。相反，它总是引起马克思所说的那种"强烈的严重危机""突然的强制贬值"，以及"再生产过程的实际的停滞和混乱"。在1984年年中，我们尚未经历那些巨大的贬值灾难，而是处在缓慢和持续而非突然和强制的贬值阶段当中。

列宁曾在资本主义系统化的不平衡发展伊始的那段时期主张，经济竞争将通过危机导致军事竞赛和战争。遥远的现实并未让他失望；不平衡发展，你的名字叫战争！① 关于战争的关键问题正在于，在本书中我们十分关注的经济逻辑，被某种决定着的历史的军事要素所取代。可以这么说，尽管资本贬值是上帝的经济恩赐，但战争中的大规模贬值却是军事冲突的产物。因此，如果说我们过多地聚焦了不平衡发展的经济逻辑，但这完全不是因为我们对一般的经济优先性的哲学信念；相反，它是对1945年以后的资本主义历史所做实事求是的评估。因为，在这一阶段，我们能够从体系的中心看到资本在牵引着经济之手。符合利润逻辑的资本投资是资本在阶级斗争中拥有的首要工具。因为同样的，在阶级斗争中，不平衡发展的纯粹经济逻辑被挑战并最终被取代。

尽管面临广泛的溃败，但我们仍然只能诉诸工人阶级运动来终结不平衡发展的模式，这一模式和过程的存在是事实胜于雄辩的。正是在这里，我们再一次同不平衡发展的政治态度联系起来。这并不是说，我们的目标是某种僵化意义上的"平衡发展"，这将毫无意义。相反，我们的目标是创造由社会所决定的

---

① 对莎士比亚"女人啊，你的名字叫脆弱"的戏仿。——译者注

均等和分化模式，它不是由资本的逻辑驱动而是由真正的社会选择驱动。这种希望意味着，在我们跳出社会的自然史过程并生产出真正的社会史的努力过程中，我们能避免自然、社会及其历史的彻底毁灭。为了创造一种真正意义上的社会地理学，不仅仅需要对资本的重构，而且需要对社会的政治基础的重构。

第二版后记

地理学的开始

第一节 深度空间和魔鬼地理学

史蒂芬·杰伊·古尔德①在其地质时代（geographical time）——用约翰·麦克菲②（John Mcphee）式笨重的术语来说即"远古时间"（deep time）——之"发现"史中，提到了詹姆斯·赫顿③（James Hutton）著名的结论"其始也无迹，其终也无景"（no vestige of a beginning, no prospect of an end）作为他最重要的一个宣告。在17世纪，人们所发现的时间只不过回溯到过去的6000年而已，然而在19世纪初，科学意识到的时间被回溯了数百万年。史蒂芬·杰伊·古尔德告诉我们"远古时间是

---

① 史蒂芬·杰伊·古尔德（Stephen Jay Gould, 1941—2002），美国著名古生物学家，科普作家。——译者注
② 约翰·麦克菲（John Mcphee, 1931—），美国作家。非虚构类小说（Creative nonfiction）奠基人之一，普利策奖获得者。——译者注
③ 詹姆斯·赫顿（James Hutton, 1726—1797）英国地质学家，经典地质学的奠基人，地质学上火成论的创始人。——译者注

如此陌生，我们真的只能把它理解为一种隐喻"。他论述了"地理英里"的隐喻，在他的论述中，人类历史只占（1英里的）最后的几英寸；在瑞典式的描绘中，地质时间可以比作在寒武纪时代南极出现的蜗牛足迹，这行痕迹不断前进一直走到马尔摩（Malmo）①；在麦克菲自己的隐喻中，地球的历史可以用英国老的英码来测算，即从国王的鼻子到他伸出的手的尖端之间的距离，其中所有的人类历史只要国王动一下手的中指指尖便可以被抹去②。通过"将时间视觉化为地理"，空间就变成时间意义的隐喻性载体。时间同样具有最抽象的空间刻画，即时钟；时间通过时钟指针的空间装置而变得可测量和具有意义。

20世纪就已经宣告了深度空间（deep space）的发现，或者至少说其社会构造的发现，但直到世纪即将结束时，这个基本的发现才变得明显。我借助于深度空间这个概念，并非仅仅是指绝对空间的全然的广袤无垠，这一接近无限宇宙的物理长度用光年来测量是最恰当不过的了。很显然，这个绝对空间概念的创立很大程度上归功于牛顿，这一概念在物理学、天文学、空间科学和

---

① 寒武纪（Cambrian）是显生宙的开始，距今约5.42亿年到4.85亿年前。前一个纪是新元古代伊迪卡拉纪，后一个纪是奥陶纪。马尔默（Malmo）是瑞典第三大城市，它处于瑞典南部，踞守波罗的海海口，位于厄勒海峡东岸。海峡对面便是丹麦首都哥本哈根。想象一下一只蜗牛从南极洲爬到北极该有多远！作者作此比喻形容在瑞典式的地质时间的地理性隐喻理解中，地质时间是多么的漫长与遥远。——译者注

② Stephen Jay Gould, *Time's Arrow Time's Cycle*: *Myth and Metaphor in the Discovery of Geological Time* (Cambridge, Mass., 1987), 2-3; John McPhee, *Basin and Range* (NewYork, 1980); James Hutton, *Theory of the Earth*: *Transaction of the Royan Society of Edinburgh* I (Edinburgh, 1788).

宇宙学中被进一步探索、定义和完善。相反，我宁愿是指地球空间的相对性，从全球到当地的和建筑物的各种尺度的日常生活空间，用多琳·马西①的隐喻来说，不同层次的生活和社会景观彼此之间相互依存与沉淀②。深层空间是典型的社会空间；它是通过社会意图融合的物理范围，列斐伏尔的"空间的生产"包含其丰富的含义。在社会理论的新兴空间语言中，地理时间更能恰当地隐喻性地表示空间的流动性意义，而不是相反。

深层空间及其生产在当下具有毁灭性的真实性。为了替稍后的概念讨论铺平道路，我愿意讨论一下来自20世纪80年代的两个事件，它们赋予"深层空间"以某些重要的和直接性的意义。第一，经济危机的问题。在1987年10月股市崩盘前一年，虽然里根政府继续支持1980年代中期的经济繁荣，但是一位银行家描述了金融危机可能带来的深刻后果，这种结果将是一种地域性的大屠杀。随着银行的"过度曝光"，每个人都持有过多的坏账，真实价值和纸面价值之间的差距越来越大。纽约化学银行总裁托马斯·约翰逊（Thomas S. Johnson）预测到一场迫在眉睫的大战："有可能出现一种噩梦式的多米诺骨牌效应，"他沉重地

---

① 多琳·马西（Doreen Massey, 1944—2016），英国开放大学教授，著名的马克思主义地理学家，女性主义理论家。——译者注
② Doreen Massey, *Spatial Divisions of Labour*（London, 1984）. 多琳·马西：《劳动的空间分工：社会结构与生产地理学》，梁光严译，北京师范大学2010年版。当然，马西的地理学隐喻被指责过于机械了。当这个观点被广为接受时，我认为它仍然是被社会进程中的空间的历史性层次所采用的批判方式。——译者注

断言道,"每个债权人都在掠夺地球,试图找到他的抵押品"①。这种全球性的横冲直撞在不到一年之后出现了,而且金融体系实际上作为"金融崩溃"的安全箱[如纽约证券交易所总裁约翰·佩兰(John Phelan)所说的],并不意味着这种情况不可能发生,甚至是完全不可能发生的。除了他认识到全球资本主义经济核心的危机之外,我们的那些噩梦萦绕的银行家们也认识到全球资本的根本性的空间建设和地理破坏,旨在努力"解决"危机,至少按照目前的私人经济规则行事。地球被残酷无情的经济力量所洗劫,恰恰是因为华尔街的工作簿不再进账;最遥远的村庄之被掠夺,是因为经济制度已经不可理喻。

1989年在整个东欧上演的自下而上的大规模和平革命,给深层空间概念额外地增添了丰富性。1989年11月9日东德人对柏林墙肆意破坏,象征着铁幕打开对东方新政治的影响。在西方,这些事件像热销的"小布姓姓"一样被解释为对资本主义民主的热情和长期的拥抱,但其实在这些事件中的空间意义层次是多种多样的。这些无声的革命在东欧开辟了真正的新的政治空间——迄今为止在苏联更少些②——但它们是有限的空间。某种程度而言,这种群众斗争只处于萌芽状态,拆除来自东方的围墙的行动在波兰无处不在,对于这些新的政治空间的限制存在于想象力、治理民主的组织有效性以及可能的继续斗争。但是在另一种意义上而言,这些革命是要在某种程度上不参与华沙条约和各

---

① Nathanial C. Nash, "Mending Financial Safety Net", *New York Times* 7 October 1986.

② 此版后记写于苏联解体前夜的1990年。——译者注

国军队的干预——实际上他们正是代表反对派进行积极干预——新的政治空间的界限在某种程度上是以军队阶层建构的被重建（或不被重建），被允许参与社会重建（或其他），或者实际上迫使自己发挥核心作用的。

事实上，早在1990年初，东欧大部分地区过早结束的革命表明，至少在短期内，大众想象力的政治局限和军事干预的限制都不可能是决定性的制约因素。捷克斯洛伐克正朝着社会民主的方向发展，而匈牙利和东德国选择了更加保守的政权形式，大量的迹象表明造成失业者和无家可归者的原因与资本主义市场密不可分。作为昔日的工会，波兰的政权形式是最激进的保守主义，虽然象征团结，但同时追求最无耻的资本利益。"这就是所有的一切吗？"很快，这就成为了东欧大部分地区的共同抱怨。

反叛的政治结果不只是区域性的。虽然它们可能影响东欧每个家庭、工厂和街道日常生活的每一个方面，但结果同时却是全球性的。几个小时内，布什政府和国防部令人震惊地播放了柏林的电影片段，他们面对国会议员的谴责，减少了3000亿美元的国防预算。美国工人在国防工厂中的工作受到威胁，在全国范围内构成了第一个愤世嫉俗、难以持久的思想防御路线，通常来说，"美国工人的工作"应该被解释为"美国公司的利益"。当地缘政治意义上的冷战结束之时，世界各地的人都在欢呼，大吃一惊的华盛顿政府急促不安地寻找新的全球敌人，最终锁定了巴拿马。玛格丽特·撒切尔在被击败的苏共官方政权那里没有一个朋友，她向苏联共产党总书记米哈伊尔·戈尔巴乔夫（受西方领导人的赞扬，因为他是自己国家迄今禁止的"民主化"的创造者）完美地展示了她的阶级本色，同时劝告东欧的群众"慢慢地做善事"，免得全球和国家的"稳定"被破坏。早已过时的国家和地缘政治本质主义（Essentialism）却在重新统一的德国的前景中死灰复燃，也同样地发生在法国、英国，特别是美国统治阶级之中。但是，今天的德国统一就其实现性而言，与地缘政治没有什么关系。在国际商业机器公司（IBM）和洲际弹道导弹（ICBM）的时代，简单的空间接近，其结果是有限的。这是一个经济问题；"美国世纪"的衰落——用亨利·卢斯①在1941年的话来说（现在看来相当乐观）——将在德国重新统一（在结盟的欧洲范围之内）的情况下加快步伐，速度与来自日本的普遍竞争相比，快了一倍。然而，在生产、资本、劳动和商品市场以及金融资本全球化的背景下，开放的东欧变成了一个真正的真空，充满危机的资本可能会被如愿以偿地尽纳其中。资本跷跷板朝着东方决定性地倾斜。在许多乐观的商人眼中，东欧的开放将是对全球资本的经济肾上腺素的刺激，是一个新的有待征服的世界、再一次的空间修复、一个新的空的经济空间，它们从以前抵抗全球资本地缘经济边界的外部降临。随着廉价劳动力市场的扩大，特别是匈牙利被普遍视为"金矿"，他们的希望是，在东欧和为东欧的大量投资将会提供足够的机会来解决或至少减少过度生产的危机以及金融负债问题，后者是那位纽约化学银行的约翰逊先生所非常敏锐地担心的问题。

---

① 亨利·卢斯（Henry Robinson Luce，1898—1967），原名亨利·鲁滨逊·卢斯，在世时被称为哈里（Harry），著名的美国出版商，创办了《时代周刊》《财富》与《生活》三大杂志，被称为"时代之父"。——译者注

但是还有很多其他的方案。将非硬通货，不同的工资率、市场价格，以及劳动条件融入欧洲和全球政治经济体的任务，是艰巨的。然而，这些安排已经确定，似乎不可辩驳的是，即使特别的国家重新建立相对封闭的经济和政治边界，东欧也将更加紧密地融入全球市场。在这方面，在传统意义上诊断东欧和苏联社会及其走向国家资本主义的历史的马克思主义分析，作出了很好的预言式的证明。然而，在1989年以后，这成了悲观主义的论点。基层工人阶级和民众的抵抗是东欧革命的真正承担者，但正如E. P. 汤普逊有力地指出的那样，东柏林人并没有打破柏林墙，只是像英国或美国那样煽动私有化的住房或私有化的医疗保健改革[①]。因此，在东欧目前的结构中，仍然不是一种协调空间生产的经济逻辑，而是一种在同一时间分离但又更加紧密相关的日常的政治斗争：以阶级、种族、性别和国家方式围绕政治权利的斗争；围绕就业、住房和消费的经济权利的斗争；围绕环境状况和社会服务的斗争；以及围绕农村发展的斗争。经济主义（但几乎没有经济分析）的谎言不是哲学批判所提供的，而是不平衡发展的实际剧本所提供的。1989年东欧叛乱的世界历史意义最终将根据相互交织的政治、文化和经济斗争（既在东方阵营之中，又关系到这些社会被整合到已经不可动摇的全球资本主义之中）的方式来衡量；在这些重建地区、国家和全球空间的斗争中，东欧变成了其中一部分。

---

① Edwad P. Thompso, "Beyond the Cold War", *Raoul Wallenberg Lecture*, Rutgers University, New Brunswick, N. J. 15 November 1989.

第二版后记

史蒂芬·凯恩（Stephen Kern）曾强有力地证明，我们的空间和时间经验的根本基础大约是在 19 世纪末（fin-de-siecle）之际重建的[①]。今天，差不多一百年后，作出如下判断应该说并不感到意外：我们正在经历另一个这样的转变，在这个转变中，空间的意义更加彻底地体现在社会重建中。这也不仅仅是一个全球事件。绅士化和无家可归者二者同时处于重建整个西方城市中心的过程中，也逐渐蚀刻了全球和地方的深层空间的轮廓。区域生产尺度是通过去工业化和再投资的方法均等地重建了从硅谷到台北的新工业空间的。美国大平原的农业区域在自然生产中动荡的经济和金融、环境和气候危机中被分割，导致一些人主张把大平原复归为水牛遍布的公共用地。而在欧洲，1992 年威胁的到来将有可能解散国家尺度的社会组织[②]。

但是在全球范围内，这种空间的重新配置是最喧闹的。在所谓的第三世界中，极具破坏性的高密度的空间生产无处不在。虽然 20 世纪 70 年代和 80 年代见证了几个第三世界经济体及其中的强国（新工业化国家）进入全球资本主义的积累过程，但也证明了其他地区的日常生活被空前地破坏。1968 年至 1974 年的

[①] Stephen Kern, *The Culture of Time and Space* 1880—1918 (London, 1983).

[②] 有关高科技工业投资的新地理模型，参看 Aooen J. Scott, *New Industrial Spaces* (London, 1988)；关于去工业化对从前区域构成的瓦解性影响的研究参看 Neil Smith and Ward Dennis. "The Restructuring of Geographical Scale: Coalescence and Fragmentation of the Northern Core Region," *Economic Geography* 63 (1987), 160-182；有关绅士化与无家可归性参看 Peter Marcuse. "Neutralizing Homelessness," *Socialist Review*, 18 (1) (1988); Rosalyn Deutsche, "Uneven Development: Public Art in New York City," *October* 47 (1988), 3-52；有关平原问题参看 Frank Popper and Deborah Popper, "The Great Plains: From Dust to Dust", *Planing* 53 (12) (1987), 12-18。

萨赫勒①饥荒，持续整个1980年代的苏丹和埃塞俄比亚的长期饥荒；地方、国家和国际战争，撕裂了南部和中部非洲、厄立特里亚和安哥拉的后殖民地的风景；在这场全球空间重建之中，南非种族隔离政府在整个次大陆的军事压迫，已经成为撒哈拉以南非洲的残酷隔离的最明显的迹象。更加深刻的问题在于，如果说这一点不是那么广为人知，那是因为全球资本对这一地区彻底改写，所需的资本被系统地拒绝了。在1980年代早期和中期，当第三世界债务导致一系列经济危机时，撒哈拉以南非洲的赤贫却在一片完全的沉默中被暴露，甚至连负债的资格都没有。虽然非洲的私人投资在20世纪80年代下降了25%，而随着资本重新流向东欧，非洲的私人投资将进一步下降，撒哈拉以南非洲的14个国家只积累了4.8亿美元的对美债务。在这些地方，国际机构——联合国、世界卫生组织、国际货币基金组织、世界银行——以及像美国和平工作队和国际发展署等国家机构都承诺进步、现代化、资本流入、政治稳定、改善生活条件，如果这些地方都模仿西方资本主义模式的话。进步的圣经从高端语言翻译成非洲农民的日常实践，已经在撒哈拉以南非洲地区造成了简直是大片的魔鬼地理。在理论和实践之间，信息经历了一种不可避免的"错误翻译"，以数百万的生命为代价被整合为现代化理论本身的一部分。这就是发展不平衡的意识形态的力量。

----

① 萨赫勒（Sahel）泛指非洲撒哈拉沙漠西部地区，属于半沙漠与半干旱气候。

第二节 物质的和隐喻的空间

与地理空间的物质重构同时出现的是:"重申社会批判理论中的空间"①。艺术史学家约翰·伯格②可能已经表达完整了,他认为事件的"同时性和延伸性"空间特征现在必须引起我们的注意:

> 现代通信手段的范围,现代权力规模,世界上必须接受的个人政治责任程度,世界已经不可分割的事实,世界内经济发展的不平衡,开发的规模。所有这些都发挥作用。预言现在涉及地理学的而不是历史学的预测;是空间而不是时间隐藏着我们的后果。今天的预言只需要知道男人和女人,因为他们的不平等表现在整个世界的各个方面。

在《后现代地理学》一书中,爱德华·苏贾(又译:索亚——译者注)精辟地编纂并阐述了福柯和普兰查斯(Nicos Poulanzas)、萨特(J. P. Sartre)和阿尔都塞、吉登斯(Giddens)和哈贝马斯的著作中空间理论的重大发现。福柯发出疑问:"空间理论开始于柏格森还是他之前?"空间被当作僵死的、固定的、

---

① Ed. Soja, *Postmodern Geographies: The Reassertion of Space in Critical Social Theory* (London, 1989). 爱德华·苏贾:《后现代地理学——重申批判社会理论中的空间》,王文斌译,商务印书馆 2004 年版。

② 约翰·伯格(John Berger, 1926—2017)是英国艺术史家,小说家,公共知识分子,画家,被誉为西方左翼浪漫精神的真正传人。——译者注

非辩证的、不动的。相反,时间却是丰富的、繁衍的、生活的、辩证的。他遵循福柯对空间的认识:"现在的时代首先可能是空间的时代。我们处在同时性的时代——我们处在并置的时代,近和远的时代,并列的以及分散的时代。"索亚一方面指出社会理论的刻板历史主义,另一方面还控诉 20 世纪大多数时候地理学内在的孤立;在过去的十年中,他发现了两者之间即将和解。社会理论努力地把握深度空间理论,地理学家越来越多的运动正致力于推动社会理论中空间的与社会的话语重新连接。对于索亚来说,这种重新连接基本上涉及一个"空间化的本体论",它在摆脱历史主义和走向新的以哲学为基础的和空间化的社会变革话语之间进行再平衡[1]。

在地理话语之外把空间进行最彻底的再中心化的人,当属弗雷德里克·詹姆逊(Frederic Jameson,又译詹明信),他在 1984 年认为"切合我们自身情形的政治文化模式,必定会把空间问题提升到根本性的组织化关切"。詹姆逊将不太可能的来源归功于凯文·林奇[2],他进一步建议,"认知图绘美学"是文化政治合适的焦点。从地理学上看,戴维·哈维的研究无疑是最有影响

---

[1] John Berger, *The Look of Things* (NewYork, 1974), 40; Ed. Soja, *Postmodern Geographies*: *The Reassertion of Space in Critical Social Theory* (London, 1989). 爱德华·苏贾《后现代地理学——重申批判社会理论中的空间》,王文斌译,商务印书馆 2004 年版);并参看 Sharon Zukin, *Landscapes of Economics Power* (Berkeley, 1991)。正是她把景观视为"我们时代的最主要的文化产物"。还有 Kristen Ross, *The Emergence of Social Space*: *Rimbaud and Paris Commune* (Minneapolis, 1988)。

[2] 凯文·林奇(Kevin Lynch, 1918—1984)美国都市规划师与作家,以其著名的都市环境知觉理论而得名。——译者注

力的。在整个20世纪80年代,哈维设法建立一种"历史地理唯物主义"。如果像詹姆逊所说的那样,"后现代主义中隐存着新的空间性",这可能解释了哈维的《后现代的状况》一书所引起的广泛的兴奋之原因,该书试图在后现代主义文化词汇已经挥发出来的政治、经济意义与随着晚期资本主义重组而引起的政治、经济和社会变迁之间建立关联[1]。詹姆逊和哈维不同的空间重申正好珠联璧合,这一点是确定无疑的。

但让我们暂停一会儿,以下这些主张的全部含义是不会逃出我们的法眼的:

"现在的时代也许首先是空间的时代。"(福柯)

"眼下预言所涉及的是地理的而不是历史的预测。"(伯格)

"适合我们自身情形的政治文化模式,必定会把空间问题提升到根本性的组织化关切。"(詹姆逊)

如果说索亚纠正了历史主义的主导地位,而很多其他人(在不同的语境中)已经表明这个主导地位似乎是无法挑战的,那么这个作者阵营和许多其他人关于空间和地理的转向宣言就不是一个小事件。这种空间的重申究竟意味着什么?对于这一影响如此深远的历史性思想觉醒所遭遇的全面沉默,我们又该如何理

---

[1] Frederic Jameson, "Postmodernism, or the Cultural Logic of Late Capitalism," *New Left Review* 146 (1984), 53-92; Harvey David "On the History and Present Condition of Geography: An Historical Materialist Manifesto," *Professional Geographer* 36 (1984), 11-18; David Harvey, *The Condition of Postmodernity* (Oxford, 1989).

解呢？有谁引用福柯的话阐明了我们现在正处于空间的时代呢？伯格作业的地理预言在哪里？有谁阐发了基于阶级、种族和性别的政治斗争的基本空间战略吗？那些激动人心的主张"认知图绘"或有关历史地理唯物主义的空间和政治内涵的论文，又在哪里呢？

在深度时间的介绍性讨论中，我们发现古尔德和其他人"把时间视觉化为地理"。空间是充满时间意义的隐喻之镜。在这里，我想它是一个暗示，能够解释空间重申所遭遇的沉默。且无论在社会理论话语中空间之政治和思想重申的现实性是什么，对空间显然有着非常不同的理解。对于我们中间的那些在地理学方面有造诣的人来说，空间的物质性（社会性地和物理性地构成的）实际上是一种没有遇到挑战的核心假设——整个这本书所作的假设。这绝不意味着排除了对空间的另类理解，而是强调给物质空间优先性。然而，对于那些在社会理论特别是文学理论方面训练有素的人来说，空间主要是作为比喻而出现的。这并非是说在这些话语中，物质空间不再存在；而是说它的物质性对于他们来说是毫无问题的（绝对空间），以至于他们很少提出或根本无法提出有价值的问题。取而代之的有趣问题出现于下列领域：个人的、心理的、社会的和概念化的诸"空间"——舞台、领域、语境、场域、猜想——在其中人类思想和人际关系的戏剧得以演绎出来。

当然，"主体立场""概念空间""理论空间""竞赛空间""协商空间""意义空间""意识形态空间"等后结构主义和后现代主义语言以纯粹的隐喻语调有效地提及空间。"图绘"似乎涵盖了从一个文本到另一个文本的几乎每一种貌似合理的翻译。为什么这会是一个问题？这里詹姆逊不经意地暗示了一个答案，当他承认自己的空间隐喻"认知图绘"时，他告诉我们，"实际上它只是一个'阶级意识'代码而已"。那么，对空间化政治的承诺真的只是隐喻的吗？如果这对一个如詹姆逊那样明确的政治思想家来说是可能的，那么，运用有争议的文学和文化话语最终导致的空间话语之重申的危险该会有多大呢？而由于一些社会和空间理论家急切地诉诸这样的话语从清晰的、对立的政治中撤退下来，因此，空间将被还原为隐喻，而其客观存在性仍未实现①。

然而，我更倾向于认为该方案确实是严密的——而不仅仅是隐喻的——尽管博学的隐喻宣布了地理空间已登上知识和政治议程，但我们仍然对丰富的可能性感到困惑；确实存在对空间化政治的不成熟的承诺，但在很大程度上是由于一个丢失的空间话语，很难通过一个强大的空间隐喻的面罩来清楚地看到——难以理解物质和隐喻空间的相互作用。我部分地相信这来自于詹姆逊自己的工作。对于我（以及我认为许多其他根植于空间的地理概念的人）来说，詹姆逊分析的洞察力和感染力在于，他将对城市空间远景的广泛解读，视为"晚期资本主义"的文化、社会、政治和经济动荡不安的表现。这正是从 1960 年代末和 70 年代初开始越来越多的地理学家开始规划的范例，如果詹姆逊只是

---

① Frederic Jameson, "Marxism and Postmodernism," *New Left Review* 176 (1989), 44-45. 詹姆逊：《文化转向》，胡亚敏译，中国社会科学出版社 2000 年版，第 47 页。

隐隐约约地把城市景观的重组理解为社会和建成环境，可以说他做了丰富而深刻的连接，提供了大量尚未实现的城市想象。隐喻的使用是他成功的核心。詹姆逊遇到的批评的不对称同样是显而易见的。从政治和地理的角度来看，批评者们对他混淆文化和经济、不熟悉城市重建的文学，以及错误判断"晚期资本主义"到来时机等感到遗憾。然而，更多的批评来自于文化界，主导的批评似乎针对他那随机应变的正统性，正如他现在实际上吞吞吐吐地承认他把"认知图绘"作为隐喻来解释[①]。

一个纯粹隐喻的空间（metaphorical space）概念，其危险会是什么呢？首先，我们是通过隐喻来提升物质空间概念的强度的，因此空间的隐喻性使用不可避免地涉及物质空间；其中一个是从另一个的内部构建的，所以我们并不是以粗糙的二元论来解决问题的。在传统的社会理论中，空间通常是被不证自明地引入的：作为地点、地面，让历史移动的稳固基础。它确定了一组固定的坐标，以使历史变化连贯一致。因此，该关系是不对称的；历史是自变量，地理是因变量。空间隐喻所借助的，正是这样一种作为场地的空间概念；空间使得时间生气勃勃，给时间赋予生命，使之可以被度量、测量、评价，从而与空间的死亡性相抗衡。无论空间隐喻在揭示当代世界的碎片化统一上表现得多么神通广大，它们都是通过强化空间的僵死性进而反对我们以空间概念分析世界来实现的。隐喻固有其并置性；它揭示真理的办法是

---

① Mike Davis, "Urban Renaissance and the Spirit of Postmodernism", *New Left Review* 151 (1985), 106-113. Douglas Kellner (ed.), *Postmodernism/Jameson/Critique* (Washington D.C., 1989).

把一个真理说成是另一个真理。如果我们要超越空间的重申，那么，为了寻求空间和社会之间的和解，就必须填充隐喻空间和物质空间之间的概念深渊。

就此而论，要理解深层空间，就要把内在的社会过程和空间得以产生的结构与来自任何给定空间中的固定形式的最表面的折射结合在一起。因此，隐喻和物质在深层空间中是不可分离的，但仍然是有区别的。在此意义上，隐喻主导着我们的空间概念，它是后者对我们所熟悉的固定形式的折射；对空间的隐喻性使用是足够"真实的"了，但它们隐藏了深层空间的生命，如同一面镜子隐藏了它后面的世界一样。因此，我们面临的问题是：空间的物质和隐喻意义之间的翻译规则是什么？我们如何发掘空间的物质和隐喻意义，以及如何发掘它们以促进空间化政治的发展？

第三节 尺度的生产

亨利·列斐伏尔在其具有决定意义和高度原创性的著作《空间的生产》中解决了这些问题，它为我们对空间概念的认识和理解做出了最复杂的探索。如果说在他早期著作中，隐喻和物质的空间概念有时是不自觉地给混合在一起的，那么在这里有一个更加明确的努力，它分离出了三种空间：真实空间或社会空间；观念空间或精神空间；以及隐喻空间。他批判福柯等人忽略了理论空间和实际空间、精神空间和真实空间之间的区别。他维

护精神空间理论,因为他把观念的和真实的空间设想为互为前提,而他敏锐地感觉到"精神空间"可以让人们沉溺于其中而自我满足:

> 即使不是全部,也是绝大部分作者,都把自己舒舒服服地安置在规定的精神的(因此是新康德主义或新笛卡尔主义的)空间里,由此证实"理论性的实践"已不过是专业化的西方知识分子们的自我中心思维——因而实际上不过是一种不外乎完全分散的、精神分裂的意识。①

同样,空间隐喻与物质空间的概念彼此关联;它们是构成意义必不可少的手段,但只有在它们"把空间渗透到物质中从而将其概念降低到抽象领域"时才成功。空间隐喻依靠马克思意义上的拜物教而兴盛起来,并重新肯定了"抽象空间"②。

列斐伏尔有一种感觉,当代资本主义的空间是一种比喻。借用哈贝马斯描述现代主义的措辞,我们可能会说,对于列斐伏尔而言,随着20世纪资本主义的到来,空间"虽胜了但也死了"。空间的死亡是由于它在资本主义的手中变得抽象所导致的。商品

---

① Henri Lefebvre, *The Production of Space* (Oxford, 1991), 24.
② Henri Lefebvre, *The Production of Space* (Oxford, 1991). 此英译本由唐纳德·尼考拉森-史密斯根据 *La Production de l'espace* (1eédn [Paris: Anthropos, 1974]) 一书译出。近期对列斐伏尔的研究参看 Ed. Soja, *Postmodern Geographies: The Reassertion of Space in Critical Social Theory* (London, 1989) 以及 M. Gottdiener, *The Production of Urban Space* (Austin 1985) 有关潜在的"孤立、分裂的意识"让人回想到马克思的洞见:随着抽象思想与概念化的发展,意识第一次"现实地想象:它是和现存实践的意识不同的某种东西"(《德意志意识形态》,载《马克思恩格斯文集》第1卷,人民出版社2009年版,第534页)。

生产和交换的世界，积累的逻辑和战略，国家的压迫统治，交通和传播网络的扩展——所有这一切在导致抽象空间与日常生活的景观相脱离的同时，又碾碎现存的差异和诸多差异。空间"陷入场地"①。"国家靠把各种差异简化为各种重复或各种循环……来碾碎时间。空间以其黑格尔的形式回到了自身。"② 黑格尔式的空间确实死了，因为它是通过国家的纯粹概念强加的，但同样的道理，它是主导的。空间在双重意义上占主导地位，它是社会关系的主要生产者和再现者，同时也是压迫性暴力的来源："抽象空间的生产"的其中一个方面是"适用于历史的和积累的领域的普遍性隐喻，也就是把这些领域转变成一个暴力被理性遮蔽、统一的合理性被用来证明暴力是正当的空间"③。

列斐伏尔认为，土地、劳动和资本这种资本主义的"三位一体"是在一个"三面制度空间"中成为具体存在的。空间是：

完整的（global），是主权空间，是同质性的，拜物教的，以及差异的消解，

碎片化的（fragmenté），即分隔、脱节，并建立场所，以方便控制或转让；

*等级制的（hiérarchisé），在权力和象征意义方面。*④

对于列斐伏尔来说，抽象空间的强制同质性和暴力性从来都

---

① Henri Lefebvre, *The Production of Space* (Oxford, 1991), 21.
② Ibid., 23.
③ Ibid., 282.
④ Ibid., 282.

不是完全绝对的。如果说空间经历了一次从绝对空间到抽象空间的巨大跌落，但历史空间并没有消失，而是不断地被再循环。不断的斗争塑造了空间的生产，这种斗争的目的——列斐伏尔称之为"战略假说"——是打败那些意识形态，促进抽象空间，扭转空间抽象，并产生空间差异：它并不同时是空间碎片：

> 与以往相比，今天的阶级斗争更是镶嵌在空间之中的。说真的，也只有阶级斗争才能阻止抽象空间对全球的霸占及其对一切差异的掩盖。唯有阶级斗争才有能力区分和产生各种差异，这些差异并非那种以战略、"逻辑"或"体制"等面目而出现的经济增长之固有物。也就是说，各种差异既非由增长所引起的，也无法被增长所接受。目前阶级斗争的形式远比从前多样化。它们理所当然地也包括少数族群的政治活动。……这项基于空间的战略性假说，既没有排除所谓"不发达"国家的作用，也没有排除工业化国家及其工人阶级的作用。与之相反，其基本原则与目标是要把那些相互分离的诸方面联合在一起，是相互迥异的趋势与要素的统一。……这种空间战略假设包括在某单个活动过程中对差异性的动员（包括自然起源的差异性，强调其隔离性的种种生态化倾向）：区域的差异性、国家的差异性、地方的差异性、种族集团的差异性、自然资源的差异性，等等。①

我们需要一个新的理论代码，它将把相互对立的不同的知识

---

① Henri Lefebvre, *The Production of Space* (Oxford, 1991), 55, 63, 64

体系加以重建和汇集，与政治实践相联系，但与之又有不同[①]。空间的替代概念将被限制，直到可以以差异性的方式生产空间，差异性将作为有意为之的战略，指导解放的空间生产。

虽然《空间的生产》的首稿写于近二十年前，但列斐伏尔已经聚焦于差异作为政治战略的关键（虽然在阶级斗争的架构之内），他对我们现在称之为差异性主体立场（显然，性别差异需要被纳入，就像性取向要被纳入一样）的包容和肯定，都是对围绕差异的社会建构而建立起来的当代政治理论的广泛同情，尽管事实上他的这本书大部分已经放弃了马克思主义的框架，而他是以后马克思主义/后结构主义/后现代主义的方式保留这种框架的。如果最近这项工作的中心论点围绕着阶级、种族和性别的整合，不同主体立场的协商，避免瘫痪的相对主义的多元立场的理论化——所有这些都是在分析框架中进行，这种框架保持着开放，提供了干预的空间，它避免总体化，并培育政治自主权——如果这些是中心问题，那么似乎很明显，列斐伏尔的空间生产的概念会提供一些可能的路标。空间是一种既联结又分离、既吸纳又排斥的方式。列斐伏尔正是赋予了空间的批判性概念以生命，才为我们提供了一些能够解码空间隐喻的工具，这些隐喻"刻画"了我们如何对各种不同的位置进行整合、商讨，并把它们理论化的各种努力。这正是"空间的生产"的高明之所在。它要求对隐喻进行批判，但同时为连接非常不同的经验提供了基础，这些经验通过隐喻部分地被理解。

[①] Henri Lefebvre, *The Production of Space* (Oxford, 1991), 64-65, 78-79.

更具体地说，在马克思主义的批判中，最严重的错误是放弃了马克思因工人阶级直接遭受剥削而优先关注他们的主张。我们承认其他主体的地位（无论它们是规定性的还是限制性的）都是独特的，在某种意义上也是有优先性的，但他们有不同方式的优先性。马克思说，工人阶级的特殊优先性是能够"从两个方面"理解剥削。推而言之，我们可以认为，有来自于种族和性别的其他形式的压迫，例如，他们自己的优先权作为其主体位置的组成部分。然后有一个相反的优先权的谈判，这可以部分地通过相互批评来进行，但是列斐伏尔提供了某种机会，让我们看到这些谈判是在更广泛的社会空间范围内进行的，因此也是这个空间的组成部分。

然而，我们并不会马上明白所谓的空间生产意味着政治战略。这种翻译还有待完成，部分原因是列斐伏尔从来没有逃脱哲学批判的窠臼，还有一个原因是，在他自己的空间史上，不同的社会空间与概念空间之间近乎宿命般地存在着一种摇摆。正如在第三章中所讨论的，翻译仍然需要把哲学批判视为地理空间的生产所给予的且与之相关联的，后者把社会的与物理的空间构造整合为一体。我想提出一条论证线索，它既能接上不平衡发展理论的早期讨论，同时又推进了空间的生产概念。

作为在第五章中推导不平衡发展理论的关键支撑，我们发现有必要建立起一种地理框架，通过它，均等化和差异化这两种相反趋势既可以在地方中发生，又可以创造更好的地方。我们认为，在资本主义生产空间中出现了三种主要尺度，即城市[①]、国家和全球，以及这些尺度所内在地被划分的方式需要讨论。虽然一般而论，地理尺度被设想为竞争与合作之间的辩证的暂时的地理固化，不过，这种辩证法被无形地理论化为资本所固有的，尽管这些证明可能仍然是处在一种合理的抽象层次之上的。尺度的生产和尺度的政治学要比某种理论化的主张更加复杂。因为尺度是相互对立的规划，正如它是资本的规划。不同的社会生产出与空间的生产相统一的地理尺度[②]。当我们讨论历史差异时会有一整套恰当的语言；与之相反，当我们面对地理差异时，则总有一种语塞词穷之感。事实上，尺度是空间分化的最基本形式，从家庭的分界到全球的分界。如果在一端，全球空间是市场经济关系和排斥、削弱或鼓励市场的政治斗争的产物，那么家庭空间则是社会关系再生产的主要载体，其中，性别差异和以性别为基础的斗争占主导地位。实际上，我们甚至可以认为，就认知图绘在其直截了当的意义上被当作一个严肃的政治战略而言，其首要任务可以被设定为确立边界以使得不同地方彼此区分开来。除此之外，我们怎么还可能知道要图绘什么呢？如果我们不打算草率行事，那么尺度理论——即尺度的社会生产理论——就是一个先

[①] 虽然我最初设想在地理的棱镜的底端来构思都市尺度，但现在我想加以修正。首先，我宁愿讨论"地方"而不是"城市"，因为，很明显，前者能够囊括农村空间的生产。其次，我也愿意补充一下家庭的尺度，它与社会的再生产以及性别结构相关，后者决定着边界与内在差别。

[②] 有关尺度的生产的一个更具阐述性的处理，参看 Neil Smith, "Geography, Difference and the Politis of Scale," in J. Doherty, E. Graham, and M. Malek (eds), *Postmodernism and the Social Sciences* (Houndmills, 1992)。

决条件。

地理尺度是政治性的，因为它是根据空间中的事件和人们的存在而确定。换句话说，尺度划分了空间或者人们"占有"空间或为人们自己创造空间。因此，在尺度中形成了空间的压迫和解放的可能性，形成了空间的死寂，也形成了空间的生命。同样，尺度提供了空间意识形态的一种抽象化的表达：民族主义、地方主义、区域主义（Regionalism）和一些种族主义和仇外心理的形式。因此，尺度的生产和再现位于空间化政治的中心，尽管在许多政治话语中，这种空间斗争往往隐含在命名术语、命名地方的争论中，就如同它同样地体现在边界的斗争中一样。让我举一个简单的例子，涉及城市内部不平衡的地理发展。

和别处一样，纽约市的绅士化住宅最初集中在靠近中心的社区。曼哈顿下东区在1974年至1975年衰退结束和1977年财政危机缓和，以及1980年代房屋资金压力加剧之后受到严重打击。随着联邦新的住房资金在里根政府治下实际上停止，纽约市政府基本上将绅士化作为纽约的住房政策。除了直接的住房修复方案，城市采取了两点战略来"收回"下东区，这是一个被缺席的业主所有制所摧残的街区，投资大幅减少，社会服务被消减。战略的一个分支涉及在街区范围内打击贩卖和吸食毒品，其长期目标在于让白人中产阶级重获安全。第二个战略分支涉及"清理"公园，它被不断增长的无家可归人口所占有，也是毒贩的犯罪场所，以及大量地被当地居民所占用。城市觉得它失去了对这些空间直截了当地说，尤其是其中的汤普金斯广场公园的控制。

各种社区团体组织起来反对警察宵禁,旨在夺回公园——用列斐伏尔的话来说,即夺回国家控制的抽象空间,斗争于1988年8月达到高潮,当时有400名警察与示威者发生冲突。"公园是谁的?他妈的是我们的!"示威者反复高呼。警方使用骑兵和警棍猛攻,在几个小时之后退出公园,这个空间立即成为租户、住宿和无家可归者在城市组织的焦点。起初,市长将公园描述为一个"污水池",他担任慈善协会主任,指责这是一场"无政府主义者、社会寄生虫、毒品贩子、光头党和共产主义者们"的骚乱。与此同时,《纽约时报》用它的并不广为人知的马克思主义式语言,把暴乱称为"B大街上的阶级斗争"①。几天之内,公园内在一些几乎没有组织的无家可归人口、新的和现有的租户,以及擅自占地者团体和组织之间建立起了一些组织联系。新一轮的非法占领活动开始,从公园遍布整个下东区:"汤普金斯广场无处不在"是一个新的口号。起初,市政府只是冷静地对抗擅自占地者和住房示威者,市长尖刻的谴责已扩大到包括整个下东区,而不仅仅是公园。新的歧视性公园规则被采纳,然后匆忙搁置,经过16个月的对峙,公园成了一个棚户的据点,有两三百户之多,主要是非裔美国人和拉丁裔无家可归者。1989年12月,随着气温的下降,以及无家可归者妨碍了其他人使用公园,警察全副武装冲了进来,将无家可归的居民从公园里分散出去,警察清除人们的棚户还有所有无人拿走的私人财物,垃圾堆

---

① 有关该事件详情,可参看尼尔·史密斯:《新城市前沿:士绅化与恢复失地运动者之城》,译林出版社2018年版,第一章"B大街上的阶级斗争:狂野西部般的下东区"。——译者注

满了十辆垃圾车。广场周围的攻击之势愈演愈烈。

这个例子的重点是突出尺度在空间控制斗争中的作用。它开始于公园斗争，但是在地理上其尺度不断扩大，直到把整个街区界定为政治斗争扩张的一部分，以致涵盖了不同的群体和种类的组织还有不同的位置。它不仅表明，空间政治不仅把事件"发生"的隐喻付诸实践，而且表明真正的竞争涉及决定斗争尺度的权力的场所：谁定义了这个地方（对列斐伏尔而言的种种碎片）和它的边界？它还表明，成功的斗争是通过"跳跃模式"来抵抗抽象空间的。通过把某一尺度上的碎片化空间组织成为一个统一的、具体的地方，斗争就能将自己提升至尺度层级体系中的下一级。因此，理解空间的生产作为在全球尺度内生成的一个嵌套层次结构，以及构造这些层次结构的重要性。这里还有其他问题，特别是，一旦事件"发生"，作为政治斗争的一部分，如何把变革性的斗争组织为更具建设性的任务？汤普金斯广场公园的斗争只是发生在一个非常初级的层面，部分原因是外部攻击的持续威胁、政治组织的内部分裂，以及资源的普遍缺乏[①]。

借助议会手段，英国工党的左翼在1980年代初依靠其在大伦敦议会多数派掌控了伦敦，由此获得了"创造空间"的一个更大的范围。它为把伦敦再次打造成一个都市空间而服务，有力地改革了某些制度——增加孤儿教育的服务，增加加勒比黑人的服务与准入，同时增加英国黑人的居住与街区服务机会，大幅度

[①] 有关这个故事的更长的一个版本，参看 Neil Smith, "Tompkins Square Park: Rents, Riots, and Redskins," *Portable Lowwe East Side* 6 (1989), 1-36。

削减机场费用，等等。它被认为对撒切尔政府的英国阶级策略构成了足够的威胁，即国会取消了整个抽象空间的尺度（都市市政机构的尺度）。

第四节 历史的终结还是地理学的开始？

在1989年的一片喧闹声之中，由于总统和总理们，还有足球教练们都装模作样地利用每次新闻发布会向世人宣布：人类或至少这个国家已经处于或此种或彼种历史王国新阶段的边缘，所以某位国家部级官僚的声明"历史实际上已经终结"算是有些令人耳目一新的。按照弗朗西斯·福山（Francis Fukuyama）的说法，东欧官方共产主义的瓦解和东西方意识形态斗争的随之结束，标志着"西方自由民主的普遍化"和黑格尔的自我否定的历史概念的实现。斗争无疑要继续存在，但它们将是局部化和边缘性的；未来的承诺不多但无聊，历史终结了[①]。

比此篇文章本身更有趣的是，它以其对黑格尔的忠诚，让所有人都看到了哲学家的政治机会主义，这是"历史的终结"收到的非凡的回报。从空间重申的观点来看，我们应该不难发现福山在明显绝望的背后用以全力以赴地解释东欧的主要理论根据。

历史终结论的说法是极其愚蠢的。在东德记录了一个反斯大

[①] Francis Fukuyama, "The End of History?", *The National Interest* 16 (1989), 3-18.

林主义的笑话：历史永远不会停滞不前。大家都知道，未来的历史是不断变化的过去。换句话说，1989年的动荡的东欧在四十年中首次揭示了一个可能性，那就是人民创造了历史。它再次代表着数百万东欧人的历史的开始。历史终结论的傲慢的种族中心主义也不会逃过任何人的注意。仅仅是美国和苏联领导人调整了他们彼此间的核威胁，没有任何理由剥夺津巴布韦农民的历史、巴勒斯坦起义的历史，或者实际上纽约无家可归者们的历史，他们都以不同的方式努力争取机会掌握自己的历史命运。至少这种历史终结论要比终结这种魔鬼地理学的生产更加急迫，仅就双方衰退的战争经济学而言。

尽管历史终结论是反动的唯心主义，但是人们可以看到这种主张的逻辑。在黑格尔感受到空间对时间的当然的首要性是与民族国家的兴起密切相关的地方，马克思重申了"作为革命时代的历史时间"[①]。如果东欧的官方共产主义的失败被视为革命时代结束的标志（尽管有一个明显的历史事实，即这些社会都没有共产主义革命——但因此历史只是一个观念），那么历史时间似乎已经结束了。事实上，马克思本人在一定程度上遵循了这个逻辑，但是把黑格尔的大部分逻辑重新加以倒置。对马克思来说，资本主义的终结标志着一个社会前史的结束；从前的历史并不是由公民引导的，而是由与自然法密不可分的抽象社会法所引导，即资本主义的经济法则所引导的。由社会和政治决定的历史的实现，只能从推翻资本主义开始。事实上，列斐伏尔自己写了一本名为

---

① Henri Lefebvre, *The Production of Space* (Oxford, 1991), I, ff. 28-29.

《历史的终结》(La Fin de l'Historie)的书，比《空间的生产》早四年，他总结说:"因为黑格尔的空间使历史时间结束了，空间的主人是国家。"①

然而，在今天，空间的重申不依赖于任何黑格尔式的正当理由，无论是以福山的教义式唯心主义或列斐伏尔的更具批判性的形式。这是一个更加实际的事务和更直接的政治。20世纪中叶地理学的死亡确实是咎由自取，正如索亚所主张的那样，但它也代表了对实际事件的反应：时间消灭空间的加速；从战后（尤其是美国）资本主义的有利形势看，全球、区域和城市/郊区领域的空间条件的均衡趋势使得已经不发达的地理知识日益处于当代事务的边缘。现代资本主义，正如马歇尔·伯曼告诉我们的（在另一个充满隐喻和奇妙地揭示资本主义地理的著作中），出现了某种"底线的虚无主义"，这种虚无主义在空间的建造及其破坏中，吸收了一种地理上的虚无主义②。

因此，当代社会理论对空间的重申，是与历史上、与"二战"后世界地理空间的重构和重新问题化历史性地保持一致的，这并非偶然，也不仅仅是少数社会理论家的深刻认识。美国国会于1987年决定庆祝"地理觉醒周"（现在是一年一度的活动），235

---

① Henri Lefebvre, *The Production of Space* (Oxford, 1991), 279.

② Marshall Berman, *All that is Solid Me ltinto Airs*: *The Experience of Modernity* (New York, 1982), 123（马歇尔·伯曼：《一切固定的东西烟消云散了》，商务印书馆2003年版）; Ed. Soja, *Postmodern Geographies*: *The Reassertion of Space in Critical Social Theory* (London, 1989), 35-37; Neil Smith, "Geographyas Museum: Conservative Idealism and Private History in the 'Nature ofGeography,'" *Annals of the Association of American Geographers*, *Occasional Papers* I (1989), 91-120.

将其作为鼓励被认为对国家经济和军事利益至关重要的地理教育的一种手段。虽然不那么令人信服，但可能更有影响力的是，前国防部长卡斯珀·温伯格在《福布斯》杂志（"资本主义的工具"）撰写了一份十年总结，敦促哈佛和其他美国大学"带回地理学"，因为"我们［美国］"可以从这些关于全球事务中发生的惊人变化的研究中的每一个字中获益，"所有这一切都从地理开始"[①]。

因此，社会理论中的空间复兴几乎没有问题。它涉及谁控制地理知识、谁使用它，以及它是如何使用、如何产生和为谁产生等基本政治对决。本该支持的其他人根本不会理解空间化政治的颠覆性。但是在某种程度上，对决可望部分地从那些更进步的阵营中找到，这个阵营中的人们决定开放一方多样性的"主体位置"的天地，在其中，白人、工人阶级和经济因素都是永远的胜利者，因为他们生活在一个适应万物皆流的赫拉克利特式世界。唯一要防止的是赫拉克里特时间之流的困境倒向但丁式的地狱，在那里主体被诅咒永世不得安生，永世不得其所——既不知从哪里来，也不知终归何处，丰富的空间隐喻是安身立命之所在[②]。毕竟，连置身于流动不居状态中的赫拉克利特也曾要求有一个"立身之所"。但是，如果空间隐喻不能再被无辜地使用，如果空间不再是不成问题的，那么就不再会有现成的地方可以站

---

① Casper W. Weiberger, "Bring Back Geography," *Forbes* December 25 (1989), 31.

② 有关例证参看 James Clifford, *The Predicament of Culture* (Cambridge, Mass, 1988).

立，也没有自动的地理资源可用作固定或冒充主体的位置；地理太飘忽不定了。空间的颠覆性太昂贵了，所以不能以这种方式作盲目牺牲；必须以更直接的政治方式寻求多元化位置的解决方案，而不是在死者中用未加考察的隐喻来暗度陈仓。

从最流行的话语到最哲学的话语，保卫空间的斗争是极其政治性的。下赌注只是纸上谈兵的事情。史诗般的电影《陆上行舟》①设定在世纪之交的秘鲁和巴西，导演沃纳·贺佐格（Werner Herzog）利用实际事件，描述早期欧洲人努力开垦亚马逊地区，掠夺其资源（特别是橡胶），并以欧洲上层社会的形象定居在那里。自然的文化生产是令人敬畏的。本电影于1896年在亚马逊剧院——一个位于玛瑙斯②的歌剧院——上演，从这里到亚马逊丛林还有1000英里的路程。恩里科·卡鲁索和贝恩哈特被邀请在开幕式上表演。因为河水是"污秽的"，所以玛瑙斯

---

① 《陆上行舟》，又译《菲茨卡拉多》（Fitzcarraldo），德国导演沃纳·贺佐格1981年作品，西德、秘鲁合拍，克劳斯·金斯基主演，获联邦德国电影银片带奖、戛纳电影节最佳导演奖。故事发生在20世纪初的南美秘鲁，爱尔兰裔白人菲茨哥拉德被当地人称为"菲茨卡拉多"，在他们的语言里这个名字的意思是"无谓的事物迷恋者"。人如其名，菲茨卡拉多经常做出一些令人无法理解的举动，比如计划建造贯穿印加山脉的铁路、在热带雨林里生产冰块等等，毫无疑问的是这些空想最后皆以失败而告终。菲茨卡拉多在巴西的亚马逊大剧院欣赏到世界著名男高音卡鲁索的演出，心情激动的他决定在自己所住的秘鲁小镇上也修建一座宏大的剧院，以实现邀请卡鲁索演出的夙愿。为了募集修建剧院的巨额投资，菲茨卡拉多答应当地橡胶大亨前往乌圭里亚林区进行收割。在情人的帮助下，菲茨卡拉多购买了一艘旧船，率领着船员向那片神秘恐怖的林区进发。——译者注
② 玛瑙斯市（Manaus）为巴西亚马逊州首府，地处黑河和索里芒斯河（亚马逊河支流）交汇处，面积14337平方公里，人口173.8万（2009年），是巴西人口第八大城市。玛瑙斯被称为"亚马逊心脏""森林之城"。——译者注

市的先生们把他们的衬衫和领子送到里斯本上浆。在歌剧中,他们"用最好的香槟"来灌饮马匹。戏剧主角菲茨卡拉多是一位粗犷的爱尔兰冒险家,他的名字来自菲茨哥拉德(Fizgerald)的本地发音。他的爱好是歌剧,他从伊基托斯划船1200英里到亚马逊河去看望卡鲁索:"这将是丛林中最好的歌剧。"菲茨卡拉多由物理的还有自然的和文化的生产所驱动。在他拥有的一个少见的地图上,他注意到亚马逊河的两个北流支流乌卡亚利和帕奇特阿,流动得如此接近,以至于几乎合流;只有一块狭窄的领土将它们分开。乌卡亚利河流到很南的地方,直到秘鲁的未知的亚马逊丛林,但是无法穿越这片丛林,因为一系列的急流留下数千平方英里未开发地。不过帕奇特阿河是可以通行的。

菲茨卡拉多的"陆上行舟"(其先前的失败包括"跨安第斯铁路")痴迷于横跨地球,他的雄心壮志是要穿越隘口,开辟一条通往秘鲁阿马佐尼亚的河道,用于橡胶开采。他发誓"要搬一座山"。有了一群船员和铁河船后,他从帕奇特阿河启航,很快遇到希瓦罗人(Jivaro)[1],后者是著名的食人族,他们在丛林河岸上看见影影绰绰的身影,而且声音变得越来越响亮和具有威胁。菲茨卡拉多称他们是"一群光屁股驴"。当攻击即将来临时,他用船头上的留声机播放了一曲卡鲁索的歌剧,希瓦罗的印第安人得到了抚慰。岂止是得到了抚慰,印第安人走到船上,谨慎地加入菲茨卡拉多的计划,答应为了伟大的白人上帝而帮助菲

---

[1] 在厄瓜多尔和秘鲁的热带雨林深处,生活着一些以猎头而闻名的部族,这些部族被统称为希瓦罗人。——译者注

茨卡拉多搬山。这是一个了不起的技术功绩，用马鞍拖船行走并连接分水岭，而菲茨卡拉多期待会获得巨大的财富。在离欧洲最遥远的地方探险，他偶遇两个传教士，他们向他叙述了进一步冒险的少数欧洲人的命运。传教士问菲茨卡拉多旅行的目的，但他闪烁其词，他用那双特殊的眼睛直勾勾地盯着黑暗的丛林，静静地说："我正在策划一些地理上的事情。"

资本主义从来就是一个根本的地理性规划。反抗资本主义的规划不可能很快提出来，但是我希望不会太晚，它本身应该是"策划某些地理上的事情"。

尼尔·史密斯
1990年新泽西州纽布朗斯维克市

第三版后记

自从四分之一世纪以前写作《不平衡发展》以来，资本主义及其地理已经发生了剧烈的变化。全球化，对于许多人来说的日常生活的计算机化，苏联及东欧的国家社会主义的崩溃，世界政治中的区域重申，东亚的史无前例的工业革命以及与之相伴随的中国的资本主义化，反全球化与世界社会正义运动，全球变暖，作为全球都市政策的绅士化之普及，生物技术和新自由主义国家的兴起，美国所领导的以反恐战争为借口的全球霸权战争；以上这些变化和许多其他的发展已经从根本上改变了20世纪资本主义的面貌。除了一些其他方面之外，战后的第一世界、第二世界与第三世界之间相对稳定的划分，自从1980年代以来已经受到了质疑，在今天它不仅仅缺少任何严密性而且看上去有些古怪。1970年代就是如此。以此类推，在一个目前都市化已经达到50%的世界里，任何乡村与都市的区分也受到了怀疑，在城市中心与中心绅士化时代的郊区之间，以及城市联合体、边缘城市外围（edge city periphery）之间的任何鸿沟，同样也受到了怀疑。在诸多前沿方面，资本主义的不平衡发展看比以往更有沟痕感（striated）了。

在这份冗长的变更名单上，还有许多内容可以加入其中，2001年，美国五角大楼与世界贸易中心遭遇袭击，毫无疑问这些事件可以载入历史，它们实际上已经成为某些全球政治的分水岭，就像是20世纪的世界大战。但并不是2001年9月11日的事件本身改变了世界，不管某位美国总统如何固守相反的观点。当然，这些事件被粗暴地评价与夸张地作为一种象征方式，但是拿它们和人类以暴力自戕的历史记录相比可谓是小巫见大巫了。或者毋宁说它是对那些暴力事件——粗野地与精心地在一个广袤无垠的尺度上展开——的一种反应而已。这个反应标志着一道分水岭，如果它能被人们发现的话。这些事件代表着并被以美国为中心的统治阶级冷漠地用于一场蓄谋已久的全球霸权的目的，虽然事件很短暂，但与最终是很离奇的结局有着牢不可破的关系。对于那些已经在其他尺度以及其他区域发生的变更，无论以何种方式都无法否定或者无法贬低，这个代表着国际的、但是集中于美国统治阶级的帝国的权力规划，以及对这个规划的反应（包括"9·11"事件），已经被看作是20世纪最后四分之一时间首要的政治的文化的以及经济的现实。今天，在从家庭到超星球的一切尺度上的不平衡发展，既是自上而下的也是自下而上的。但如果我们要理解这些各不相同的尺度化过程在哪里与如何相遇的话，那么对这个全球野心作一种分析性的评估将是至关重要的。

在21世纪的头十年，我们中间的许多人被一种严重的政治想象力、记忆力甚或是感情匮乏症俘虏了——我们在地理上处于被称为世界核心的位置H，它通常包括欧洲、北美、日本以及大西洋洲，但却要把其中的黑人居住区以及巴黎的贫民区排除在外。当然，从墨西哥城、孟买到上海与开罗，这些相比较而言算是"次等"的阶级权力中心也能被纳入这个世界核心区。事实上，我们已经变成铁娘子玛格丽特·撒切尔著名的"除了资本主义别无选择"这一格言的有意或无意的吹鼓手。许多左派机构的成员，他们在1980年代还曾憎恶过撒切尔及其格言，而在21世纪现在却转而成了她的最敏捷的支持者，他们从一种理想主义的拒绝转变为对资本主义作为一个合乎逻辑的范畴的承认。正如统治阶级把资本主义放到更广阔多样然而也更纯粹的形式中加以测定——今天的国家也转变成了一种底线上的企业家，一种不断声称对于环境、社会拥有天赋特权的经济学家和文化工程师。这样一种立场转变完全否定了资本主义的存在。而对于资本主义的否定者来说，他们并没有统一的政治对抗的目标，只有虔诚的和折中的自由主义道德安抚。因其目标不可见，其替代性也是不可见的。

事实上，包括1970年代尼加拉瓜、安哥拉以及萨尔瓦多在内的为民族解放斗争，已经在很大程度上退却或者说失败了；中部非洲和西部非洲的很多后殖民主义的政权，经过艰苦斗争，其先被分裂与被征服的主权已经转交给他们了，现在反而把他们前殖民地优雅主人的野蛮状态转变成一种在最贫困角落的新资本主义的贪婪状态；环境保护主义和多元文化主义是右派的也是左派的新政治；欧洲的社会主义已经变成了走在半道上的新自由主义先驱，他们从与资本主义针锋相对转变为施以拥抱，而草根派的社会主义运动仍然在大多数的南美洲掌握政权。与此同时，人权和女权却无视国内事务，而变成了在非常低贱的西方利益驱动下发动战争的号角。但世界范围内围绕着基本人权、得体的收入、清洁的饮水、尊严、终止种族主义、良好的工作条件而联合起来的斗争仍然在爆发。

　　撒切尔、里根、科尔等的新自由主义的自负，在1980年代为全球化提供了帮助，并得到了他们的继任者们——如比尔·克林顿、托尼·布莱尔，以及印度总理阿塔尔·比哈里·瓦杰帕伊，还有许多其他各种脱去了资本意识形态包装的全世界继任者们——的贯彻推进。国家经济已经被工厂、金融与环境所胁迫；而商业违规的依据就是来自于18世纪启蒙主义的自由主义命令，即经济商品是普遍的"好东西"，而市场逻辑是明显地楔入大众心理之中从而掌握着大众心理的运动，即市场逻辑是适用于一切事物——从个人偏好到社会选择——的逻辑。民族-国家同样地被裹挟到和资本主义自由市场缠绕在一起的"自由与民主"进程之中。而对于世界上许多民族国家来说——首先当然是对被小布什总统可笑而迂强地指认的邪恶轴心国（伊拉克、北朝鲜和伊朗），以及那些注定身陷凶兆阴影之中的国家（巴勒斯坦、叙利亚、古巴与委内瑞拉等等）来说——自由从18世纪的承诺转而变成了20世纪的威胁，从机会的灯塔转而变成了威胁的屠宰场。全球化经济的习惯手法是一种强制的全球性治理政策及其派生物的全球化消费文化与社会的再生产。"自由将会风行世界的"，乔治·布什在2005年4月曾如是咏叹不已，"自由是历史的方向"。与此同时，美国军队从另一个方面确信历史已经回到了正道。

　　然而有太多的事情仍然没有改观。阶级不平等、环境的毁坏、贫困与种族非正义、帝国主义以及种族灭绝，这些现实无可争辩地要比25年前更加糟糕。深层次化的全球资本主义所承诺解决的问题远没有解决，鸿沟的深度也许已经甚至超过了那些批评家们的预见。当然，追根溯源式的分析确有许多缺点，在今天这些缺点非常确切无疑了，但我已重申追溯式的修正与更新的诱惑。其中的力量之一，不过是把不平衡地理发展作为以下竞争着的未解决的难题来看待：一方面是社会空间的均等化趋势，与之针锋相对的另一方面的趋势是分化。立足点既非随波逐流于社会过程的某些哲学式的模棱两可，也非任何类型的本体论必然性（也许等于是一回事儿），正如马克思已经非常清晰地察觉到的那样，我们可以从商品形式的内在社会关系及其在资本主义条件下的普遍化中，追踪到均等趋势和分化趋势之间的矛盾。它们是看得见的真实存在。以此方式看待不平衡发展，一方面，在不同的尺度上定位与解释那些构成今天世界的剧烈变动着的景观；另一方面，它迫使我们把不平衡发展当作一种特殊的地理盛装——完全不用当作必然性，而是作为可以被以不同方式制造出来的人造世界来看待，不管自然有多大的超常力量。这里最必然的就是还有别样的选择。

《不平衡发展》一书最深层次的目标是致力于把自然、空间以及社会过程融会贯通为一种可以观察到的景观，并在多元的尺度上，致力于并阐明其中作为结果的景观所呼唤的社会不平等问题的解决之道。因此，对于许多人（包括我在内）而言，把自然界和马克思主义意义上的历史社会变化相结合，看上去也许是在"自然的生产"组织下的一种或多或少的当务之急。从今天的眼光来看，自然的生产看上去几乎是显而易见的了。它正在变成一个核心的政治问题。这个主题，曾经促成了这个原始文本，现在看来，似乎是一个明显的出发点。

第一节 自然-清洗与自然的生产

虽然环境运动一度处于完全摇摆不定的状态，在1980年代初很难估计到的"自然的生产"主题——或者我们想使用什么语言表达都行——居然达到被如此广泛接受的程度：它变成不再仅仅是激进正统派，而且成为头版头条。全球变暖和人为导致的气候变化不再是让人忧心忡忡的环境左派的口号，而是华尔街卧室里的面包、黄油和马丁尼酒午餐。格兰诺拉①（Granold）的绿色已经被美元的绿色所替代。实际上，自然的生产已经在某些方面变成了此种资产阶级的正统；气候变化已经从对利润的威胁转变成为资本主义利润率的新的增长部分。到2003年为止，五角大楼与以美国为基地的全球商业网络开展了足够的合作，能够警示气候变化对美国安全的影响，并增加了数十亿美元的项目以应对气候安全问题。

但问题并没有这么简单，似乎并没有合理的科学依据能够否认全球变暖正在发生，以及否认正在强化着的社会的经济生产、再生产以及消费对于这个后果的作用。不过在很大程度上，社会因素对全球性的气候变化的影响到底有多大，并非完全清楚，且应该说是相当无法估算的。问题在于计算这样一种责任，要求要

---

① 格兰诺拉（Granold）是一种燕麦的商标名称。——译者注

么假设有一个可与全球变暖相对照的静态自然以便进行确定性测量——一个可论证的非现实的科学假设——要么假设存在某些与人类构成相对照的"自然"变化（但这种未来如何假设呢？）可以被测量。当然，存在着一个基于19世纪数据的精致的全球气候循环变化的模型（却是地理学的筛选），但对过去的精确描述从来不会保证人们对未来的精确预测。最后，把社会与自然对气候变化的作用区别开来的尝试，不仅是一场愚蠢的辩论，而且是一场愚蠢的哲学辩论：它承认了自然与社会泾渭分明的神圣教条——自然在一个角落，社会在另外一个角落。这是一种现代西方思想精确的行话，这正是"自然的生产"论题所要致力于摧毁之物。

我们并不需要充当一名"全球正在变暖的抗议者"（denier），因为其本身就是一种有趣的说法（descriptor），也即不需要充当一名如下意义上杞人忧天者（skeptic concerning）：全球公共性正在退却，只有逆来顺受地接受一浪高过一浪的技术、经济和社会变化浪潮的冲击，才能适合全球生存的迫切的必要性。作为一个向破产的地理决定论回归的更加广泛的组成部分，全球变暖已经变成了便利地谴责任何一种社会罪恶的措辞。除了明显的冰帽融化、海平面上升、气候与植被带移位，城市洪灾等等含义之外，全球变暖被召唤过来用以免除许多社会罪恶：在炎热城市里持续的夏天犯罪、作物歉收、新的移民模式、东南欧夏季炎热的新纪录、西北欧的创纪录的降雨与寒冷，到2050年生物多样性下降了35%，多伦多猫科动物空前增长……迫在眉睫的环境厄运启示录腔调实际上充斥于日常生活的方方面面。

为了实现资本主义利润之目的，在1990年代有许多类似于"漂绿"①的法人团体吸收了绿色政治，重新编码了环境主义，全球变暖与气候变化的幽灵在今天作为特定的"自然-清洗"的代表而被展示。这看上去应该是一个悖论。自然清洗是社会改变自然所引起的过程，这得到了足够多的承认，但在这个过程中，被社会改变了的自然界却变成了决定我们的社会的新的超级力量。社会改变自然很可能有很多的过错，正是这种后果带给人类以灾难。自然这个原因性的力量不应该被社会介入太过影响，而是应该被增强。自然与社会的二律背反是增强了而不是减弱了："自然清洗"把堆积如山的社会后果的高山倾倒入了原因性的自然的垃圾箱里。自然仍然是遥远的社会原因和后果的范迪门斯地（塔斯马尼亚岛）②。

如果当今环境新闻是由气候变化所独占的，那么自然的清洗的影响则更为广泛。由于自然的清洗的到来几乎没有被感觉到，《不平衡发展》第一版确实仅仅提了一下"温室效应"（greenhouse effect）——就像当初所称谓的那样，但关于自然的生产的讨论则有着更为广泛的根源，问题在于，它正处于消失的危险状态之中，因为地理环境决定论的回潮激起了新的自然清洗论。今天我们被没完没了地劝告说，这个或那个环境危机状态威

---

① "漂绿"（Greenwashing），用来说明一家公司、政府或是组织以某些行为或行动宣示自身对环境保护的付出但实际上却是反其道而行。此举通常是为了给产品改名或改善产品形象。这个词最初于1990年代初期在美国开始使用，因1991年3月和4月间的一本名为 *Mother Jones* 的左翼杂志中的文章标题而声名大噪。——译者注

② 范迪门斯地（Van Diemen's Land）是塔斯马尼亚岛（Tasmania）的一个地名，后者是澳大利亚的一个岛屿。——译者注

胁到这个星球和存在于其上的生命，这些威胁带着生理学的、生物化学的印迹涌现出来：埃博拉病毒、艾滋病、疯牛病、萨斯病、癌症多样性繁殖、禽流感。自然清洗论确实起到了作用，因为疾病的社会化协同生产思想（不管是否被普遍接受）被排挤一旁，以便让位于不可抗拒的自然灾难的上演。同样地，问题并不在于自然的清洗论不承认社会参与到了自然之中；而是承认这一点，即自然的清洗再造了作用于并凌驾于社会之上的自然权力，这种权力被视为是明显无法撼动的。

当自然的生产论题理所当然地强调社会活动在穿越自然时的各种作用时，该命题不想以任何方式与建构主义范式同流合污或者混为一谈，后者自 1980 年代以来红极一时。虽然一些理论家们为社会生产的政治意义而劳神，但他们却已经采纳了社会建构主义并强调了其话语的特权，并相信据此可以回应许多同类的社会变化问题。这种自我创造其类型的自然清洗说，在其中自然的权力被东拉西扯地清洗掉或至少被冲到了边缘，这一点也许没有什么比 1995 年的《社会文本》体现得更加明显的了，在这本文化期刊中，一位科学家使用彻头彻尾是发明的"建构主义"来阅读当代物理学，上演了一场科学骗局。不管我们多么需要对世界的科学概念进行批判——而年轻的科学家们更经常地敏于此道而不是退避三舍——一种话语的建构主义并不能引导多远。当然，在这个论题上有很多辩论，问题在于如何把自然-社会关系概念化，这在理论上不是、也不会很容易地得到解决。我依然相信，核心问题并非在于如何重组我们对自然和社会的理解，因为最好的一种规划至多是去努力修复掠夺式资本主义；而是相反，要去回答，自然-社会关系、过程和事件等这种统一的领域（如果它们内在地分化着）到底是如何从一开始就被设想为这样一种赤裸裸的二元论的。这个计划要求通过回溯西方自然观的演化，对最近几个世纪无数的实际的自然生产进行历史性解读。自然的生产的概念目前暂时还说得过去，它把最广义的变化着的人类劳动概念置于其方程式的核心。我的想法与唐纳·哈拉维（Donna Haraway）的概念相一致，后者的是一种社会的与自然的过程和关系的共同生产概念。与之相反，自然的清洗则是要把责任再度推给自然界。

最要紧的问题并不是要减轻由于贪婪的资本主义消费地球资源所导致的环境危机的程度，也不是建议环境问题在某种意义上怎么样成为第二位的问题，或者要求对它们作少许或许有限的关注；确切地说，正好相反，不如说对环境危机反应最关键的是要成功地达到对危机的准确的评估。这里的左派启示录严重地迷失了目标。全球变暖作为一个过程，是被孤立地当作一个环境二难推理的核心问题来对待的——从而可以把它从资本积累过程中和社会生产关系中抽离出来——而导致全球变暖的动因却消失在视野之中。"让所有键盘上的双手都来减少碳排放量吧"，也许安慰了自由的意识，但是这并非一种应对全球变暖之特别的进步政治反应，因为它是在非常狭隘的使用价值意义上误解了自然；这种解决问题之道所立足的是一种四处传播的志愿行为——你有没有为了补偿开车上班的污染而在今天种一棵树呀？在这个问题上它也很模糊地假设了一种责任与因果关系。就此而论，它仅仅把我们带向了对全球变暖的原因的理解上。我们绝大多数无法作出选择，而只能消费某些碳氢化合物燃料去旅行、取暖、烹调以及发电，等等，并不是因为我们选择去这样做，而是因为另外的选择是被禁止的或是没有别的选择。另外选择的稀少并非因为人们不想去选择，而是因为选择是由竞争性的获利目标所决定的。当价值与交换价值被抛弃在一旁时，启示论与自由主义便相遇了，相应地，解决这个非常真实的问题的方法，完全被资本积累的追逐所击败。这就是说，正是在资本积累驱动下生产使用价值的景观，是导致全球变暖与环境危机的罪魁祸首。

自然生产的方式在回应气候变化过程中得到了深化。这在1980年代早期应该说是无法预料到的。那时已经明显地出现了"有机食品"工业和循环利用工业，而与大众对于1960年代、1970年代可观察到的环境问题的反应相一致。迅速发展的环境工作部门如法炮制。实际上可以举一个很好的例子，这就是在消费者的自由劳动以及政府补贴赞助下的循环工业，它仅仅提供给罪孽的工业以廉价的再循环原料，从而诱使它们生产出数量更大的垃圾来。无论利弊得失如何，显然，几十年后对气候变化作出的回应也正沿着同样的轨道运行。对气候变化的关注是用不同的企业化方式而进行的。石油公司风卷残云般地进入荒野、沙漠以及全世界的海洋进行钻探，却把它们的广告打成"绿色的"。航空公司有利可图地使用燃料节省技术，而美其名曰"碳爱护者"；而核动力发电又回到了"替代性清洁"的议事日程上。在全球的碳封存市场上，碳抵消本身成为一种商品，从1990年代开放到2007年为止它代表着数十亿计美元的营生。在此基础上，一种完整的环境未来、安全以及衍生商品市场正在剧增。这里的

第三版后记

自然不仅仅是商品而且是金融——目的当然是为了储存它。自然中没有如此一种支付方式，试举一例说明，一个造纸公司为支付它所用的木材而创造了"啄木鸟未来"，并作为标签贴到未开发的英亩上，以期创造相当可观的利润——当未来价值提升时。再举另外一个例子，公用事业公司创建了一个市场，允许他们（或任何其他人）通过购买天气的而对冲他们的风险——实质上就是在赌天气，以对抗异常寒冷（或暖和）的冬天，或者异常炎热（或凉爽）的夏天。更非同寻常的也许是，甚至有人尝试着使用模型购买与出售天气未来，以此去断定气候本身的未来，这真的是社会建构主义的唯心主义空谈!

碳封存市场应该不会减少碳排放，或者说碳节省技术实际上导致了整个碳排放增加。这没有让我们吃惊，虽然在以市场为根据的天气预报背后的陈旧逻辑确实延长了可信度（应当注意，在2004年，在它的存在成为笑谈以前，一个类似的"安全未来"市场已经被五角大楼直接提出来讨论了。在其中，公众能够打赌下一次"恐怖主义"袭击）。正如五角大楼官员指出的，他们正在"收集"信息的理由是，市场升降将反映出对可能的袭击的实际了解程度。环境政治未能掌握这样一种自然的市场化的深度与意义——在其中，法人资本主义以超常创造的方式，成功地将诸如减少碳排放这种真正的使用价值关切重构为一个经济价值问题，而这与初衷相悖——如此的环境政治依然停滞于以前的时代。直白地说，今天，自然正忙于被组织成为一种在二十年或三十年前不可思议的积累战略形式。

有关自然的生产的争论很清晰地从列斐伏尔如下的倡议那里

激发了理论灵感：即我们用"空间生产"的方式来思考，正如现在所透彻地理解的那样，列斐伏尔由此精彩地颠覆了西方两三个世纪以来的思想——不再把空间表达成为一种抽象物，一种牛顿式绝对空间，或者一种笛卡尔式的场域，而是作为可塑性的人工制造物来处理。这就起码把我们带回到牛顿与莱布尼茨之间的论战。正如戴维·哈维已经指出的那样，但它使我们展望的焦点更加集中。如上所述，探索自17世纪以来的自然（和空间）的历史以及自然（和空间）的概念的历史，给"空间"加上引号既是蓄意而为的也是成问题的。但这也是列斐伏尔本人那里某些东西的症候，因为他虽然在空间问题上与过去一刀两断，但在自然问题上仍固守传统。尽管他在空间历史的分析方面打下了良好的基础——这种分析与其现代的概念化浑然一体。他对自然的处理，不夸张地说，是失之平淡的。对于列斐伏尔而言，空间仍然活着，尽管有其偏见，但从未充满着掌控在资本主义手中的抽象物；实际上他著作中的全部观点是：真正的革命政治势必是一种空间的政治。与之相反，对于列斐伏尔而言，自然的政治则是卑微的失败的政治，他说自然"正在死亡"，它"正在消失"，在资本的手中被清除："自然正在被'反自然'——即被抽象物、符号与图像、话语，还有劳动及其产品——所绞杀。自然和上帝一起正在死亡。'人类'把它们二者都杀死了——也许除此之外还正在自杀。"[①]

在这个花絮中还有好多故事，但似乎有理由得出这样的结

---

① Henri Lefebvre, *The Production of Space* (Oxford, 1991), 71.

论：在某个方面，列斐伏尔至少在这里又回到了他所处的时代。他把一种19世纪的具有进化论色彩上的关于自然的进步主义殖民化和1960年代环境运动对致命的后果迸发出来的愤怒焊接到了一起。康德的思想依然还在流行，但是牛顿式的绝对空间观却早已烟消云散（虽然所有的政治都变成了空间的政治，就此而言，它还没有消失），故在本体论上空间仍然压倒自然。自然依然在"空间"中发生，尽管此时空间正在打一场注定要失败的战斗，它的优先性在慢慢地褪去。如果我们在这个方面完成对康德的颠覆，反转空间对自然的特权，把自然，而不是把空间（以及时间）视为先验的，那么会发生什么？如果我们把空间视为自然的产物，这个自然是被自己愈益集中生成的，而且充满生命力，并且我们还把这个自然看成是人和非人的事件和过程的连续体，那么会发生什么？虽然在过去还没有人以此方式明确地把以上观点表述出来，但是这的确是在背后推动"自然的生产"这一论题的动力。

列斐伏尔应该不会很反对如此这般的一种转向。这决不意味着暗示空间正在死亡——毫无疑问不是这样，倒不如说把自然提升到了列斐伏尔所说的空间的层次，这迫使我们更加严格地运用协同生产的地理历史辩证法考察自然与空间。这会产生一种结果，即把自然的政治置于任何变革性政治议程的核心。而与此同时，回避任何轻而易举的建构主义。如果我们以列斐伏尔本人最初用到空间生产上的三元辩证法为开端来重思这种自然的生产，也许会做得更糟糕。这个这种三元辩证法的策略很大程度上是受一种雄心勃勃的再组合所左右的，即以社会生产为主导的自然的

-精神的-社会的空间的三组合。对于自然而言,这种策略又该是怎样的呢?我们如何可能重思物理自然、心理自然与社会自然之间的关联呢?这样做的话又该会让我们如何把一种空间与自然的概念充分地缝合在一起呢?不过,这远非仅仅是一个概念问题,随着气候变化的证据不断增加,现在,越发清楚的是,其影响在空间上是极度不平衡的。一个地方气温更高是与其他地方气温更低相匹配的。这里的干旱是那里发洪水造成的,一种环境下物种减少是由另外一种环境下物种泛滥所造成的。我们该如何把自然变化的不平衡性作为不平衡空间发展的内在构成要素而加以概念化呢?

第二节 不平衡发展:平坦的世界,不可能的世界

托马斯·L. 弗里德曼(Thomas L. Friedman)[①],这位普利策奖获得者,在其 2005 年畅销书《世界是平的》[②] 一书中阐明了一项发现。他在班加罗尔市中心的卡纳塔克高尔夫球场的第一杆

---

① 托马斯·弗里德曼,《纽约时报》专栏作家,著有《从贝鲁特到耶路撒冷》、《凌志车与橄榄树:理解全球化》以及《世界是平的:21 世纪简史》等全球畅销书。——译者注

② Thomas L. Friedman, *The World is Flat*, *A Brief History of the Twenty-first Century*, Farrar, Straus and Giroux, New York, 2005, 2006, 2007;托马斯.弗里德曼:《世界是平的——21 世纪简史》,何帆、肖莹莹、郝正非译,湖南科学技术出版社 2017 年版。——译者注

的位置上发现了"印度的硅谷"。他刚刚从来自纽约的汉萨航空公司的飞机上下来,便发现自己置身于一片摩天大楼、符号以及带有全球主义标志物的集团公司景观的包围之中——高盛集团、必胜客、惠普,以及得克萨斯州仪器公司、微软与IBM——还有印度高尔夫球队友一起,他感觉他们都更像是美国人,于是这位《纽约时报》专栏作家猛然意识到:"亲爱的",他后来解释给他的太太说:"我发现这个世界是平的"①。弗里德曼这本书的精彩超过了二十年来在纽约时报销售榜上最畅销的书,总共出售了三百多万册。这是对已经完成了的自由贸易全球化所承诺的事实的生动逼真的写照。正像资本家与经济学家们所表达的,全球化的承诺带来了一个"公平竞争的场域"。而现在,弗里德曼的友好的、分析性的全球游览考察,重振了、认可了这个承诺,并阐明这个承诺如同"当场的事实"。围绕着一个光芒四射的商务舱旅行,带家人或不带家人,该书带我们环游世界,展示了新全球化的无数人类与非人类的密码,解释了途中发现的各种事情,从软件到外包、从供应链到沃尔玛。它宣告美国经济的新自由权力就在这个美丽的新平面世界中,同时告诫需要保持竞争的心态,对于弗里德曼而言,"全球化的3.0版"② 不仅仅是个承诺而且很

---

① 这里史密斯是在讽刺弗里德曼自比当年发现美洲新大陆的哥伦布,因为哥伦布归国后向国王与王后汇报说"地球是圆的"。——译者注

② 按照弗里德曼《世界是平的》一书介绍,全球化经历三个伟大时代。第一个时代从1492年到1800年,是全球化的1.0版本。第二个时代可被称作是全球化2.0版,从1800年左右一直持续到2000年。从2000年开始人类进入了全球化3.0版本。作者认为全球化让世界越来越平坦、越来越微小。参看托马斯·弗里德曼:《世界是平的——21世纪简史》,何帆等译,湖南科学技术出版社2017年版,第8-9页。——译者注

大程度上已经实现了,这就是地理的终结。

弗里德曼生动地表达了资本主义范围内社会生产与再生产在条件与水平上的平等趋势。正像马克思那个著名的说法:"资本是个平等派"。或者正如他和恩格斯在之前的《共产党宣言》中所说的:

> 不断扩大产品销路的需要,驱使资产阶级奔走于全球各地。它必须到处落户,到处开发,到处建立联系。资产阶级,由于开拓了世界市场,使一切国家的生产和消费都成为世界性的了。……过去那种地方的和民族的自给自足和闭关自守状态,被各民族的各方面的互相往来和各方面的互相依赖所代替了。物质的生产是如此,精神的生产也是如此。各民族的精神产品成了公共的财产。民族的片面性和局限性日益成为不可能,于是由许多种民族的和地方的文学形成了一种世界的文学……
>
> 它的商品的低廉价格,是它用来摧毁一切万里长城……的重炮……一句话,它按照自己的面貌为自己创造出一个世界。①

弗里德曼的这本书让资产阶级的规划升级了。实际上,该书已经被翻译成多种语言,包括汉语(普通话)、日本语、印度尼西亚语,它本身就是"世界文学"的典范,成了打破地理边界的思想"大炮"的一部分。正如马克思与恩格斯所主张的,如

---

① 《马克思恩格斯选集》第 1 卷,人民出版社 1995 年第二版,第 276 页。

果说"一切固定的东西都烟消云散了",那么作为维持生命的氧气这种被全球化了的空气,就是在全世界追逐资本主义利润。至于自然的生产,这意味着并不像马克思与恩格斯的时代,对自然的开发不仅是水平方向扩张追逐原料的问题,而且已经把探索扩展到垂直方向了。问题不仅是地球物理学的——追逐地球表层之下的新资源或者超星球的空间——而且是无向量的(scalar)。生物掠夺公司抢劫雨林、深海以及人体的基因材料,伙同碳信用以及无数其他的环境信用一起的金融化,让人联想到它是在让一个强有力的积累战略来处置自然。这是一个物种多样性的银行,一路下来,自然不再是自然性的了。

生产条件和水平方向的均等化趋势是不平衡发展的核心支撑。在别的地方,马克思把这种趋势把称之为"用时间消灭空间",这是资本主义所特有的,也变成了不平衡发展理论的核心主题。近期的德勒兹和瓜塔里论述了平滑空间(smooth space),并已经探讨了去辖域化(deterritorialization)问题,他们用哲学的方式而不是当代化的经济地理学家们与政治经济学家们的方式讨论,所以太过抽象了。无论如何,弗里德曼不可能同意他的"平坦的本体论"是资本积累的直接表述,即资本的空间化野心的表露。实际上,弗里德曼在引用《共产党宣言》时发现"很难相信"马克思早在19世纪中叶就已经有如此的先见之明。弗里德曼对马克思的欣赏也非孤例,在1990年代后期,正值《共产党宣言》发表一百五十周年之际,与此同时,后冷战思维认为马克思及其后继者们已经被制服,而经济危机又至,甚至华尔街的资本家也已经开始重新发现和欣赏马克思的才华及其对资本主义运作的机智诊断，对马克思的"再发现"随处可见，从伦敦《泰晤士报》到《华尔街日报》，但它们证明对马克思的再发现只是昙花一现，就像 1997—1998 年短暂的亚洲经济危机带来一种令人窘迫的对马克思复活的中断，官方对他关于资本主义危机的洞见，又回到了一种沉默。这场危机甚至被指认为是"亚洲的"经济危机，或者更糟糕，一种"亚洲经济危机流感"，有"传染"给欧洲和北美的危险，它泄露了地球的不平坦性，突然动摇了任何假定存在的全球平等。而纽约、伦敦、东京的全球化主义者们，则全力以赴地去瓦解全球化并努力减弱全球权力中心的危机。十年后当我们回想起这个时代的危机是从泰国和印度尼西亚开始时，我们又回想起俄罗斯与巴西经济是"亚洲"危机的主要受害者。更为重要的是，1997 年至 1998 年全球经济危机快速地让马克思黯然失色了，因为这次危机集中体现了资本主义发展辩证法的"另一面"：反对平等的资本主义积累导致了一种平等权利，它引发了社会和空间的分化——危机、混乱、失业，以及空间化的贫困、战争。

这个资本主义硬币的另一面的运行，在很大程度上并不被弗里德曼所承认，他最大程度地片面使用马克思，他所能够欣赏的马克思，仅仅是一种令资本主义不安的人格化身，且被思想成为失败者，这种理解方式显而易见地从他这本书大胆的副标题中看得出来："21 世纪简史。"弗里德曼所忽视的马克思是经济危机理论的马克思、分工理论的马克思、社会阶级理论的马克思、贫困致死理论的马克思，以及对自发形成的资本主义迷信进行抨击的马克思，这种迷信认为，竞争和有产权以及被政治许可和精心策划的阶级贪婪能以某种方式将所有人带入一个更美好的世界。马克思把根深蒂固的社会分化力量置于资本主义运作与存在的核心地位，这种分化趋势完全与平等趋势背道而驰。弗里德曼把这个马克思完全抹去了。也许因为弗里德曼是一位自我忏悔的技术决定论者，他相信技术可以克服所有社会疾病以及阶级这个思想王国。这个思想王国可能对于三万五千英尺高空上被周到照顾的商务舱人士是有吸引力的；如果你能够得到一张机票而得以壮志凌云的话，从这个海拔高度，你可以狂妄地把这个平坦的世界尽收眼底。但对于下层居民来说，不管他是在津巴布韦的高原，还是在孟加拉国的三角洲，这样一张机票的价格是他年收入的许多倍，而纽约动辄数百万美元的公寓和甚至是月租 7000 美元的单间居室，看上去都是高不可攀的高山。对他们而言，纽约是一座珠穆朗玛峰。

在一个简要的插入部分中，弗里德曼确实承认世界尚不是完全平坦的，但他坚持认为碾平的力量将会流行。他全力以赴地致力于缓解贫困，为此他支持以微软财富为基础的比尔·盖茨基金会。帮助那些高喊"让我们横向合作"慈善口号的人们认为如此一种抹消任何垂直权力的作法是妥当的且不证自明的，只要微软自有股份的力量以及由弗里德曼担保的、盖茨版的"平坦相对论"能够有效消除全球不平等。实际上，不平衡地理发展源自于均等化与分化两个对立趋势的辩证法。

中国是新自由主义时代的奇迹。用一种 1970 年代的语言来说，这个无可争辩的第三世界国家——中国，到 2005 年已经成为世界上第四大经济体。并以超过德国的姿态争取达到第三大经济国的位置。在1980年到2005年之间，中国的国内生产总值（GDP）翻了十倍，从1870亿美元上升至1.938万亿美元。在全球尺度上不会有任何更好的例子证明一个从前不发达的经济体能够像弹弓一样把自己射向资本主义发展的前沿。中国的巨大经济扩张的直接原因来自于1978年邓小平改革，这些改革是全方位的，覆盖了农业、工业、科学、教育，以及国防。他们开放了许多国有企业、市场价格甚至私人所有权去竞争。土地与房屋市场也打造起来了。同时，国家继续操纵基础建设部门，庞大的工业出口扩张与巨大的增长的国内市场同时存在。除了内部改革，中国的崛起作为一种全球经济力量同时受到了美国与英国的以及自1960年代以来正在横扫东亚与东南亚的工业扩张鼓舞。除了日本与中国之外，南朝鲜现在也以世界经济十二强的形象出现。中国不断增长的一个目标是全球金融投资，而中国的投资者（包括政府）掌握了超过一万亿美元的美国国债。越来越清楚的是，综合起来看，以前的工业革命比起1960年代以来的东亚工业革命，可谓侏儒而已。在这方面，这些经济体的崛起至少体现了一种发展水平与条件相当的均等化，特别是在东亚与老的欧洲与北美的经济强国之间。

然而这种经济扩张也付出了巨大的代价，国内不平等水平已经剧增。在1980年代，中国的不平等与社会主义的民主德国相比大体上相当（基尼系数＝0.25）；与此不同，到2005年，中国的平等系数低于俄罗斯（基尼系数＝0.45）。在1980年代，中国10%最富的人口收入是10%最穷人口收入的七倍，而到了2005年，这种不平等已经上升了18个百分点，现在10%最富的人的收入占整个国家财富的45%；而最穷的10%人的收入仅占整个国家财富的1.4%。与这种扩大的社会经济分化相伴的是经济日益加剧的资本化，地理不平等体现在各种尺度上——都市内部、城乡之间以及区域间。为了与其社会主义的平等承诺保持一致，中国革命曾把鼓励"平衡"发展放在一个很高的位置上，走得如此之远，以至于把上海与其他城市的机器拆分开来而搬到农村重装。但现在已经成为往事了。工业化最先集中在中国东南的广东省、珠江三角洲以及香港，经济规模远远把西北抛在后面，但后来在北方的投资与发展仍然支持整个东部沿海超出中国中部与西部区域。然而后者的区域也经历了投资、特别是基础设施投资，以及初级商品投资。就国际而言，中国的资本投资已经冲进南美，某种程度上也冲进非洲，还有更近的亚洲。在都市规模上，上海与北京现在已经跻身于世界最大的大都市区域之列，很可以被视为这一时期都市主义的最前沿的范式。新生的城市财富快速集中在富裕的飞地、郊区以及购物中心，而巨大的都市重建——不仅仅是北京2008年奥运会以及上海2010年世界博览会——达到了惊人的规模。

直到1990年代，印度经济的自由化仍然没有到来，在近20年间，年度国民生产总值增速平均从来没有超过6%，而在2000年至2005年间，增长几乎达到了10%。印度就国民生产总值而论现在超过了南朝鲜。大部分增长集中在孟买以及与全球金融密切相关的中心，那里现在有面向全世界的主要公司、最大银行、证券公司以及金融公司的办公楼。但它也集中在班加罗尔的高科技中心以及德里的管理中心。还有在这些和其他大都市区域的工业生产，也分散在周围的农村。印度和中国的经济快速扩张有许多原因，而传统论述重点强调通讯技术、便宜的运输以及计算机技术。以上这些因素毫无疑问便利了商品、资本、观念、图像甚至劳动力穿越从前无法克服的距离，但自1960年代以来的亚洲发展从根本上说是以工资率与日本、北美及欧洲之间差距悬殊为先决条件的。

像班加罗尔这样的城市，由于其教育体制从而在纽约或洛杉矶的公立学校有优越的申请条件，所以现在它拥有六百多万讲英语的劳动力可以供应，包括有科学文化修养的人、处于很低工资水平上的具有商业头脑的工人。班加罗尔曾经被英国人所占领——在国内工业革命中处于高水平不是巧合的，它目前的增长部分地得益于独立后的1950年代至1960年代政府把飞机与电子工业集中在这个城市的决策。该城市以罕见的姿态最大限度地利用了1990年代新自由主义改革，进行了再投资。至2007年，一位理科本科毕业生想在印孚瑟斯到处蔓延的公司园区（印度最大的IT公司）找一个从软件工程工作开始的岗位，可望得到的年收入接近于39万卢比（折合7400美元）。在印度这可是一个巨额数目，却只是硅谷工资率很小的一部分。印孚瑟斯联合主席南丹·尼勒卡尼（Nandan Nilekani）[①]曾是高尔夫协会成员，据说是他提示了弗里德曼平面地球这一意外发现。

印度自我炫耀有比亚洲其他国家更多的亿万富翁。它最富的

---

① 南丹·尼勒卡尼（Nandan Nilekani, 1955—），印度最著名的企业家、政治家之一，印孚瑟斯联合主席。著作有《与世界同步：印度的困顿与崛起》等。——译者注

10%的人口操控着差不多30%的国家收入，而最富的0.1%人口却是1990年代新自由主义的最主要受益者。但印度的贫穷也无可争辩地要比中国更加深刻与广泛。有超过三分之一的人口生活在每天低于1美元收入的水准上。而80%的人口收入每天不到2美元。许多工人为欧洲与北美市场制作最昂贵的时尚商品，或为同一市场制造食品，供应给盖普（GAP）、玛莎百货（Marks & Spencer）以及特易购（Tesco），但1小时只挣得可怜的25美分，而他们的雇主却废除了国际劳动法。这已经导致了广泛的劳动反抗，虽然不及中国的规模，但劳工骚乱已经溢出了迅速发展的国内消费市场范围，反沃尔玛运动变得像其敌人（沃尔玛）一样全球流行，它正在积极努力防止阿肯色证券（与巴哈蒂集团结成商业联盟）进入印度全境的十五个新仓库。当班加罗尔处于全球高科技经济前沿，它并没有成为劳动反抗的温床，遍布全国的抗议活动孵出的不仅仅有关工作条件而且有关环境问题、国家压制，还有贫民窟清理所导致的都市拆迁，绅士化以及非正式的移民再移动。在农村，那里一系列的市场、政治与环境状况已经毁灭了许多农业工人，数以万计的小农场主被判处罪行。而在整个国家的大部分领土上，在那些更加孤立的土生土长的（"部落"）区域，名声远扬的毛主义煽动分子已经取代了印度的国家权威。

经济危机是资本主义不平衡发展整体中的一个组成部分。工人组织和国家干预已经提升了亚洲经济"虎"——新加坡，中国台湾、香港与南朝鲜——的工资率，而这些国家和地区自从超过了其他亚洲经济体的工资率以来，便渴望促成一次重组，达成更加密集高效的工作，以获得更高剩余价值。同样地，两难抉择也正在召唤着中国与印度。在1997年至1998年的经济危机中，全球资本主义以各种方式致力于把灾难性的贬值孤立于一些地方——巴西、俄罗斯和亚洲，包括亚洲小老虎的经济——同时保护其他地方的价值，在一个超长的时期，也许十年，他们大获成功，然而这也意味着反弹出一些经济牺牲品。但当经济危机离开时他们也回来了。在下一次危机来临的瞬间，就很能表明马克思的著作非常清楚地解释的，危机、衰退与失业以及死亡的地理，将再一次是地理性的不平衡，但这些看法仍然让那些替资本主义游说的空想经济学家们非常反感。无论中国或印度在这个展开的戏剧中是不是失败者，或者无论实际上亚洲四小虎经济是否又一次是失败者，且无论21世纪初美国以房地产为基础的核心区域的财产是否变成了它自己自从2007年以来成功传播的金融危机的牺牲品，也不管欧洲在其自身扩张的压力下是否萧条，或者也无论迪拜与海湾国家这些全球资本的新郊区是否将面临着危机——这将迫使数以万计的南亚与东南亚工人们被遣返回国——其中没有一个是容易预测的。不过可以预见的是，在所有这些地方的最贫困的阶层——工人、妇女、少数民族与少数种族——都将成为牺牲品。

第三节　地缘经济学的兴起

我们被反复不断地告知，新自由主义的全球主义已经改变了全世界，但如果有什么改变的话，那也只是新自由主义重申了自由资本主义的根本东西而已。但它这样做时并没有取消多少国家与国家的调控，正如它通常所感叹的那样。倒不如说，当许多国家以不同的方式推卸了他们为国民的社会再生产而服务的责任之时，他们有选择性地提供给了国家机关以及企业实体一种比以往任何时候都要纯粹的资本主义扩张的催化剂。再也没有什么地方比以下情况更清楚的了：美国军事经纪人为了公司与五角大楼的利润而出售产品，并用几乎同等数量的士兵与私人雇佣兵（"独立承包人"）去伊拉克发动战争。与这种全球化理论的妙策相反，也与实际上的许多反全球化活动相反，国家并没有被新的全球化现实所抹去；不如说，从英国到墨西哥，从中国到美国，民族国家以各种方式促成了全球主义的产生，且无论是以经济政策或军事冒险方式，它们把新全球主义作为提升其国力的方式。无论如何都很清楚，作为对 2001 年"9·11"事件的一种军事与政治回应，掌控在全球主义手中的任何国家权力所受到的侵蚀都明显有限。经济领域无可否认的侵蚀并不必然与任何国与国之间的政治文化或军事领域的侵蚀并驾齐驱。如果说有什么侵蚀的话，那也只是一些在许多地方都被固定化的事情。然而，这并不意味着全球化只是一个旧闻且没有任何变化了。

20 世纪的世界地图首先是一幅国家边界的地理活剧（tableau）。如果没有像第一次世界大战与第二次世界大战或者冷战那样的决定性瞬间——是它们生成了 20 世纪的大多数时间——这张地图将变得不可理喻。当然，许多其他的经济的、社会与文化的景观，民族国家的权力更不用说了，也充斥于这张地图之上，但在今天，这张世界地图并没有标注诸如权力、国家与边疆之间的脆弱关系。地缘政治版本的游戏（冒险）似乎占据了1970年代与1980年代的氛围，现在看上去是奇怪的年代错乱。民族国家的整个全球游戏拼盘实际上已经被抛到九霄云外了，全球化的酷爱者们与反资本主义的批判家们一样把那些被抛弃的碎片扔来扔去。问题在于巨大的国家碎片扔到空中并不等同于落回地面上。从欧洲到非洲，国家已经四分五裂，而与此同时，大陆尺度的商业共同体——南方共同市场、东盟、欧盟、北美自由贸易区，更不用说大西洋公约的军事机构，已经走到了前台。今天，世界地图更是一个环境与宗教差异、移民模型与经济流动、地方冲突与后殖民战争的世界，而不是一个稳定的民族国家的马赛克了。

这些变换是复杂的，但透过不平衡发展理论的棱镜，并用一只特别关注尺度问题的眼睛来看，一个核心的动力便脱颖而出了。到1970年代为止，世界最富有的经济体中的资本积累规模已经胜于那些掌控国内经济活动的民族国家的能力。经济活动持续不断地溢出了与穿过了国界，呼唤国家解除管制和施行国际管制。而到了1980年代，大规模的经济贸易越过国界却是在企业内部进行的，也就是说发生于公司内部。国民经济这个特殊观念已经越来越成为一个使用不当的名称了。全球一体化的资本主义的可能性当然已经是眼前的事情了；伍德罗·威尔逊的"全球门罗主义"的倡议在第一次世界大战之后提出，它可能标志着美国的第一次切实可行的全球化（以对抗大陆）雄心的声明，但它却被国内的与国外的反对力量以及本土的、反动的民族主义所挫败。接下来的第二次尝试是在第二次世界大战结束之后，美国银行，特别是世界银行、国际货币基金组织以及关税及贸易总协定（稍后是世界贸易组织）等的创立，但接着又被冷战所挫败，冷战利用了退化的与自我挫败的民族主义。二战中的一些制度在长期潜伏之后一跃而起，在1970年代作为美国第三次全球化雄心的时机赫然耸现，这次美国谋求全球权力的新诡计，作为新自由主义而被重新发明，它也作为对1970年代的危机的解决方法，体现在我这本书的第一个版本之中，它受到了冷战结束的刺激，但决不意味着以美国化的战略策划而告终。这是一个阶级的规划，它与来自从华盛顿到比勒陀利亚、从上海到墨西哥城的休戚相关的利益共担，即使它们也在争论如何相互竞争。依此类推，达卡的编织工人、班加罗尔和纽约的纺织工人，以及加勒比海的香蕉采摘工人，他们与欧洲共同体之间的关系不断加强，劳工运动的胜利者自从1980年代以来的失败不计其数，然而国际的而不是国家的组织现在不断地强化这个规范，连同短暂的反战运动与各种线索的全球社会正义运动一起，他们至少成功地使得新自由主义与全球化成为他们所尖锐批判的、关注的、抵抗的与政治对抗的目标。

全球尺度的不平衡发展与国民经济中非同寻常的社会和地理不平衡并驾齐驱。不仅在诸如印度这样一些经济新兴国家，而且在20世纪资本主义的核心区域，经济不平等已经越来越强烈。美国一直是巨大的社会不平等的庇护所，但在二战之后的25年间社会不平等保持得相对稳定，甚至有时有所减轻。而到了1970年代早期，社会经济的不平等迅速增强。工人工资在最近四十年间保持不变甚至降低。1%的社会最高收入者的收入在同一时期增长三倍。不平等的基尼系数在1970年是0.35，但到了2001年却迅速增至0.47，比俄罗斯或印度的还要高。在美国，1982年首席执行官（CEO）的薪水是当时工人工资的42倍，但在四分之一世纪之后，这个倍数令人吃惊地增至364∶1。在2006年，四位股票和对冲基金CEO罕见地一起带回家超过了十个亿的收入。与此同时，20位顶级的CEO每人平均收入6亿5千8百万美元——该年每个工作日平均收入275万。财富（或不如说收入）的不平等分配甚至越来越严重，正在回到二战之前的水平。这一切的不平衡地理，部分可以预见部分不能预见。从南部的得克萨斯到佛罗里达的等级制的不平等水平最高，这些州已经加入加利福尼亚州与东北部，而在后者的这些区域中，连同部分的中西部，不平等增长得最为强烈。

在城市尺度上，1980年代早期绅士化一度仍然是突然出现的现象，现在则变成了全球性的都市战略。不仅是伦敦、悉尼、纽约以及阿姆斯特丹，而且是全世界的城市，都经历了剧烈的中心再投资。绅士化已经在水平面上迅速发展，影响着所有大陆的城市（假设除了南极洲之外），但也在垂直维度上迅速发展，进入城市内部，且更进一步深入到城市的等级分层上了。绅士化已经从孤零零的房屋市场的选择性事件转变为普遍的都市规划政策的支撑物了。当绅士化与全球的郊区城市化混为一体时，亨利·列斐伏尔在1970年代的预言——城市化现在取代工业化成为社会变革引擎——看上去很有先见之明。城市建设现在已经成为资本积累的驱动性地理力量，一种巨大的剩余价值生产的资源。全球经济的金融管控功能应该说依然被集中在纽约、东京和伦敦，但亚洲与拉丁美洲以及现在迅速增长的非洲的新城市已成为全球资本的众多车间。全球城市主义是一个高度矛盾的过程，它由维持了工业化的农民进城运动集中地推动。而按照美国的说法，2006年世界城市人口第一次超过了世界人口的50%。绅士化集中了城市；郊区化则分解了它；农民进城再集中化了大都市；所有这一切都呼唤着要在全世界尺度上对不平衡城市发展作一个尺度化的分析。

在一种尺度–扭曲（scal-bending）的模式中，值得对比的世界并不是通常计算出来的具有可比性的世界，例如，我们可能吃惊地发现，单独一个美国大学（例如哈佛大学）的捐赠——并不是他们运转的基金预算，而是他们在银行里的现钱——2007年就超过了350亿美元，实际上这所大学工资最高的雇员大致上说既非校长也非足球教练，而是管理捐赠基金的经理。他的薪水高达1800万美元（他还想去谋求更高的酬薪）。捐赠基金不包括下列资产，诸如土地与建筑，还有资本和经费预算，就此而言，捐赠基金甚至并不能代表大学的真正财富。然而根据最近的估算，仅仅是这个基金就超过了39个国家的GDP；它可以足够支付整个南非或秘鲁的国家债务，正像1980年代哥伦比亚大学的反绅士化活动者们所声称的，美国的主要大学现在实际上都是数十亿美元的跨国公司，坐拥全球股票市场的主要利益以及地方不动产发展的主要利益，后者正巧每年五月授予学位。另外一个例子就是美国军队。2008年拥有的基金接近7500亿美元，堪与澳大利亚这个世界经济第十五强的国家相匹敌。

如果说在1990年，地缘经济学被诸如爱德华·路特瓦克

(Edward Luttwak)① 这样的右翼评论家们所接管，它的语言似乎首先被一位法国的区域经济学家在1950年代所创立，在1970年代一度在马克思主义地理学家中间流行，他们想重建全球政治经济学。这曾是一种具有先见之明的洞见，问题并不在于地缘政治学现在有些过时了——如果有人看看报纸头条消息，瞧一眼美国在中东的所作所为，就会让任何此类焦虑安静下来——倒不如说，虽然许多地缘政治学家们因为全球冲突而支持战略性武器（以色列-巴勒斯坦-叙利亚-伊科克-伊朗轴心是极好的例证），但今天潜在的冲突的根据不断地服从于地缘经济学而不是地缘政治学的逻辑。这并非是说伊科克战争或者更泛而言之的中东战争仅仅是石油战争。这样假设表现出政治左派的一种基本错误，因为他们假设地缘政治学与地缘经济学的根据差不多是一样的。倒不如说，中东战争更多的是全球化战略的完成——通过把最后的主要的负隅顽抗的敌对区域纳入美国的全球图谋之中。世界石油最主要的供应来自这里并不完全是巧合，但不仅仅如此，也许甚至并不是核心问题，在某种程度上，政治左派把中东冲突视作为石油而战，它依然被卡在一种日益被淘汰的地缘政治学的观念窠臼之中而不能自拔。如上所述，似乎已经很清楚，当我们已经把头探进21世纪的第二个十年之时，地缘政治学的预测可能在报纸头版出现得最多，它很可能成为第三次失败的证言——这次失败将发生于威尔逊时代与罗斯福时代这两次失败之后——在美国

---

① 爱德华·路特瓦克（Edward Luttwak, 1942—），美国政治学家。主要从事军事战略与地缘政治学研究。——译者注

第三版后记

雄心勃勃地超越地理而创造一个平坦的全球化世界之时。

地缘政治学,以及在很大程度上它所假借的自我戕害的极端民族主义,是导致那些早些时候的全球化雄心没落的原因。他们似乎正沿着老路重复着惨败的结局,确切地说,失败将如何发生尚不清楚,但2007年美国、欧洲以及全球金融市场危机实际上起源于一个长期的特别的抵押投资的历史,让人联想到1997—1998年的危机已经在经济上与地理上发生转移了,这场危机首先在泰国的半导体过度生产那里显身,最终影响到泰铢的价值,并从那里开始蔓延。十年之后,危机似乎从野兽——它最珍爱的权力,即美国的债权——的贪欲中放射出来。但它并没有停留在抵押部门,而是变得更广泛,确切地说是全球资本主义的本质让危机普遍化了。而强大的国家干预,直到并包括银行国有化,被要求去处理这些危机,完全与新自由主义的教条相矛盾。

哈贝马斯一度观察到现代主义是"胜了但也死了"。同样真实的是,在经济的意义上,伊拉克战争标志着全球化失败的最后阶段。1999年的西雅图战斗以及随后的反全球化与反资本主义抗议,促使国家把超常的压制性反应作为规范而建立起来,随着这些年经济的停滞与衰退,新自由主义不再是重要的社会变革的源泉,21世纪头十年的结局我们看到的充其量是已经确立起来的新自由主义政治与地缘政治学的范围出现了空档。说得客气一点,该阶段标志着新自由主义的危机。新自由主义已经耗尽了1980年代乔治·布什(老布什)总统所谓的"远见卓识"(the vision thing)。照着哈贝马斯的说法,新自由主义现在可以说是"虽胜犹死"了。

处于危机之中的新自由主义不会导致不平衡发展的终结，而是相反，导致它的剧烈化。正如马克思很早之前就看到的那样，以危机面目出现的资本主义有着非凡的化险为夷的资源。一度有个说法是自1970年代以来，是资本主义而不是它的对手拥有了压倒性的首创力。但这不可能是真的。不平衡发展的未来模式与经验在很大程度上取决于一种对抗资本主义的力量在多大范围内发展出自己版本的"远见卓识"。然而对于这个世界的很多部分，我们今天似乎不能想象出社会的反叛以及带来的可能性。正像我们的最具创造性的思想家之一哈拉维曾经承认的那样，1990年代中期她对一位能听进去的大吃一惊的观众说，"如果我必须以诚相告的话，我不得不说我已经失去了思考一个超越资本主义的世界会是什么样子的思想能力了"。她只是说出了一个广泛存在的现象，如果说我们中间很多人的政治想象力隐秘地消失了。好也罢糟也罢，革命是历史的不断复调的瞬间。当它们为我们带来一个更好的世界时，我们庆祝它们；而当它们与我们的利益或信仰正好相背离时，我们就会严厉地指责它们。在某种意义上，有关目前的令人震惊的事实之一是，革命性变革的前景与影响已经从政治可能性的想象中消失了。不应该太过乐观，不然的话就不可能再一次振奋起革命的想象力来了。

尼尔·史密斯
于纽约
2007年9月27日

参 考 文 献

Abramowitz, Moses. "On the Nature and Significance of Building Cycles," *Economic Development and Cultural Change* 9 (1961), 225-238.

Adams, Cyrus. C. A *Textbook of Commercial Geography* (New York, 1901).

Alonso, William. *Location and Land Use* (Cambridge, Mass., 1964).

——. "A Theory of the Urban Land Market," *Paperand Proceedings of the Regional Science Association* 6 (1960), 149-158.

Althusser, Louis. *For Marx* (London, 1969). 阿尔都塞:《保卫马克思》,顾良译,商务印书馆2010年版。

——. *Essays of Self Criticism* (London, 1976).

Amin, Samir. *Unequal Development* (New York, 1976). 萨米尔·阿明:《不平等的发展》高铦译,商务印书馆1990年版。

—— "Accumulation and Development: A Theoretical Model", *Review of African Political Economy* I (1) (1974), 9-26.

Arglietta, M. A. *Theory of Capitalist Regulation* (London, 1979).

Barker, Colin. "The State as Capital," *International Socialism* 2 (1) (1978), 16-42.

Benet, F. "Sociology Uncertain: The Ideology of Rural-Urban Continuum," *Comparative Studies on Society and History* (1963), 1-23.

Berger, John. *The Look of Things* (New York, 1974).

Berman, Marshall. *All that is Solid Meltinto Airs: The Experience of Modernity* (New York, 1982). 马歇尔·伯曼:《一切固定的东西烟消云散了》,商务印书馆2003年版。

Bernstein, Richard. *The Resructuring of Social and Political Theory* (Oxford, 1976). 理查德·J.伯恩施坦:《社会政治理论的重构》,黄瑞祺译,凤凰出版传媒集团译林出版社2008年版。

Berry, B. J. I. "Commuting Patterns, Labour Market Participation, and Regional Potential," *Growth and Change* I (1970), 1-10.

——. "Inner City Futures: An American Dilemma Revisited", *Transactions of the Institute of British Geographers* NS 5 (1) (1980), 1-28.

Berry, B. J. L., and Q. Gillard. *The Changing Shape of Metropolitan America* (Cambridge, Mass, 1977).

Bluestone, Barry, and Bennett Harrison. *The Deindustrialization of America* (New York, 1982).

Bowles, Samuel, David Gordon, and Thomas Weisskopf. *Beyond the Wasteland* (New York, 1983).

Bowman, Isaiah. *Geography in Relation to the Social Science* (New York, 1934).

Braveman, Harry. *Labour and Monopoly Capital* (New York, 1975). 哈里·布雷弗曼:《劳动与垄断资本——20世纪中劳动的退化》, 方生等译, 商务印书馆1978年版。

Brenner, Robert. "The Origins of Capialist Development: A Critique of NeoSmithian Marxism," *New Left Review* 104 (1977), 25-92.

Bruegel, Irene. "What Keeps the Family Going?" *International Socialism* I (1) (1978), 2-15.

de Brunhoff, Suzanne. *The State, Capital, and Economic Policy* (London, 1978).

Bukharin, Nikolai. *Imperialism and World Economy* (London, 1972). 尼·布哈林:《世界经济和帝国主义》, 蒯兆德译, 中国社会科学出版社1983年版。

Bunge, William. *Theoretical Geography* (Lund, 1966).

Burton, Ian. "The Quantitative Revolution and Theoretical Geography," *Canadian Geographer* 7 (1963), 151-162.

Buttimer, Anne. "Social Geography", *International Encyclopedia of the Social Sciences* 6 (New York, 1968), 139-142.

——. "Social Space in Interdisciplinary Perspective," *Geographical Review* 59 (1969), 417-426.

Caplan, Arthur. *The Sociobiology Debate* (New York, 1978).

Carney, J., R. Hudson, and J. Lewis (eds). *Region in Crisis: New*

Perspectives in European Regional Theory (London, 1980).

Cassirer, Ernst. *An Essay on Man* (London, 1944). 卡西尔：《人论》，甘阳译，上海译文出版社 1985 年版。

Castells, Manuel. *The Urban Question* (London, 1977). 卡斯特：《城市问题》，牛俊伟译，首都师范大学出版社 2018 年版。

Childe, Gordon. *Man Makes Himself* (New York, 1939).

Chisholem, George G. *Chisholm's Handbook of Commercial Geography* (London, 1937) (rewritten by L. Dudley Stamp).

Christaller, Walter. *Central Places in Southern Germany* (Englewood Cliffs, N. J., 1966).

Cicero. *De Natura Deorum*, translated by Horace C. R. McGregor, *the Nature of the Gods* (Harmondsworth, 1972). 西塞罗：《论神性》，石敏敏译，上海三联书店 2007 年版。

Cleaver, Harry. *Reading Capital Politically* (Austin, 1979).

Cliff, Tony. "Permanent Revolution", *International Socialism* 61 (1973), 18-29.

Clifford, James. *The Predicament of Culture* (Cambridge, Mass, 1988).

Cohen, G. A. *Karl Marx's Theory of History* (Princeton, 1978). G. A. 柯恩：《卡尔·马克思的历史理论———一种辩护》，岳长龄译，重庆出版社 1989 年版；段忠桥译，高等教育出版社 2008 年版。

Collingwood, R. G. *The Idea of Nature* (London, 1946). 罗宾·柯林伍德：《自然的观念》，吴国盛、柯映红译，华夏出版社 1999 年第 2 版。

Crowe, S. E. *The Berlin West African Conference 1884-1885* (London, 1942).

Davis, Mike. "Urban Renaissance and the Spirit of Postmodernism", *New Left Review* 151 (1985), 106-113.

Deutsche, Rosalyn. "Uneven Development Public Art in New York City", *October* 47 (1988), 3-52.

Doberty, J., E. Graham, and M. Malek (eds), *Postmodernism and the Social Sciences* (Houndmills, 1992).

Downing, Andrew Jackson. "Hints to RuralImprovers", *Horticulture* (July, 1848), reprinted in his *Rural Essays* (New York, 1957).

Dunford, Michael, and Dians Perrons. *The Arena of Capital* (London, 1983).

Durkheim, Emile. *The Division of Labour in Society* (Glencoe, III., 1947). 涂尔干:《社会分工论》,渠东译,生活·读书·新知三联书店 2000 年版。

Emerson, Ralph Waldo. *Selected Writtings* (New York, 1965). 爱默生:《爱默生散文选》,丁放鸣译,花城出版社 2005 年版。

Emmanuel, Arghiri. *Unequal Exchange* (New York, 1972).

Engels, Friedrich. *Anti-Duhring* (London, 1975). 恩格斯:《反杜林论》,载《马克思恩格斯文集》,2009 年版第 9 卷。

——. *The Condition of the Working Class in England* (Moscow, 1973 edn). 恩格斯:《英国工人阶级状况》,载《马克思恩格斯全集》第 2 卷,人民出版社 1957 年版。

——. *Dialectis of Nature* (Moscow, 1954). 恩格斯:《自然辩证法》,载《马克思恩格斯文集》第 9 卷,人民出版社 2009 年版。

——. *The Origin of the Family, Private Property, and the State* (New York, 1972). 恩格斯:《家庭、私有制和国家的起源》,载《马克思恩格斯文集》第 4 卷,人民出版社 2009 年版。

Farrington, Benjamin. *Francis Bacon: Philosopher of Industrial Science* (New York, 1961).

Fisk, Milton. "The Human-Nature Argument", *Social Praxis* 5 (1980), 343-61.

Fox, Kenneth. "Uneven Regional Developmentin the United States," *Review of Radical Political Economics* 10 (3) (1978), 68-86.

Frank, Andre Gunder. *Capitalism and Underdevelopment in Latin America* (New York 1967).

Fukuyama, Francis, "The end of History?" *The National interest* 16 (1989), 3-18. 弗朗西斯·福山:《历史的终结及最后之人》,黄胜强、许铭原译,中国社会科学出版社 2003 年版。

Gerratans, V, "Marx and Darwin," *New Left Review* 82 (1973), 60-82.

Glacken, Clarence. *Traces on the Rabodian Shore* (Austin, 1985). 克拉伦斯·格拉肯:《罗得岛海岸的痕迹》,梅小侃译,商务印书馆 2017 年版。

Gottmann, Jean. *Megalopolis* (New York, 1967).

Gould, Stephen Jay. *Time's Arrow, Time's Cycle: Myth and Metaphor in the Dis-

    covery of Geological Time (Cambridge, Mass., 1987).
Groh, Dieter, and Rolf-Peter Sieferle. "Experienceof Nature in Bourgeois Society and Economis Theory: Outline of an Interdisciplinary Research Project," *Social Research* 47 (1980), 577-581.
Grunbaum, Adolf. *Phlosophical Prolems of Space and time* (New York, 1963).
Habermas, Jurgen. *Toward a Rational Society* (Boston, 1970).
——. "Toward a Reconstruction of Historical Materialism," *Theory and Society* 2 (1975), 287-300.
——. "Modernity_ An Incomplete Project", in Hal Foster (ed.), *The Anti-Aesthetic*: *Essays on Postmodern Culture* (Port Townsend, Wash., 1983). 哈贝马斯:"现代性:一项未完成的工程",载王岳川、尚水编:《后现代主义文化与美学》,北京大学出版社1992年版。
Haggett, Peter. *Locational Analysis* (London, 1965).
Hall, Edward. *The Hidden Dimension* (New York, 1966).
Haraway, Donna. "Animal Sociology and a Natural Economy of the Body Politic, Part II: The Past is the Contested Zone: Human Nature and Theories of Production and Reproduction in Private Behavior Studies," *Signs* 4 (1) (1978), 37-60.
Harman, Chris. "Theories of the Crisis", *Internadtional Socialism* 2 (9) (1980), 45-80.
——. "Marx's Theory of Crisis andits Critics", *International Socialism* 2 (11) (1981), 30-71.
——. "State Capitalism, Armaments, and the General Form of the Current Crisis," *International Socialism* 2 (3) (1979), 1-16.
Harris, Nigel. *Of Bread and Guuns*: *The World Economy in Crisis* (Harmondswoth, 1983).
——. "The Asian Boom Economies and the 'Impossibility' of National Economic Development," *International Socialism* 2 (3) (1979), 1-16.
Hartsshorne, Richard. *The Nature of Geography* (Lancaster, Pa., 1939).
——. *Perspective on the Nature of Geography* (London, 1959).
Harvey, David. *Explanation in Geography* (London, 1969). 戴维·哈维:《地理学中的解释》,蔡运龙译,商务印书馆1996年版。

——. *Social Justice and the City* (London, 1973). 戴维·哈维:《社会正义与城市》,叶超译,商务印书馆 2020 年版。

——. *The Limits to Capital* (Oxford, 1982). 戴维·哈维:《资本的限度》,张寅译,中信出版集团 2017 年版。

——. *The Conditionf of Postmodernity* (Oxford, 1989). 戴维·哈维:《后现代的状况——对文化变迁之缘起的探究》,阎嘉译,商务印书馆 2003 年版。

——. "Class Structure in a Capitalist Society and Theory of Residential Differention," in Peel Et al. (eds), *Processes in Physical and Human Geography* (Edinburgh, 1975).

——. "The Geography of Capitalist Accumulation: A Reconstruction of the Marxian Theory," *Antipode* 7 (2) (1975) (reprinted in Richard Peet [ed], RadicalGeography [Chicago, 1977], 263-292).

——. "The Urban Process Under Capitalism: A Framework for Analysis," *International Journal of Urban and Regional Research* 2 (1978), 101-31.

——. "The Spatial Fix-Hegel, von Thunen, and Marx," *Antipode* 13 (3) (1981), 1-12.

Harvey, David. "On the History and Present Condition of Geography: An Historical Materialist Manifesto," *Professional Geographer* 36 (1984), 11-18.

Harvey, David and Lata Chaterjee. "Absolute Rent and the Structuring of Space by Financial Institutions," *Antipode* 6 (1) (1974), 22-36.

Hauser, P. M., and L. Schnore. *The Study of Urbanization* (London, 1965).

——. *Philosophy of Right*, translatedby T. M. Knos (London, 1967).

Hinckfuss, *The Existence of Space and Time* (Oxford, 1975).

Holland, Stuart, *Capital Versus the Regions* (London, 1976).

Holloway, J., and S. Picciotto. *State and Capital* (London, 1978).

Horkheim, Max. *Eclipse of Reason* (New York, 1974).

Horkheim, Max. and Theodor Adorno. *Dialecticof Enlightment* (New York, 1972). 马克斯·霍克海姆、西奥多·阿道尔诺:《启蒙辩证法——哲学断片》,曹卫东等译,上海人民出版社 2003 年版。

Hudson, Brian, "The New Geography and the New Imperialism: 1870-1918," *Antipode* 9 (2) (1977), 12-19.

Hutton, James. *Theory of the Earth*: *Transaction of the Royan Society of Edinburgh* I (Edinburgh, 1788).

Isard, Walter. *Location and Space Economy* (Cambridge, Mass., 1956).

——. "A Neglected Cycle: The Transport Building Cycle," *Review of Economics and Statistics* 24 (1942), 139-158.

Jameson, Frederic. "Postmodernism, or the Cultural Logic of Late Capitalism," *New Left Review* 146 (1984), 53-92. 詹姆逊："后现代主义，或晚期资本主义的文化逻辑"，载王逢振主编《詹姆逊文集》第 1-4 卷，中国人民大学出版社 2004 年版。

——. "Marxism and Postmodernism," *New Left Review* 176 (1989), 31-45. 詹姆逊："马克思主义与后现代主义"，载王逢振主编《詹姆逊文集》第 1-4 卷，中国人民大学出版社 2004 年版。

Jammer, Max. *Concepts of Space* (Cambridge, Mass., 1969).

Jay, Martin. *The Dialectical Imagination* (London, 1973). 马丁·杰伊：《法兰克福学派史（1923-1950）》，单世联译，陈立胜校，广东人民出版社 1996 年版。

Jordan, Z. A. *The Evolution of Dialectical Materialism* (London, 1967).

Jung, Carl. *Man and His Symbols* (London, 1964). Kellner, Douglas (ed.). *Postmodernism/Jameson/Critique* (Washington, D. C., 1989).

Kern, Stephen. *The Culture of Time and Space 1880-1918* (London, 1983).

Kidron, Mike. *Western Capitalism Science the War* (Harmondsworth, 1970).

Kolodny, Annette. *The Lady of the Land* (Chapel Hill, 1975).

Komarov, Boris. *The Destruction of Naturein the Soviet Union* (London, 1980).

Krader, Lawrence. *Formation of the State* (Englewood Cliffs, N. J., 1968).

Kroner, Richard. *Kant's Weltanschauung* (Chicago, 1956).

Kuzners, Simon. *Capital in the American Economy* (Princeton, 1960).

Laclau, Ernesto. "Feudalism and Capitalismin Latin America," *New Left Review* 67 (1971), 19-38 (reprinted in his *Politics and Ideology in Marxist Theory* [London, 1977], 15-40).

——. "The Specificity of the Political: The Poulantzas-Miliband Debate," *Economy and Society* 4 (1975), 87-110.

Larrain, Jorge. *The Concept of Ideology* (Athens, Ga., 1979).

Lefebvre, Henri. *The Sociology of Marx* (New York, 1968). 亨利·列斐伏尔:《马克思的社会学》, 谢永康、毛林林译, 北京师范大学出版社 2013 年版。

——. *La révolution urbaine* (Paris, 1970). 亨利·列斐伏尔:《都市革命》, 刘怀玉、张笑夷、郑劲超译, 首都师范大学出版社 2018 年版。

——. *The Survival of Capitalism* (London, 1976).

——. *The Production of Space* (Oxford, 1991). 亨利·列斐伏尔《空间的生产》, 刘怀玉等译, 商务印书馆 2021 年版。

Leiss, William. *The Domination of Nature* (Boston, 1974). 威廉·莱斯:《自然的控制》, 岳长龄、李建华译, 重庆出版社 1993 年版。

Lenin, V. I. *Materialism and Empirio-Criticism* (New York, 1972). 列宁:《唯物主义和经验批判主义》, 载《列宁全集》第 18 卷, 人民出版社 1990 年版。

——. *Imperialism, The Highest Stage of Capitalism* (Peking, 1975 edn). 列宁:《帝国主义是资本主义发展的最高阶段》, 载《列宁选集》第 2 卷, 人民出版社 1995 年版。

——. *The Development of Capitalism in Russia* (Moscow, 1977 edn). 列宁:《论俄国资本主义的发展》, 载《列宁全集》第 3 卷, 人民出版社 1984 年版。

——. "New Data on the Laws Governing the Development of Capitalism in U. S. Agriculture," *Collected Works*, 22, 13-102. 列宁:《关于农业中资本主义发展规律的新材料》, 载《列宁全集》第 27 卷, 人民出版社 1990 年版。

Leogrande, William. "An Investigation into the 'Young Marx's Controversy," *Science and Society* 41 (1977), 129-51.

Levi-Strauss, Claude, *Structural Anthropology* (New York, 1963). 克洛德·莱维-斯特劳斯:《结构人类学》, 维扬、俞宣孟译, 上海译文出版社 1995 年版。

Lewis, Parry. *Building Cycles and Britain's Growth* (London, 1965).

Lewis, Pierce, David Lowenthal, and Yi-FuTuan. *Visual Blight in America* (Washington, D. C., 1973).

Ley, David, and Marwyn Samuels. *Humanistic Geography* (Chicago, 1978).

Lipietz, Alain. "Towards Global Fordism?", *New Left Review* 132 (1982), 33-47.

Losch, August. *The Economics of Location* (New Haven, 1954).

Lowy, Michael. *The Politics of Combined and Uneven Development* (London, 1981).

Luxemburg, Rosa. *The Accumulation of Capital* (New York, 1968). 卢森堡：《资本积累论》，彭尘舜、吴纪先译，三联书店 1959 年版。

Mackinder, Halford, . J. *Democratic Ideals and Reality* (New York, 1942). 麦金德：《民主的理想与现实：重建的政治学之研究》，王鼎杰译，上海人民出版社 2016 年版。

——. "The Geographical Pivot of History," *Geographical Journal* 23 (1904), 421-437. 麦金德：《历史的地理枢纽》，林尔蔚等译，商务印书馆 1985 年版。

McPhee, John. *Basin and Range* (New York, 1980).

Mandel, Ernest. *Late Capitalism* (London, 1975). 厄尔奈斯特·曼德尔：《晚期资本主义》，马清文译，中国社会科学院哲学研究所马克思主义哲学史研究室编，黑龙江人民出版社 1983 年版。

——. *Marxist Economic Theory* (London, 1962). 曼德尔：《论马克思主义经济学》，廉佩直译，商务印书馆 1964 年版。

——. *The Second Slump* (London, 1978).

——. *Trotsky: A Study in the Dynamic of His Thought* (London, 1979).

——. *Long Waves in Capitalist Development* (Cambridge, Mass., 1980). 欧内斯特·曼德尔：《资本主义发展的长波》，张奎、刘卫、袁克等译，商务印书馆 1998 年版。

Mao Tse-Tung, "*On Contradication*," Selected Readings (Peking, 1971), 85-133. 毛泽东：《矛盾论》，载《毛泽东选集》第一卷，人民出版社 1991 年版。

Marcuse, Herbert. *One Dimensional Man* (London, 1964). 马尔库塞：《单向度的人》，刘继译，上海译文出版社 2006 年版。

Marx, Karl. *Value, Price and Profit* (London, 1899). 马克思：《价值、价格和利润》，载《马克思恩格斯文集》第 3 卷，人民出版社 2009 年版。

——. *The Eighteenth Brumaire of Louis Bonaparte* (New York, 1963). 马克思

《路易·波拿巴的雾月十八日》，载《马克思恩格斯选集》第1卷，人民出版社1995年版。

——. *Capital*, 3 volumes (London, 1969). 马克思：《资本论》第1至3卷，载《马克思恩格斯全集》第44卷、45卷、46卷，人民出版社2003年版。

——. *Theories of Surplus Value*, 3volumes (London, 1969). 马克思：《剩余价值理论》，载《马克思恩格斯全集》第26卷，人民出版社1975年版。《马克思恩格斯全集》第33卷，34卷，35卷，人民出版社2008年版。

——. *A Contribution to the Critique of Political Economiy* (London, 1971). 马克思：《政治经济学批判序言》，载《马克思恩格斯选集》第2卷，人民出版社1995年版。

——. *Grundrisee* (London, 1973). 马克思：《1857—58年经济学手稿》，载《马克思恩格斯全集》第30卷、第31卷，人民出版社1998年版。

——*The Revolutions of* 1848 (Harmondsworth, 1973).

——. *Surveys from Exile* (New York, 1974).

——. *Early Writtings* (Harmondsworth, 1975).

Marx, Karl., and Friedrich Engels. *Selected Corresponence* (London, 1934).

——. *The Communist Manifesto* (NewYork, 1955 edn). 马克思、恩格斯：《共产党宣言》，载《马克思恩格斯选集》第1卷，人民出版社1995年版。

——. *German Ideology* (New York, 1970). 马克思、恩格斯：《德意志意识形态》，载《马克思恩格斯选集》第1卷，人民出版社1995年版。

——. *Feuerbach* (London, 1973). 马克思、恩格斯：《德意志意识形态》，载《马克思恩格斯选集》第1卷，人民出版社1995年版。

Marx, Leo. *The Machine in the Garden* (New York, 1964).

Massey, Doreen. *Spatial Divisions of Labour* (London, 1984). 多琳·马西：《劳动的空间分工：社会结构与生产地理学》，梁光严译，北京师范大学2010年版。

——. "The UK Electrial Engineering and Electronics Industry", *Review of Radical Political Economics* 10 (3) (1978), 39-54.

——. "In What Sense a Regional Problems," *Regional Studies* 13 (1979), 233-243.

Merchant, Carolyn. *The Death of Nature* (San Francisco, 1980).

Merrington, John. "Town and Country in the Transition to Capitalism," *New Left Review* 93 (1975). (reprinted in R. Hilton, [ed.], *The Transition from Feudalism to Capitalism* [London, 1976], 170-195).

Miliband, Ralph. *The State in Capitalist Society* (London, 1969). 拉尔夫·密里本德：《资本主义社会的国家》，沈汉、陈祖洲、蔡玲译，商务印书馆1997年版。

—— "The Capitalist State: A Reply to Nicos Poulantzas," *New Left Review* 59 (1969), 53-60.

——. "Poulantzas and the Capitalist State," *New Left Review* 82 (1973).

Miller, Perry. *Nature's Nation* (Cambridge, Mass., 1967).

Mingione, Enzo. *Social Conflict and the City* (Oxford, 1981).

Moulaert, Frank, and Patricia Salinas (eds), *Regional Analysis and the New International Division of Labor* (Boston, 1983).

Mowry, George. *The Urban Nation 1920-1960* (New York, 1965).

Murphy, Earl Finbar. *Governing Nature* (Chicago, 1967).

Nash, Roderick. *Wilderness and the American Mind* (New Haven, 1967).

Nerlich, Graham. *The Shape of Space* (Cambridge, 1976).

Neugebauer, Otto. "Vorgriechsische Mathematik," *Vorlesunggen uber die Geschichte der Antiken Mathematischen Wissenschaften* (Berlin, 1934).

Novak, Bertell. *Nature and Culture: American Landscape and Paining 1925-1975* (New York, 1980).

O'Conner, James. *The Fiscal Crisis of the State* (New York, 1973).

Ollman, Bertell. *Alination: Marx's Concept of Man in Capitalist Society* (Cambridge, 1971). 伯特尔·奥尔曼：《马克思的异化理论》，王贵贤译，北京师范大学出版社2018年版。

Ortner, Sherry B. "Is Female to Male as Nature Is to Culture?" In Michelle Zimbalist Roasaldo and Louise Lamphere (eds), *Woman, Culture, and Sociery* (Stanford, 1974).

Pahl, Ray. "The Rural-Urban Continuum," *Readings in Urban Sociology* (Oxford, 1968) 263-298.

Palloix, Christian. *L'Intenationalisation du Capital* (Paris, 1975).

——. "The Self-Expansion of Capitalon a World-Scale," *Review of Radical Political Economy* 9 (2) (1977), 1-28.

Parekh, Bhiku. *Marx's Theory of Ideology* (Baltimore, 1982).

Peet, Richard. "Spatial Dialectics and Marxist Geography",

Progress in Human Geography 5 (1981), 105-110.

Piaget, J. *The Priciples of Genetic Epistemology* (London, 1972). 皮亚杰:《发生认识论原理》,王宪钿译,商务印书馆1981年出版。

Popper, Frank, and Deborah Popper. "The Great Plains: From Dust to Dust," *Planing* 53 (12) (1987), 12-18.

Poulanzas, Nicos. "The Problem of the Capitalist State," *New Left Review* 58 (1969), 67-68.

——. "The Capitalist State: A Replyto Miliband and Laclau," *New Left Review* 95 (1976).

Reichenbach, Hans. *The Philosophy of Space and Time* (New York, 1958).

Reiter, Rayna. "Men and Women in the Southof France," in R. Rriter (ed.), *Toward an Anthropology of Women* (New York, 1975).

Relph, Edward. *Place and Placelessness* (London, 1976).

Rosenthal, Bernard. *The City of Nature* (Newark, De., 1980).

Ross, Kristen. *The Emergence of Social Space: Rimbaud and Paris Commune* (Minneapolis, 1988).

Rossi, Paulo. *Francis Bacon: From Magic to Science* (London, 1968).

Russell, Bertrand. *A History of Western Philosophy* (New York, 1945). 罗素:《西方哲学史——及其与从古代到现代的政治社会情况的联系》(上下卷),何兆武、李约瑟译,商务印书馆1963/1976年版。

Sack, Robert. *Conceptions of Space in Social Thought* (Minneapolis, 1980). 罗伯特·戴维·萨克:《社会思想中的空间观:一种地理学的视角》,黄春芳译,朱红文等校,北京师范大学出版社2010年版。

Sauer, Carl. "The Morphology of Landscape," *University of California Publication in Geography* 2 (1925), 19-55.

Schaefer, Fred. "Exceptionalism in Geography: A Methodological Examination," *Annals of the Association of American Geographers* 43 (1953), 226-240.

Schmidt, Alfred. *The Conception of Nature in Marx* (London, 1971). A. 施密特:《马克思的自然概念》, 欧力同等译, 商务印书馆 1988 年版。
Shmitt, Peter. *Back to Nature* (New York, 1969).
Scott, Aooen. J. *New Industrial Spaces* (London, 1988).
Scott-Keltie, J. *The Partitioning of Africa* (London, 1893).
Semple, Ellen. *Influences of Geographic Envionment* (New York, 1911).
Service, Elman *Origins of the State and Civilization* (New York, 1975).
Shaikh, Anwar. "An Introduction to rhe History of Crisis Theories," in the Union of Radical Political Economis, *U. S. Capitalism in Crisis* (New York, 1978), 219-241.
——. "Foreign Trade and the Law of Value: Part II," *Science and Society* 44 (1980), 27-57.
Shaw, Martin. *Marxism and Social Science* (London, 1975).
Smith, Henri Nash. *Virgin Land* (Cambridge, Mass., 1950).
Smith, Joan. "Women, and the Family," *International Socialism 100* (1977).
——. "Women Work, Family, and the Critique of Capitalism," The Johns Hopkins University (24-25 April 1981).
Smith, Neil. "Geography, Science, and Post-Positivist Models of Explantion," *Progressin Human Geography* 3 (1979), 356-383.
——. "Toward a theory of Gentrification: A Back to the City Movement by Capital not People," *Journal of the American Planning Association* 45 (1979), 538-548.
——. "Symptomatics Silence in Althusser: The Concept of Nature and the Unity of Science," *Science and Society*, 44 (1) (1980), 58-81.
——. "Degeneracy in Theory and Practice: Spatial Interactionism and Radical Eclecticism," *Progress in Human Geography* 5 (1981), 111-118.
——. "The Conceptions of Devalution, Valorization, and Depreciation in Marx: Toward a Clarification," unpulished, Department of Geography and Envoronmental Engineering, The Johns Hopkins University (1981).
——. "Gentrification and Uneven Development," *Economic Geography* 56 (1982), 139-155.
——. "Tompkins Square Park: Rents, Riots, and Redskins," *Portable Lowwe*

East Side 6 (1989), 1-36.

——. "Geography as Museum: Conservative Idealism and Private History in the 'Nature of Geography,'" *Annals of the Association of American Geographers*, *Occasional Papers* I (1989), 91-120.

Smith, Neil, and Ward Dennis. "The Restructuring of Geographical Scale: Coalescence and Fragmentation of the Northern Core Region," *Economic Geography* 63 (1987), 160-82.

Sohn-Rethel, Alfred. *Intellectual and Manual Labour* (London, 1978).

Soja, Ed. *Postmodern Geographies: The Reassertion of Space in Critical Social Theory* (London, 1989). 爱德华·苏贾：《后现代地理学——重申批判社会理论中的空间》，王文斌译，商务印书馆 2004 年版。

——. "The Socio-Spatial Dialectic," *Annals of the Association of American Geographers* 70 (1980), 207-225.

Salin, Joseph. *Dialectical and Historical Materilism* (New York, 1940). 斯大林：《辩证唯物主义和历史唯物主义》，载《斯大林选集》，人民出版社 1979 年版。

——. *Works* (Moscow, 1954).《斯大林选集》，人民出版社 1979 年版。

——. *Economic Problems of Socialism in the USSR* (Peking, 1971). 斯大林：《论苏联社会主义经济问题》，载《斯大林选集》，人民出版社 1979 年版。

Taaffe, Edward J. Howard L. Gauthier, and Thomas A. Maraffa. "Extendede Commuting and Intermetropolitan Periphery", *Annals of the American Geographers* 70 (1980), 313-339.

Tanner, Nancy. *On Becoming Human* (New York, 1981).

Taylor, Joshua C. *America as Art* (Washington, D. C., 1976).

Taylor, Peter. "Geographical Scales in the World Systems Approch," *Review* 5 (1981), 3-11.

——. "A Materialist Fraework for Political Geography," *Transaction of the Institude of British Geographwes* 7 (1982), 15-34.

Thomas, Brinley. *Migration and Economic Growth* (London, 1973).

Thmson, George. *The First Philosophers* (London, 1972).

Timpanaro, Sebastiano. *On Materialism* (London, 1975).

Tocqueville, Alexisde. *Democracy in America*, 2 volumes (New York, 1945). 托克维尔:《论美国的民主》下卷, 董果良译, 商务印书馆1996年版。

Trosky, Leon. *Permanent Revolution and Results and Prospects* (New York, 1969). 托洛茨基:《托洛茨基言论》(上下卷), 中共中央马克思恩格斯列宁斯大林著作编译局国际共运史研究室编, 三联书店1979年版。托洛茨基:《托洛茨基读本》, 郑异凡编, 中央编译出版社2008年版。

——. *The Third International After Lenin* (New York, 1970). 托洛茨基:《列宁以后的第三国际》, 吴继淦、李潞译, 三联书店1965年版。

——. The Hisory of the Russian Revolution (London, 1977). 托洛茨基:《俄国革命史》(三卷), 丁笃本译, 商务印书馆2015年版。

Turner, Fredrick Jackson. *The Frontier in American History* (New York, 1920).

Walker, R. "The Transformation of Urban Structure in the Nineteenth Century and the Beginnings of Suburbanization," in K. Cox (ed.), *Urbanization and Conflict in Market Societies* (Chicago, 1978), 165-211.

——. "A Theory of Surburbanization: Capitalism and the Construction of Urban Space inthe United States," in M. Dear and A. J. Scott (eds), *Urbanization and Urban Planning in Capitalist Societies* (London, 1981), 383-429.

Walker, Richard, and Michael Storper. "Capital and Industrial Location", *Progress in Human Geography* 5 (1981), 473-509.

Bass Warner, *The Urban Wildness* (New York, 1972).

Warren, Bill. *Imperialism: Pionner of Capitalism* (London, 1980).

—— "Imperialism and Capitalist Industrialization," *New Left Review* 81 (1973), 105-115.

Webber, Melvin. "The Urban Place and the Non-Place Urban Realm," *Exploration into Urban Structure* (Philadelphia, 1964).

Weeks, J. "The Process of Acuumulation and the 'Profit-Squeeze' Hypothesis," *Science and Society* 45 (1979), 259-280.

Weinberg, Albert K. *Manifest Destiny* (Gloucester, Mass', 1958).

Weiberger, Casper W. "Bring Back Geography," *Forbes* December 25 (1989), 31.

Von Weizsacker, Carl Friedrich. *The Unity of Nature* (New York, 1980).

White, Mortan and Lucia. *The Intellectual Versus the City* (Oxford, 1977).

Whitehad, J. W. R. "Building Cycles and the Spatial Form of Urban Growth," *Transactions of the Institute of Brititish Geographers* 56 (1972), 39-55.

——. "Fluctuationin the Land-Use Comosition of Urban Development During the Industrial Era," *Erdkunde* 35 (1981), 129-140.

Whitehead, Alfred North. *The Conception of Nature* (Cambridge, 1920). 阿尔弗莱德·怀特海：《自然的概念》，张桂权译，中国城市出版社 2002 年版。

Williams, Raymond. *The Country and the City* (St. Alban's, 1975). 雷蒙·威廉斯：《乡村与城市》，韩子满、刘戈、徐珊珊译，商务印书馆 2013 年版。

—— "Problems of Materialism," *New Left Review* 109 (1978), 3-17.

Wilson, Edward. *Sociobiology* (Cambridge, Mass., 1975).

——. *On Human Nature* (Cambridge, Mass., 1978).

Winslow, Barbara. "Women's Alination and Revolutionary Politics," *International Socialism* 2 (4) (1979), 1-14.

Woolfson, Charles. *The Labour Theory of Culture* (London, 1982).

Yovel, Yirmiahu. *Kant and the Philosophy of History* (Princeton, 1980).

Zukin, Sharon. *Landscapes of Economics Power* (Berkeley, 1991).

索 引

（页码均系英文版原书页码，在本书中是边码）

A

Abramowitz, Moses 摩西·阿布拉莫维兹, 167

Accumulation of capital 资本积累, xvi, 49, 70-73, 75, 76, 86, 106, 111, 126, 141, 146, 154, 159-167, 176, 181, 202, 209; for accumulation's sake 为积累而积累, 70, 114; contradiction in 积累中的矛盾, 187-188, 196; and crises 资本积累和危机, 167-174, 177-180, 183, 203; as determ-inant of relative space 作为相对空间决定因素的资本积累, 113; and geographical expansion 资本积累与地理扩张, 114, 119, 120, 159, 183, 186; and nation-state 资本积累与民族-国家, 189-191; over-accumulation 过度积累, 168-174, 177, 188, 198, 199; peripheral 边缘型积累, 151, 152; primitive 原始资本积累, 160, 177, 185-187, 197; and relative surplus value 资本积累与相对剩余价值, 121, 155; rhythm of 资本积累的节奏, 167-174, 194, 197; self-centered 资本积累的自我集中, 151. see also "capital"; "centralization of capital" 并参看"资本""资本的集中"

Acid rain 酸雨, 88

Addison, Thomas 托马斯·爱迪生, 25

Adorno, Theodore 特奥多·阿多诺, 45

Africa, sub-Saharan 撒哈拉沙漠以南的非洲（大陆）的, 219-220

Agglomeratione conomies 聚集经济, 166

Agriculture 农业, 60-62, 68, 71, 80, 108, 141, 154; industrial-ization of 农业的工业化, 148, 155; land as means of production 作为生产资料的土地, 117; and regional definition 农业与区域界定, 136, 137; and underdevelopment 农业与不发达, 150

Alienation 异化, 63, 64, 73, 85

Althusser, Louis 路易·阿尔都塞, 220, 272n2, 280n23; omission of nature 阿尔都塞对自然的忽视, 47; on socialism 阿尔都塞论社会主义, 271n44; on uneven development 阿尔都塞论不平衡发展, 294n4

Amin, Samir 萨米尔·阿明, 151, 152

Animals 动物, 44, 66, 77; differentiated from human beings 动物与人类的区分, 56, 91

Anthropology 人类学, 31

Aristotle 亚里士多德, 25, 97, 107

Asian economic crisis 亚洲经济危机, 253-254, 259, 265

Atomists 原子论者, 95

AudubonJ. J. 奥杜班, J. J., 20

Axis of evil 邪恶轴心, 242

B

Back-to-nature movement 回归自然运动, 21-22, 25-56

Bacon, Francis 弗兰西斯·培根, 13-16

Bangalore 班加罗尔, 251, 257-259

Berger, John 约翰·伯格, 220, 222

Berman, Marshall 马歇尔·伯曼, xii, 234

Bernstein, Richard 利查德·伯恩施坦, 279 n21

Biology 生物学, 17, 26, 47, 68, 103

Blair, Tony 托尼·布莱尔, 241

Bowman, Isaiah 以赛亚·鲍曼, 85

Buffon, Count 布丰, 67, 78-79

Built environment 建成环境: capital in 建成环境中的资本, 6, 141, 159, 167-173; inertia investment in 建成环境中的惰性投资, 167-169; cyclical investment in 建成环境中的循环投资, 169-173; inertia of 建成环境的惰性, 178

Buharin, Nikolai 尼古拉·布哈林, 130-131, 141, 189

Bush, George 乔治·布什, 216, 266

Bush, George W. 小布什, 242

Buttimer, Anne 安妮·布蒂默, 279n19

C

Capital 资本, viii, 76, 111; and absolute space 资本与绝对空间, 115; in built environment 建成环境中的资本, 6, 141, 159, 167; circulation of 资本循环, 6, 8, 126-127, 153, 159, 177, 181, 189; concentration of 资本的集聚, 121, 137, 141, 146, 159-164, 166, 169, 192, 197; devaluation of 资本的贬值, 153, 168, 170-174, 177-179, 191, 194-195,

200, 202, 209-211; export of 资本的出口, 178, 191; globalization of 资本的全球化, 217; internationalization of 资本的国际化, 130-131, 189-191, 195-196, 201; as lever 资本作为杠杆, 122, 127, 141, 153-154; limits to 资本的限度, 128, 168, 177-178, 207; mobility of 资本的流动, 115, 121, 173, 176, 189, 194-202, 210; nationali-zation of 资本的国际化, 189; and nature 资本和自然, 43, 87-88, 91; and production of space 资本和空间的生产, 119, 120, 181-105; and relative space 资本和相对空间, 113-116, 119, 186-188; and space 资本和空间, 111-123, 125-151; universalizing tendency of 资本普遍化趋势, 127, 128, 153, 202, 123-131, 252-254。"see also accumulation of capital; centralization of capital; fixed capital; money 并参看"资本积累""资本的集中""固定资本""货币"等条目

Capitalism 资本主义, 46, 47, 69, 81, 85, 234; anarchy of 资本主义的无政府状态, 88; class structure of 资本主义的阶级结构, 70, 75; death of space 空间之死, 226; and drive toward universality 资本主义和普遍化导向, 84, 89, 114, 186, 196; expansion 资本主义扩张, 216-219, 252, 260; geography of 资本主义的地理（学）, roman xvii, 1, 3, 4, 7, 93, 94, 119, 121, 131, 134, 167, 173, 186-187, 234; and ideology of nature 资本主义和自然意识形态, 27, 28; internal barriers 资本主义的内在限止, 84, 85; and nature 资本主义和自然, 27, 28, 47, 69-85; and production of nature 资本主义和自然的生产, 69-85, 246-253; restructuring 资本主义的重组, 206, 221; space economy of 资本主义的空间经济, 121, 160, 178, 181; survival of 资本主义的幸存, 4, 119, 122, 123, 130, 131, 175, 180, 254. see also crisis 并参看"危机"

Carbon sequestration "碳封存", 248-249

Cassier, Ernst 恩斯特·卡西尔, 96

Castells, Manuel 曼努尔·卡斯特, 123-125, 182, 285n20

Centralization of capital 资本的集中（化）, 141, 146, 186, 191, 197; and decentralization 资本的集中化与去中心化, 121, 164, 200; and geographical differentiation 资本的集中与地理分化, 164-166, 181, 187, 188, 194; and labor 资本的集中与劳动, 162,

166, 179, 180; of productive capital 生产资本的集中, 164-166, 182; social 社会资本的集中化, 162-164, 170, 190-191; social versus spatial 资本的社会集中与资本的空间集中之对立, 159, 160, 162; spatial 空间资本的集中, 140, 164, 165, 166, 192; and urban development 资本集中与城市发展, 164-166, 181-185. see also accumulation of capital; capital; fixed capital 并参看"资本的积累"。"资本"；"固定资本"

China 中国, 239, 253-259, 260, 263

Chisholm, George 乔治·奇泽姆, 139, 142, 281n41

Church, Frederic Edwin 弗里德里克·埃德温·丘吉尔, 20, 23

Cicero 西塞罗, 66, 79

Circulation costs 流通成本, 126, 166

City 城市, 223, 227, 230-231

Class 阶级, 25, 28, 37, 44, 58, 60-65, 68-70, 75, 89-91, 108-110, 160, 186, 216, 218, 240, 232, 254, 257, 271n43; and definition of global scale 阶级与空间规模的规定, 185-187; space in definition of 空间的阶级界定, 115; and the state 阶级和国家, 109-110, 189, 190; struggle 阶级斗争, 5, 76, 85, 89, 125, 158, 203-204, 211, 222, 227, 231, 257. see also working class 并参看"工人阶级"

Climate change 气候变化, 88, 243-245, 247-248

Clinton, Bill 比尔·克林顿, 241

Cohen, G. A. G. A. 柯恩, 280n35

Cold war 冷战, 261; end of 冷战的结束, 216, 253, 262

Cole, Thomas 托马斯·柯尔, 23

Colonialism 殖民主义, 71, 114, 119-121, 127, 150, 178, 187, 191. see also imperialism 并参看"帝国主义"

Columbia University 哥伦比亚大学, 264

Communism 共产主义, viii, 216, 233, 257; and nature 共产主义和自然, 37, 89, 90, 271n44. see also socialism 并参看"社会主义"

Competition 竞争, 2, 29, 64, 72, 110, 144, 145, 155, 176, 189, 229, 254, 255; and crisis 竞争和危机, 172, 178, 191, 211, 217

Consciousness：bourgeois 资产阶级意识, 71, 75-76; as natural 资产阶级的自然意识, 56; and origins of philosophy 资产阶级意识和哲学的起源, 97; production of 资产阶级意识的生产, 55-57, 62-65, 75-77, 274n22, 293n12; of space 资产阶级的空间意识, 96-97, 107

索 引

Contradiction 矛盾, 18, 24, 39, 48, 68, 177-180, 187-188, 195, 196, 202-203, space 空间矛盾, 104, 121; of capital 资本的矛盾, 4; of centralization and decentralization 集中与离心的矛盾, 154; of equalizing and differentiating tendencies 均等和分化趋势的矛盾, vii, 122, 126, 130, 133, 153-154, 189, 203, 242-243; of external and universal nature 外在自然与普遍自然的矛盾, 12, 27, 29-30; of forces and relations of production 生产力和生产关系的矛盾, 170; of human nature 人的本质的矛盾, 29-30; of spatial fixty and mobility 空间的固定性和流动性的矛盾, 6; and uneven development 矛盾和不平衡发展, 71, 122, 131, 148, 153-154, 198; between use-value and exahange-value 使用价值和交换价值之意的矛盾, 6

Cooperation 协作, 56, 64, 72-73, 162, 166, 229, 286n37; and the collective laborer 合作和集体劳动, 161; geographic 地理协作, 161-166, 203

Copernicus 哥白尼, 100

Credit 贷款, ix, 113, 116, 162, 168, 215; carbon 碳贷款, 253

Crsis 危机, 30, 121, 288n48; in capitalism 资本主义危机, 84, 121, 163, 167, 168-174, 178, 191, 194, 195, 197, 200, 208-210, 214, 215, 217, 219, 230, 259-260, 265; contradiction of 危机的矛盾, 170, 203; and devalution 危机和贬值, 171-174, 191, 194; and economic restruction 危机和重建, 171, 208, 209; environmental 环境危机, 246-247; and geographical space 危机和地理空间, 122, 125, 173, 177, 183, 195, 208-210, 219, 154, 259, 265; periodicity and fixed capital 周期和固定资本, 171; and survival of capitalism 危机和资本主义的幸存, 170, 171; uneven impact of 危机的不平衡影响, 171-172, 203, 259

Culture 文化, 12, 21, 37, 76, 111, 157, 218, 221, 222-224, 236, 242

D

Darwin, Charles 达尔文, 17, 25, 276n53

Debt 债务, xiv, 22, 208, 215, 219, 255, 264

Deindustrialization 去工业化, 1, 122, 174, 195, 209, 219, 292n6

Deleuza, Gilles 德勒兹, and Felix Guattari 德勒兹和瓜塔利, 253

Deng Xiaoping 邓小平, 241, 255

Dependency theory 依附理论，6

Development 发展，参看"不发达"，see undevelopment; uneven development "不平衡发展"

Dialectic 辩证法，39-42，46，53，68，87，99-101，107，111，123，220，229，250，255，271n40，276n53，279n21; of differentiation and equalization 分化与均等的辩证法，xii，132-174，175，180; in Marx 马克思的辩证法，34-36; of nature 自然辩证法，42，87; socio-spatial 社会空间辩证法，124; of space and society 空间和社会辩证法，106; of subject and object 主体与客体的辩证法，32-26，see also contradiction; dualism 并参看"矛盾"、"二元论"

Differentiation 分化，4，59，159-160，211;"areal""区域分化"，136-137; biological 生物分化，57; and centralization 分化和集中，164-166，179，181，186; of classes 阶级分化，61，65，76; of geographical space 地理空间的分化，120-125，127-130，135-153，154，158-160，163-167，181-202，229-230; of human nature 人的本质的分化，56-57; of labor process 劳动过程的分化，147; Marx's understanding of 马克思对分化的理解，127-129，188; and money 分化和货币，164-165; of nature 自然的分化，55-56，135-143; social 社会分化，143，227-228; of space 空间的分化，110，120，129，147，149-150; and survival of capitalism 分化与资本主义的幸存，172; of work and residence 工作和居住地点的分化，182

Division of capital 资本主义的分工：between departments 部门之间的分工，143-153; and division of labor 资本分工和劳动分工，146-153; between individual capitals 个人和资本之间的分工，143-146，153，160，166，170-174

Division of labor 分工，39-40，51，58-64，68，72，86，107-111，135，141，153-154; under capitalism 资本主义条件下的分工，40; and centralization 分工和集中，161，165-167; and division of capital 劳动分工和资本分工，146-153，192; within family 家庭内部分工，61，general 一般分工，143-153; between industrial sectors 工业部类间的分工，129，136，143; between industry and agriculture 工业和农业的分工，108，109，136，143，147; mental and manual 脑力和体力的分工，62-64; natural basis of 分工的自然基础，40-42，135-143，144; new

索 引

international 新国际分工, xii, 149-150, 188, 195-196; particular 特殊分工, 143-148, 149-153, 166-174, 192, 194-195; physiological 生理分工, 39-41; and regional definition 分工和区域界定, 192; scale of 分工规模, 143; sexual 性别分工, 39-41, 57, 60-62, 71, 107-109, 134; territorial 地域性分工, 103-104, 108-109, 135-179, 192, 194; and wagerates 分工和工资率, 188. see also labor 并参看"劳动"

Downing, Andrew Jackson 安卓·杰克逊·唐宁, 282n47

Dualism 二元论, 42, 104-105. see also contradiction; dialectic; nature; space 并参看"矛盾""辩证法""自然""空间"

Durant, A. B. 杜兰, 23

Durkheim, Emile 埃米尔·涂尔干, 103, 105

E

East Asian industrial revolution 东亚工业革命, 256

Eastern Europe 东欧, xi, 239; revolution from below 东欧自下而上革命, 215-219, 233

Economism 经济主义, 46, 218

Einstein, Albert 阿尔伯特·爱因斯坦, 17, 93, 95, 99, 113, 116; and "Mach's principle" 爱因斯坦和"马赫原理", 100, 101; and nature 爱因斯坦和自然, 14

Emerson, RalphWaldo 爱默生, 23, 24, 25, 270n26

Enclosures, as creation of absolute space 围墙是绝对空间的证据, 116

Engels, Fredrich 恩格斯, xii, 51, 56, 58, 61, 62, 65, 74, 83, 86-88, 109, 141, 153, 179, 198, 252; and dialectic of nature 恩格斯和自然辩证法, 34, 35, 87

Environmental derivatives 环境衍生物, 248

Environmental determinism 环境决定论, 85, 136

Environmental movement 环境运动, 21, 46, 58, 243, 250

Equalization: and circulation of capital 均等和资本流通, 153; and created scarcity 均等和创造匮乏, 154; and fixed capital 均等和固定资本, 155-158, 202-203; and global scale 均等和全球规模, 185-186; of levels and condition of development 发展水平和条件的均等, xii, 127, 135, 136, 156, 158, 187, 188, 196, 201, 210; Marx's emphasison 马克思对均等的强调, 127-128, 188, 210; and money 平

等和货币，164-165；and one-dimensionality 均等和单向度性，157-159；origins in production 均等的生产起源，158-159；and rate of profit 均等和利润率，145，152，172，176-177，198；relation with nature 均等和自然的联系，155；and socialism 平等和社会主义，204，211；and working class 平等和工人阶级，204，211

Essentialism 本质主义，217

Even development 平衡发展，134，157，211

Exchange 交换，53，76，107，126，127，180，182，184；and equalization 交换和平等，159；and origins of abstraction 交换和抽象的起源，102；process of 交换的过程，62，65，66，69；production for 为交换而生产，59-69；relation of 交换关系，74-76；xsystem of 交换关系，112-113；unequal 不平等交换，189；and uneven development 交换和不平衡发展，199，205

Exchange-value 交换价值，8，45-46，49-53，59，60，64，69，77，78，88-90，111-112，126，154，157，164，184，205，247；and nature 交换价值和自然，43-44，46，49，53，67-68，79，80；and uneven development 交换价值和不平等发展，6，199，202

Exploitation 剥削，61，75，128，153，206，220，228，252

F

Family 家庭，61，62，65，270-171n36；privatized 私有化家庭，74-75

Feminism, revolutionary 革命的女性主义，44

Feuerbach, Ludwig 路德维希·费尔巴哈，33，53

Finance capital 金融资本，130，255

Fixed capital 固定资本，73，144，199，203-204；devalorization of 固定资本的贬值，153，167-168；devaluation of 固定资本的贬值，167-168，170-174，195；and importance of space 固定资本和空间的重要性，121；lever of accumulation 积累的杠杆，121，168-169，173；as most adequate form of capital 固定资本作为资本的最适当的形式，156，173；and regional decline 固定资本和区域衰退，194-195；and science 固定资本和科学，121，168；turn over period of 固定资本的变换期，167，168，171；use-value of 固定资本的使用价值，122. see also capital；spatial fix 并参看"资本""空间修复"

Fordism 福特主义，209

Foucault, Michael 米歇尔·福柯，

索 引

220, 221, 222, 225,
Fragmentration 散裂, xii, 183, 227, 232
Frank, Andre Gunder 安德烈·贡德·弗兰克, 188
Frankfurt School：法兰克福学派, fetishism of nature 自然的拜物教, 45-46; on hegemony of science 科学的霸权, 157, 158; idealism of 法兰克福学派的唯心主义, 271-72n44; on nature 法兰克福学派论自然, 32, 45-47; renunciation of Marxsim 与马克思主义分道扬镳, 46-47
Friedman, Thomas 托马斯·弗雷德曼, 251-255, 258
Frontier 前沿, 20, 21, 22, 26, 28, 86, 269n23
Fukuyama, Francis 福山, 233, 234

G

Gauss, Karl 卡尔·高斯, 102
Gentrification 绅士化, xvi, 1, 122, 200, 209, 218, 230, 239, 257, 259, 263-264
Geoeconmics 地理经济学, 260-266
Geographical expansion 地理扩张, 152, 191, 198; and accumulation 地理扩张和积累, 110-111, 119, 159, 183; necessity of, for Luxemburg 卢森堡论地理扩张的必要性, 129; and new capital 地理扩张和新资本, 153; no longer necessary for economic expansion 经济扩张不再必要, 110-111; synonymous with societal expansion 地理扩张和经济扩张同义, 110-111
Geographical space 地理空间, xii, xv, 1-2, 92-94, 177-178; on agenda地理扩张提到议事日程, 2, 121, 208; contradictory production of 地理空间的矛盾生产, 103, 120, 121, 124; defined 被规定的地理空间, 114; differentiation of 地理空间的分化, 103, 106, 110, 120, 128-130, 132-153, 159-160, 164-165, 173-174, 181-203; emancipation from 从地理空间中获得解放, 108-111, 115-116, 122, 127, 130; equalization of 地理空间的均等化, 122, 126-128, 130, 133-134, 136, 145, 149, 152-159, 165, 173-174, 176, 177, 180, 183, 184, 186, 187, 220; Lenin on 列宁论地理空间, 129-130; Luxemburg on 卢森堡论地理空间, 129; in Marx 马克思的地理空间概念, 111-113, 126, 128; mobility of fixed of capital in 地理空间中的固定资本的流动性, 122; pre-capitalist 前资本主义的地理空间, 180; primitive accumulation of 地理空间的原始积累, 185-186; restructuring of 地理

空间的重组, 2, 121-123, 180, 183, 190, 200, 203, 208-209, 218; pacelessness 与空间无关的地理空间, 110, 129; and survival of capitalism 地理空间和资本主义的幸存, 120, 129; as territory 作为领土的地理空间, 116; transformation of absolute into relative 绝对空间转变为相对空间, 113, 116, 119, 181, 194; unevendevelopment of 地理空间的不发达, 122, 130, 133-134, 175, 211; unity of 地理空间的统一, 106. see also "production of space" space 并参看"空间的生产""空间"

Geography 地理(学), xi, 31, 103-105, 118-119, 182; beginning 地理(学)始生, 213-120; British school 英国地理学派, 117, 138; and capital expansion 地理和资本扩张, 111, 116-120; of capitalism 资本主义的地理(学), xii, xiii, xvii, 1, 3, 4, 7, 93-94, 119, 121, 131, 134, 167, 173, 186, 187, 234; commercial 商业地理, 137-141; and creation of absolute space (private property) 地理和绝对空间(原始所有制)的造就, 116-117; dual personality of discipline 地理学科的双重人格, 143; German school 德国地理学派, 137; humanist 人文主义地理学, 105; isolation 地理学的孤立, 221; moral 地理学的道德, 18-19; new relevance of 地理学的新的相关性, 1, 122, 142, 234-235; one-dimensional 地理学的单向度性, 158; political 政治地理(学), 138, 140; quantitative revolution in 地理学中计量革命, 93, 140, 143; radical 激进地理学, 105; and rediscovery of space 地理学和空间的再发现, 220-221; regional 地理学的再区域性, 137, 140, 142; (satanic), 213, 220, 233; in support of empire 地理学对帝国的支持, 138-141; U.S. school of 美国地理学派, 136; and war 地理学与战争, 208

Gemertry 几何学, 97, 98-102; and spatial structure 几何学和空间结构, 278n13

Geopolitics 地缘政治, 1, 216, 217, 264, 265

Germany, reunification 德国重新统一, 217

Gerratana, Valentine 瓦连廷·哥拉坦斯, 276n53

Globalization 全球化, ix, 217, 239, 241-242, 251, 260-261, 262, 265

Global warming 全球变暖, 239, 243-247

Gorbachev, Mikhail 戈尔巴乔夫,

217

Gottmann, Jean 古特曼, 86, 195

Gould, Stephen Jay 古德, 213, 222

Greenhouse effect 温室效应, 88, 245

Grunbaum, Adolf 格伦鲍姆, 277n12

H

Habermas, Jurgen 于尔根·哈贝马斯, 45, 220, 226, 265-266, 286n35

Hamiltion, Alexander 亚历山大·汉密尔顿, 290n21

Haraway, Donna 哈拉维, 56, 246, 266

Harris, Nige 哈里斯, 1, 202

Hartshorne, Richard 利查德·哈特向, 137

Harvard University 哈佛大学, 264

Harvey, David 戴维·哈维, 106, 167-168, 275n48, 281n39, 281n41, 288n48; on created scarcity 哈维论创造匮乏, 154; and created space 哈维和人造空间, 123; cyclical investment in built environment 建成环境中的循环投资, 167-168, 172; on relational space 哈维论相关性空间, 277n3; and spatiale quilibrium 哈维和空间均衡, 175-180; on spatial integration 哈维论空间整合, 112, 221; and three circuits 哈维和三级循环, 167-168

Hegel, G. W. F. 黑格尔, 33, 36, 41, 42, 44, 46, 50, 78, 100, 226, 233, 271n38; dialectic of 黑格尔的辩证法, 101, 107

Heraclitus 赫拉克里特, 235

Herzog, Werner 沃纳·贺佐格, 236

Hettner, Afred 赫特纳, 137

Hiroshima 广岛, 45

Historcisim 历史主义, 2, 220, 221, 22

History 历史, 107-111; end of 历史的终结, 232-237; geographical pivot of 历史的地理中枢, 5

Hitler, Adolf 阿道夫·希特勒, 284n9

Homelessness 无家可归, 216, 218, 230, 231, 233

Horkheimer, Max 麦克斯·霍克海姆, 45

Human nature 人性 viii, 2, 11, 14, 17, 31, 53, 62, 66, 71, 84, 90; under capitalism 资本主义条件下的人性, 73-74; defined by working class 由工人阶级所规定的人性, 85, 203; extinction of 人性的灭绝, 53; ideloty of 人性的意识形态, 29; leveled downward 人性的退化, 154, 179; and natural laws 人性和自然法, 84, 90; and needs 人性和需要, 55, 85; production of 人性的生产, 56-57; realizes in labor process 人的本质在

生产过程中的实现, 82. see also nature; production of nature 并参看"自然"、"自然的生产"
Humboldt, Alexander 洪堡, 20
Hungry 匈牙利, 216, 217
Hutton, James 詹姆斯·赫顿, 213

I

Idealism 唯心主义, 22, 25, 53, 87, 130, 233, 234, 248, 271-272n44, 286n56
Ideology 意识形态, 37, 50, 65, 220, 271-272n44, 276n53; bourgeois 资产阶级意识形态, 12-13, 50, 76, 134, 204-205; under capitalism 资本主义条件下的意识形态, 44; defined 被规定的意识形态, 28; as dualism 作为二元论的意识形态, 199; of nature 自然意识形态, 27, 28-30, 47, 87, 142, 199; under socialism 社会主义条件下的意识形态, 44
Imperialism 帝国主义, ix, 129, 138, 191, 192, 208, 240, 242; geography of 帝国主义地理（学）, 130-131; and real spatial integration 帝国主义和真正的空间整合, 187. see also colonialism 并参看"殖民主义"
India 印度, 257-259, 262, 263
Industrialization 工业化, 148, 151, 155, 210, 263; of Third World 第三世界的工业化, 1, 122, 210, 263
In vitro birth 试管婴儿, 75
Iraq, U.S. war in 战争中的伊拉克与美国, 260, 265
Isard, Walter 瓦特·伊萨德, 169

J

Jameson, Frederic 弗里德利克·詹姆逊, 221, 222, 223, 223
Jammer, Max 杰莫尔, 97, 101-102
Japan 日本, 255
Jay, Martin 马丁·杰伊, 46
Jesserson, Thomas 托马斯·耶塞松, 290n21
Johnson, Thomas S. 托马斯·S.约翰逊, 215, 217
Journey to work 上班的路程（通勤）, 116, 166; and limits to urban scale 上班的路程（通勤）与都市规模, 182-185

K

Kant, Immanuel 伊曼努尔·康德, 2, 14, 41, 44, 51, 225, 250, 271n40, 282n36; and concept of space 康德和空间概念, 103; and dualism of nature 康德和自然的二元论, 12-13, 42, 279n21
Kautsky, Karl 卡尔·考茨基, 130
Kern, Stephen 斯蒂芬·凯恩, 218

Korea 朝鲜, see also North Korea; South Korea 参看"南朝鲜","北朝鲜"

Kugelmann, Leo 利奥·库格曼, 82

Kuznets Simon 库兹涅茨, 167

Kuznets cycles 库兹涅茨周期, 167, 171

L

Labor 劳动, 37, 44, 54, 56, 58-59, 64, 70, 72, 73-74, 77, 79-81, 86, 90, 108, 117-118, 127, 135, 147-148, 150, 153, 154, 156-166, 182, 183, 188, 189, 192-194, 197, 199, 238; agicultural 农业劳动, 30, 168, 117; as appendage to machine 劳动作为机器的附属物, 74, 147, 162; centralization of 劳动的集中, 166, 179; collective 集体劳动, 73, 161, 286n37; domestic 家庭劳动, 74; forms of 劳动形式, 134; globalization 劳动的全球化, 217; mobility of 劳动的流动性, 112-113, 192; over-accumulation of 劳动的过度积累, 198-199; process 劳动过程, 15, 25, 34, 35, 43, 68, 73, 79, 79-80, 89, 112, 113, 134, 136, 141, 146, 147, 151, 162; propensity to 对劳动的天然偏好, 134; reproduction of 劳动的再生产, 57, 71, 74, 144, 166, 168, 190; subject and object of 劳动的主体与客体, 34; surplus 剩余劳动, 63-64; theory of value 劳动价值论, 30, 158. see also division of labor 并参看"劳动分工"

Landscape 景观, viii, xii, 3, 4, 6, 9, 18-30, 50, 80, 120, 133, 143, 146, 152, 158, 167, 173, 176, 181, 189, 190, 198, 202, 203, 206, 214, 219, 224, 243, 247, 251, 261

Latin America 拉丁美洲, 241

Law of value 价值规律, 70, 82, 83; national and international 国家与国际的价值规律, 189; and spational integration 价值规律和空间统一, 186, 189

Laws of nature 自然规律, 81-83, 234, 276n53

Lefebvre, Henri 亨利·列斐伏尔, vii, 123-126, 131, 231, 232, 249-250, 263; critique of 对列斐伏尔的批评, 124-125, 249-250; dualism in 列斐伏尔的二元论, 124-125; on history 列斐伏尔论历史, 234; and neo-capitalism 列斐伏尔和新资本主义, 124; priority of space 空间的优先性, 281n46; on "production of space" 列斐伏尔论"空间的生产", vii, 123, 179, 225-228, 249, 250; reproductionist thesis 列斐伏尔的再生产论题, 125,

181n46; and reproduction of social relations 列斐伏尔和社会关系的再生产, 123-125

Leibniz 莱布尼茨, 249

Lewis, William 威廉姆·莱斯, 272n46

Lenin, V.I. 列宁, 5, 120, 126; critique of 对列宁的批评, 130, 209, 282n56; on grographical differentiation 列宁论地理分化, 129-130; identifies basic spatial contradiction 列宁指认空间的基本矛盾, 130; on imperialism 列宁论帝国主义, 129, 131, 187, 191; on uneven development 列宁论不平衡发展, 133, 209-210, 211

Lewis, Parry 帕里·刘易斯, 167

Localism 地方主义, xii, 109, 239

Location 位置, 112, 117, 166, 171-173, 176-177, 183, 227; absolute and relative 绝对位置和相对位置, 113-114; bourgeois theory of 资产阶级的位置理论, 104, 160; natural advantage 自然位置的优越, 136-141; relative 位置的相对性, 115-116; societal determinttion of 位置的社会界定, 138-141. see also space 并参看"空间"

Logico-historcical method in Marx 马克思的历史-逻辑方法, 8, 36, 52, 82, 128, 273n21

Longwaves 长波, 167, 171

Losch, August 拉什, 176, 279n18

Lowy, Michael 麦考·罗维, 268n5

Luce, Henry 亨利·卢斯, 217

Luxemburg, Rosa 罗莎·卢森堡, 126, 129, 130, 177

Lynch, Kevin 凯文·林奇, 221

M

Mach, Ernst 恩斯特·马赫, 100-101. 130

Mackinder, Halford J. 麦金德, 5, 138, 140, 284-285n9

Malthus, Thomas 托马斯·马尔萨斯, 30

Mandel, Ernest 恩斯特·曼德尔, 199; technological determinism 技术决定论, 171; on uneven development 曼德尔论不平衡发展, 5, 134, 284n4

Manifest destiny 天命昭彰, 23

Marcuse, Herbert 赫伯特·马尔库塞, 45-46, 157-159, 204

Market 市场, ix, 2, 60, 65, 68, 76, 78, 79, 82, 89, 127, 139, 145, 150, 153-155, 176, 180, 193, 210, 214, 216, 217, 229, 241, 242, 248-249, 252, 253, 258, 259, 263, 264, 265; and created scarcity 市场和造成匮乏, 154; labor 劳动市场, 67, 182-183, 192; and scale of nation-state 市场和民族国家规模, 189; in underdeveloped world 不发达世界的市场, 188; in urban development 都市发展中的市场, 182; world 世界市场, 53, 87, 110-115, 119, 128, 159, 185, 186, 189-190, 209. 252, 286n27

Marx, Leo 列奥·马克思, 18, 19, 24, 25, 29; on annihilation of space by time 列奥·马克思论时间消灭空间, 282n47

Marxism 马克思主义, xii, 3, 6, 46, 123, 132, 134, 227, 228, 282n56

Massey, Doreen 多伦·马西, 214, 292n2

Materialism 唯物主义, 23, 42, 81, 282n56; historical 历史唯物主义, 221-222; Newtonian 牛顿式唯物主义, 24

Mather, Cotton 马瑟·科顿, 20

Mcphee, John 约翰·麦克菲, 213-214

Means of production 生产资料, 54, 61, 69, 74, 76, 80, 115, 139, 144, 154, 179, 184; space as 空间作为生产资料, 117, 118, 280n35; universal 普遍的生产资料, 71

Means of subsistence 生存手段, 54, 56, 57, 58, 91, 115, 144, 148, 166

Megalopolis 大都会, 86

Metaphor, spatial 隐喻的空间, 213-214, 224-226, 228

Mill, John Stuart 约翰·斯图亚特·穆勒, 30

Mode of production 生产方式, 48, 50, 65, 70-73, 76, 79, 82, 84, 112, 114, 127, 172, 207, 243; articulation of 生产方式的接合, 129, 188, 207-208; feudal 封建生产方式, 115, 141; pre-capitalist 前资本主义生产方式, 115, 134, 141, 154, 170, 172, 188, 208

Modernizationheory 现代化理论, 220

Money 货币, 52, 69, 112, 170, 190, 208, 264; as capital 货币作为资本, 126, 164-165

Mowry, George 乔治·莫瑞, 22, 25

N

Nash, Roderick 纳什, 18, 19, 20

Nationalism 民族主义, 1, 3, 19, 23, 109, 122, 230, 262, 265

Nation-state 民族国家, 110, 116; as absolute space 作为绝对空间的民族国家, 189-191, 196; barriers of mobility 流动的障碍, 196, 202; limits to scale of 民族-国家规模的局限, 189, 191 and national capital 民族-国家和国家资本, 189-193; nationalization of capital 资本的国家化, 189; regional divisions of 国家的区域分工, 195, 200-202; scale of 民族-国家的规模, 189-196, 289n7, see also state 并参看"国家"

Naturalism, Christianized 基督教化的自然主义, 23

Nature 自然, 28; as accumulation strategy 作为积累战略的自然, 249, 253; American landscape 美国景观, 18-30; apocalypticism 启示论, 247; as appendage of capital 自然作为资本的附属物, 155; bourgeois conception of 资产阶级的自然观, 3, 13, 39, 44; and capitalism 自然和资本主义, 29, 69-85, 193; and class 自然和阶级, 21, 25-26, 58, 61, 75, 85, 179; concept of 自然的概念, 10-12, 28, 24-28, 44, 68-69, 72, 83-84; and consciousness 自然和意识, 55-57, 62-62; contradications in control over 征服自然中的矛盾, 77, 87-88, 91; dialectic of nature 自然辩证法, 34-35, 87; as dialectic of subject and object 自然作为主体和客体的辩证法, 32-38, 41-42, 50, 56, 65; and division of labor 自然和劳动分工, 51, 135-143, 193; domination of 支配自然, 10, 35, 40, 43, 44, 45-48, 86, 272n46; dual conception from 来自自然的二元性概念, 28, 37, 59, 68, 115, 116, 141-142, 193, 194; as essence 自然作为本质, 15; and exchange value 自然和交换价值, 43, 50, 59-60, 67, 70, 77, 80; external 外在自然, 7, 11-12, 14-16, 18, 19-22, 25-32, 34, 35, 37, 39, 40, 45, 47, 67, 84, 142, 270n26; as feminime 自然作为女性, 11, 22, 26, 27; fetishism of 自然拜物教, 45-46, 221; first nature 第一自然, 33, 65, 68, 77-80, 83, 87, 98, 103-4, 155, 187; as garden 自然作为花园, 11, 13-14, 16, 18, 24, 25; as god 自然作为上帝, 11, 14, 16, 23-24, 26; and history 自然和历史, 31-33, 35-36, 40, 43-44; ideology of 自然意识形态, 8, 10-49, 87, 142, 199; internal 内在自然, 11-12, 14, 33, 37, 45, 68; and labor process 自然和劳动过程, 15, 25, 34-35, 43, 68, 79-80, 89, 134, 136, 140-141; leveling of 自然的夷为平地, 83-85, 153-155, 179-180; and logico-historical method 自然和历史逻辑方法, 52; Marx and 马克思和自然, 30-48; as master symbol a 作为主导符号的自然, 18; mastery of 主宰自然, 13-14, 16, 34, 37, 40, 43, 45, 83, 86-87, 88-89; as material 作为物

质的自然, 11; metabolism of 新陈代谢, 33-37, 40, 41, 54; and nationalism 自然和民族主义, 19, 23, 26; as object of production 作为生产对象的自然, 25-26, 31, 53-55, 60, 69, 71; and philosophy 自然和哲学, xvi, 32, 38-39, 40, 42, 44, 51, 52; poetic 诗性自然, 13, 18-30; pre-human 人类之前的自然, 7, 57, 77, 81, 87; priority over space 自然优先于空间, 97, 100-102; and production 自然和生产, 13, 15, 27-29, 31, 33, 53-54, 72, 80-81; as raw material 自然作为原料, 11; relation of external and universal nature 外在自然和普遍自然的关系, 27-30; and religion 自然和宗教, 14-17, 24, 26; and rent 自然和地租, 51-52; revenge of 自然的报复, 45, 88; romanticism of 自然浪漫主义, 22, 23, 25, 26, 27, 39; second nature 第二自然, 33, 34, 65-69, 72, 77-79, 82, 83, 87, 89, 98, 103, 107, 110, 110, 187; and society 自然和社会, 5, 7-8, 32, 48, 50, 55, 59, 65, 67, 68, 79, 82, 104, 105, 148-149; and space 自然和空间, 50, 61, 92-100, 103-104, 107-108, 125, 186; as sublime 自然壮观, 11, 24, 25, 29; and technology 自然和技术, 45-46; unequal access to 获得自然的权力的不平等, 61; unity of 自然的统一, 16, 17, 18, 23, 31, 32, 55-57, 81, 89, 96; universal 普遍自然, 12, 16, 17, 19, 22, 24, 25-31, 47; as universal means of production 作为普遍的生产资料的自然, 71, 154, 155; and use value 自然和使用价值, 30; versus the city 自然和城市相对, 21; as wilderness 作为荒野的自然, 11, 18-22, 24-27, 86; workship 自然崇拜, 21, 26, see also human nature; production of nature 并参看"人性""自然的生产"

Nature studies 自然研究, 20, 21, 22

Nature-washing 自然清洗, 243-251

Needs 需要, 54-55, 59, 78, 79, 85, 87

Neoliberalism 新自由主义, 260, 261, 265

Newton, Isaac 艾萨克·牛顿, 94-95, 97, 98, 100, 101, 102, 103, 105, 116; conception of absolute space 牛顿的绝对空间概念, 16, 249, 250; and nature 牛顿和自然, 14-16

New York City 纽约市, 138, 140, 230, 233. 251, 253, 258, 262, 263

Nietzsche, Friedrich 尼采 will to power 权力意志, 37, 44
North Korean 北朝鲜, 242
Novak, Barbara 诺瓦克, 24, 26
Nuclear, technology 核技术, 84, 85, 248

O

Ontology 本体论: flat 平坦的本体论, 253-255, 258; spatialized 空间化的本体论, 221
Oppression 压迫, 26-27, 40, 228, 275n37, see also women 并参看"妇女"
Over production 生产过剩, 117, 265

P

Permanent revolution, Trotsky's theory of 托洛茨基的"不断革命论", 6, 283n3
Phelan John 约翰·佩兰, 215
Physicalism 物理主义, 17-18
Physics 物理, 16, 17, 34, 79, 82, 95, 98, 99, 102, 103, 113, 133, 214, 246, 280n23
Physiocrats 重农学派, 30
Physiology 生理学, 17, 40, 56-57, 270-71n36
Place 地方, 107-8; 地方和空间 (and space), 94-96
Plato 柏拉图, 66, 97

Politics, spatialized 空间化政治, 223, 225, 230, 235; and difference 政治和差异, 226-227
Pope, Alexander 亚历山大·蒲柏, 281-282n47
Population growth 人口增长, 58, 59
Positivism 实证主义, 2, 18, 32, 104-106
Postmodernism 后现代主义, 221, 223
Poststructuralism 后结构主义, 22-23
Private property 私有财产, ix, 29, 61, 62, 65, 74, 109, 164, 215, 254; and absolute space 私有财产和绝对空间, 116-117, 184-186; and the state 私有财产和国家, 116, 169; and urban form 私有财产和都市形式, 184
Production, globalization of 生产的全球化, 217
Production of nature 自然的生产, 7, 46, 48, 49-91, 93, 113, 125, 142, 154; and anthropomorphism 自然的生产和人类中心论, 8, 91; in capitalist production 资本主义生产中的自然生产, 53, 69-85; contradiction in 自然生产中的矛盾, 84-85; and control of nature 自然的生产和自然的控制, 87-91; crises 自然生产的危机, 219; cultural 自然的文化生产, 236; for exchange 为交换的自然生产, 53,

59-69; in general 自然生产一般, 53-59; as lever 自然生产作为平等派, 154, 202; and production of space 自然的生产和空间的生产, 92-93, 154, 201-202; at world scale 世界规模的自然生产, 71, 77, 114, 153, 201. see also nature 并参看"自然"

Production of space 空间的生产, vii, 7, 8, 92-131, 214, 218, 225-228, 232; as absolute spaces 绝对空间的生产, 118-119, 153-154; 186-187; contradictions of 空间生产的矛盾, 121-124, 126, 180; and geographical differentiation 空间的生产和地理分化, 121, 179-180, 186-187; and geographical expansion 空间的生产和地理扩张, 119-121; Henri Lefebvre on 列斐伏尔论空间生产, 123-126, 225-228, 231; as measure of universal capital 作为普遍资本尺度的空间生产, 173; and production of nature 空间的生产和自然的生产, 92-93; as relative space 相对空间的生产, 112-115, 119, 153, 187-188; and survival of capitalism 空间的生产和资本主义的幸存, 123-131, 180, 228-229; and uneven development 空间的生产和不平衡发展, 122-123, 130-131, 229

Production forces; development of 生产力的发展, 78, 82, 116, 126, 136, 140, 153, 163, 165, 169, 170, 194; stagnation of 生产力的停滞, 183

Profit 利润, 6, 14, 29, 78, 88, 89, 90, 169-170, 171, 172, 196-197, 209, 211, 243, 245, 248, 252, 260; equalization of tate of 利润率平均化, 145, 152, 176, 177, 198; falling rate of 利润率下降, 176, 191, 199, 202-3

Ptolemy 托勒密, 100

Pythagoras 毕达戈拉斯, 97

R

"radical reindustrialization" "彻底的再工业化", 210

Railroads 铁路, 22, 24, 128, 161. see also transportation, means of 并参看"交通"以及"交通手段"

Raw material 原料, 67, 71, 78, 129, 137, 140-141, 154-155, 166, 169, 248, 252; absolute spaces 绝对空间, 113; differential location of 原料位置的差异, 136-137, 193; space as 空间作为原料, 117; and underdevelopment 原料和不发达, 150-51

Reagon, Ronald 罗纳德·里根, 241

Realism 现实主义, 22

Redevelopment 再发展, 122, 200
Reformism 改良主义, 46-47, 210
Regionalism 区域主义, 230
Regions 区域: convergency of 区域趋同, 201; defined the devaluttion 对贬值区域的界定, 171-174; defined by natural differentiation 被自然的分化所规定的区域, 137, 193; diffenrntiation of 区域分化, 191-194, 201; and global differentiation 区域和全球分化, 187-189; and metropolitan growth 区域和大城市的增长, 200-201; and "regional problem," 区域和"区域问题" 195; supranational 超国家区域, 195-196
Reichenbach, Hans 汉斯·莱辛巴赫, 99-101, 107
Relativity, theory of 相对论, 15, 94, 95, 98-101, 103, 106, 107, 113
Rent 地租, 51; and differentiation of urban space 地租和都市空间的分化, 184-185, 200; ground 土地租金, 176, 184-185, 198, 200
Rent gap 租隙, 200
Reproduction 再生产, 26, 62, 170; bourgeois 资产阶级的再生产, 69; of capital 资本的再生产, 144, 210; of capitalist relations 资本主义生产关系的再生产 123-125; costs of 再生产的成本, 166; of laborpower 劳动力再生产的成本, 57, 71, 74, 144, 166, 168, 190; peaceful 和平的再生产, 215-216, 233-234; revolution 革命的再生产, ix, 5, 6, 46, 58, 266; socialist 社会主义的再生产, 85, 260; spatial 空间的再生产 124. see also permanent revolution 并参看"不断革命"

Ricardo, David 大卫·李嘉图, 30
Riemann, G.F.B. 黎曼, 99, 102
Romanticism 浪漫主义, 22-23, 39, 91; as cotrol 作为对自然征服的浪漫主义, 26; and nature 浪漫主义和自然, 22-27; as objectification 作为把自然对象化的浪漫主义, 25; of women and nature 作为女人和自然的浪漫主义, 25-26
Rosenthal, Bernard 伯纳德·罗森塔尔, 27
Russell, Bertrand 伯特兰·罗素, 44

S

Sack, Robert 罗伯特·塞克, 96, 107, 110
Sahel famine 萨赫勒饥荒, 219
Sauer, Carl 卡尔·索尔, 137
Scale 规模, 93, 118-119, 143, 174, 180, 198; as absolute space 作为绝对空间的规模, 118, 181; derivation of 规模的衍生, 181-196; differentiation of 规模的分化,

181-183, 229-230; of division of labor and capital 分工和资本的规模, 143-144, 146-147, 149-152; economies 规模的经济 of, 166; global 全球规模, 6, 87, 91, 118, 185-187, 189, 191, 202-203, 219, 232, 255, 262, 289n7; of nation-state 民族-国家规模, 181, 189-196, 200; of organization of state 国家组织规模, 109; political economy of 规模的政治经济学, 289n7; production of 规模的生产, 225, 232; regional 区域规模, 182, 192-197, 218; and spational equilibrium 规模和空间均衡, 174, 180; urban 城市规模 120, 147, 149, 181, 185, 186, 192, 194, 198-201, 209, 256, 263, 291n31

Scarcity 匮乏, 84, 154

Schmidt, Alfred 阿尔弗莱德·施密特, 31, 46, 48, 53, 82, 90, 270-271n36, 271n39, 271n40, 271n43; and bourgeois ideology 施密特与资产阶级意识形态, 33, 35, 36, 39, 51-142; bourgeois versu pre-bourgeois relation with nature 资产阶级与资产阶级以前的自然关系问题上的对立, 35-41; critique of 对施密特的批评, 38-46; critique of dialectic of nature 对自然辩证法的批判, 34-35; and differentiated unity of nature 施密特与自然统一性的分化, 38-46; first and second nature 第一和第二自然, 33-36; and Marx's "negative ontology," 施密特和马克思的"否定性本体论" 36; metabolism of nature 自然的新陈代谢, 33-42; and the two historical dialectics 施密特和两种历史辩证法, 35, 39-40

Schopenhauer, Arthur 阿瑟·叔本华, 44

Science 科学, xvi, 13-18, 20, 24, 25, 30-32, 34, 46, 55, 74, 76, 93-94, 95, 102, 104, 105, 107, 121, 156-158, 168, 214, 255; and equalization 科学和均等化, 156, 203; and external nature 科学和外在自然, 14-16, 18, 19, 20; and firxed capital 科学和固定资本, 121-122, 156; as ideoloty 科学作为意识形态, 13, 275-277n53; natural in 科学中的自然, 14-20; positivist 科学实证主义, 18, 32; space in 科学中的空间, 92-107, 111; and universal nature 科学和普遍性自然, 15-16. see also biology; sociobiology; technology 并参看 "生物学"、"社会学"和"技术学"

Sea power 海上强权, 138

September, 11 (2001) "9·11"事件, 240, 260

Shakespeare, William 莎士比亚, 19

Slavery 奴隶制, 58, 61, 76, 109, 115, 270-71n36

Smith, Adam 亚当·斯密, 30, 103

Smith, Henry Nash 亨利·纳什·史密斯, 18

Socialism 社会主义, 36, 37, 43, 85, 124, 159, 204-205, 239; or barbarism 社会主义或野蛮状态, 89, 159; and division of labor 社会主义和分工, 44; and domination of natire 社会主义和自然的支配, 44, 270-271n44; Marx's vision of 马克思的社会主义观, 159; in one country 一国建成社会主义, 5, 283n3; and production of nature 社会主义和自然的生产, 90-91; revolutionary 社会主义革命, 44; struggle for 为社会主义而斗争, 82, 89; and unity of nature 社会主义和自然的统一, 89; see also communism 并参看"共产主义"

Socially necessity labor time 社会必要劳动时间, 52, 69, 80. see also labor 并参看"劳动"

Social relation 社会关系, 57, 62, 68-69, 97, 96, 229; and definition of global scale 社会关系和全球规模的规定, 185-186; emancipation from space 社会关系从空间中获得解放, 108-109, 115-116; and place 社会关系和地方, 107; and space 社会关系和空间, 103, 107, 185-186, 226

Social theory 社会理论, 214, 220, 221, 224, 234, 235

Sociobiology 社会生物学, 17, 47

Sohn-Rethel, Alfred 阿尔弗雷德·索恩-雷特尔, 42, 79, 102, 199

Soja, Ed 爱德华·索亚, xii, 124, 220-222, 234

South Korea 南朝鲜, 255, 259

Soviet Union 苏联, 34, 215, 239

Space: 空间 absolute 绝对空间, 2, 93, 155, 179-181, 184-186, 190, 196, 222; abstraction of concept of 空间概念的抽象, 97-103, 107, 231-233; as abstract labor 作为抽象劳动的空间, 113; as "accident of matter," 作为"物质的偶然"的空间 97, 107; on agenda 空间提上了议事日程, 5, 121; annihilation by time 时间消灭空间, 126-127, 153, 159, 234, 253, 281-282n47; and capital 空间和资本, 111-123, 125, 130, 172-173; civilized conception of "开化的"空间观, 107; as commoity 作为商品的空间, 102, 111-114; contradiction in concepts of 空间概念中的矛盾, 92, 104; death of 空间之死, 226, 230; deep 深度空间, 213-215, 218, 221, 224, 225; and dialectic 空间和辩证法,

99-100; differentiation of 空间的分化, 97-106, 129, 130, 147, 149, 160, 181; dualism in concept of 空间概念中的二元论, 103-105, 124-125; economic 空间经济, 105, 217; as god 空间作为神, 16; as ground 空间作为地面, 224; ideology of 空间意识形态, 16, 223; in Marx 马克思所说的空间, 111-113, 126-128, 148-149; and Marxism 空间和马克思主义, 117-119, 123-131, 148-149; mathematical 数学空间, 94, 95, 99, 100-104; and matter 空间和物质, 16, 94-102, 107, 222-225; as means of production 空间作为生产资料, 117, 118, 280n35; mental 心理空间, 225; metaphorical 隐喻的空间, 222-228; and nationalism 空间和民族主义, 109; natural 国家空间, 103-104, 107, 108, 125, 187 n-dimensional N 维空间, 99, 103, 278n13; physical 物理空间, 96, 98-99, 102, 103, 104, 124, 130, 229; and place 空间和地方, 96-97, 102; political 政治空间, 215-216; primitive conception of 原始的空间概念, 96, 107; priority over matter 空间优先于物质, 94, 97-101, 250; priority over spacet 物质优先于空间, 94-98, 226, 250; priority over time 空间优先于时间, 97-102; amd production of scale 空间和规模的生产, 119; public and private 公共和私人空间, 102; as raw material 空间作为原料, 117; reassertion 对空间的重申, xii, 220-222. 224, 233-234; relational 关联性空间, 277n3; relative 相对空间, 93-98, 100, 103, 105, 112-116, 119, 120, 121, 153, 181, 194, 196, 277n3; restructuring of 空间的重组, 2, 122, 209; social, 98, 103-105, 110, 124, 214, 225, 228, 250; social construction 社会建构, 214, 218; and society 空间和社会, 7, 50, 104-106, 108, 109, 125; terrestrial 空间和疆域, 185, 214; transformation of absolute into relative 从绝对空间到相对空间的转型, 113-114, 118-119, 186-187; unity with matter 空间与物质的统一, 96-101; as use-value 空间作为使用价值, 111-112. see also geographical space; location; production of space; time 并参看"地理空间"、"位置"、"空间的生产"以及"时间"。

Spatial equilibrium 空间均衡, 175, 176-180, 197-198

Spatial fix 空间修复, 115, 122, 174, 177-180, 187, 196, 198-

199，202，209，217. see also fixed capital 并参看"固定资本"

Spatial integration 空间整合，112，113，196；formal and real 空间整合的形式和实质，186-187；and imperialism 空间整合和帝国主义，187；incompletenesss of 空间整合的未完成性，188-189；limits to 空间整合的局限，183；and scale 空间整合和规模，181-183；and universality 空间整合和普遍性，of value 价值的空间整合，114，186

Spatial properties 空间属性，113，118；defined 被规定的空间属性，113-114；as use-value 作为使用价值的空间属性，111-112

Spatial relations 空间关系，2，95，111-114

Spatial structure 空间结构，278n13

Stalin, Joseph 约瑟夫·斯大林，5，34，233，283n3

Stamp, Dudley 斯坦姆普，142

State, capitalist（资本主义）国家，71-75，189，190；and class society 国家和阶级社会，109-110；as entrepreneut 作为企业的国家，241，260；international 国际，191；and kinship 国家和亲属关系，109；origins of 国家的起源，58，61，65，109，185，189；scale of 国家的规模，110；and social spacelessness 国家和与空间无关的社会，110；territorial definition of 国家的疆域界定，110. see also nation-state 并参看"民族-国家"

Suburbanization 郊区城市化，169，200，234，263，264；Lenin on 列宁论郊区城市化，129

Alexander Supan 亚历山大·苏潘，120

Surplus value 剩余价值，52，70，71，74，75，111；relative 相对剩余价值，as level of accumulation 作为积累水平的剩余价值，86-87，120，155，161-162，187，189，263；relative, as space 作为空间的相对剩余价值，122

T

Take backs 收回，208

Taylor, Joshua 乔舒亚·泰勒，25

Taylor, Peter 彼得·泰勒，289n7

Technology 技术，29，30，37，75，84，110，111，158，161，171，172，176，230，239，248，254，258，272n46，282n47，286n35，292n6；and differentiation of space 技术与空间的分化，147-148；and equalization 技术和均等，155-157，177；and nature 技术和自然，45-46

Thatcher, Margaret 马格里特·撒切尔，216，232，241

Third world 第三世界，1，122，209-

210, 219, 240, 255

Thomas, Brinley 布林利·托马斯, 167

Thompson, E. P. E. P. 汤普逊, 218

Thomson, George 乔治·托马逊, 278n15

Thoreau, Henry Dvid 索罗, 24

Time 时间, 2, 15-17, 74, 97, 99, 101, 102, 157; deep 远古时间, 213, 222 labor 劳动时间, 52, 69, 80, 111, 159; revolutionary 革命时代, 233-234; and space 时间和空间, 93-94, 95, 126-127, 153, 155, 213-214, 220, 229

Timpanaro, Sebastiano 塞巴斯蒂安诺·廷帕纳罗, 47

Tocqueville, Alexis de 托克维尔, 18, 22

Town 城镇, 68, 106; and country 城镇和乡村, 3, 60, 61, 71, 108, 129, 135, 148-149, 182

Transportation, means of 城镇交通手段, 4, 110, 112, 113, 117, 126, 140, 169, 171, 185, 193, 194, 226, 258; and equalization 城镇和平等, 115-116; and space as means of production 城镇与作为生产资料的空间, 155-156

Triumphalism 乐天派/人定胜天论, 47-48

Trotsky, Leon 列昂·托洛茨基, 5-6, 282n3

Turner, Frederick Jackson 弗里德里克·杰克逊·特纳, 142

U

Underdeveloped world 不发达世界, 193; decolonization of 不发达世界的非殖民化, 190-191; industrialization of 不发达世界的工业化, xii, 114, 151, 188, 201, 227, 255; Marx on development 马克思论发展, 127-128; and raw materials 不发达世界与原料, 150-151

Undevelopment 不发达, 6, 150-152; and backwardness 不发达与落后, 188; and development 不发达与发展, 197-199; development of 不发达的发展, 186-188; of inner city 内城的不发达, 200; and uneven development 不发达与不平衡发展, 198

Unemployment 失业, 216

Unevendevelopment 不平衡发展, xii, 3-9, 50, 93, 122-123, 132-135, 201-207, 218, 220, 229, 240-243, 251-260, 262; and articulation of modes of production 不平衡发展和生产方式的接合, 188, 207-208; and class struggle 不平衡发展和阶级斗争, 5; contradictions of 不平衡发展的矛盾, 175-176, 198, 202; and development of under-development 不平衡发展和

欠发达的发展, 186-188; as dialectic of differentiation and equalization 作为分化与均等辩证法的不平衡发展, 122-123, 154, 176, 198, 201-203; and division of labor 不平衡发展与分工, 147; and geography of capitalism 不平衡发展和资本主义的地理, 1-2, 133-134; global 全球性的不平衡发展, 202; Lenin on 列宁论不平衡发展, 130; limits of theory of 不平衡发展理论的局限, 202, 207-208; in Marxism 马克思主义中的不平衡发展问题, 1-2; as metaphysics 作为形而上学问题的不平衡发展, 133; in pre-capitalist societies 前资本主义社会中的不平衡发展, 133; and production of nature 不平衡发展和自然的生产, 5, 50, 93, 202, 206-207; and production of space 不平衡发展和空间的生产, 122-123, 130-132, 197-205; and scale 不平衡发展和规模, 180-181, 187, 196-202; between sectors 部门间的不平衡发展, 134-135; seesaw theory of 不平衡发展的跷跷板理论, 196-202; so-called law of 所谓不平衡发展规律, 5, 133; specific to capitalism 资本主义不平衡发展的特殊性, 133; and survival of capitalism 不平衡发展和资本主义的幸存, 122, 180, 203, 208-210; theory of 不平衡发展理论, 4, 7, 132-135, 176; and unequal exchange 不平衡发展和不平等交换, 189; at urban scale 城市规模的不平衡发展, 198-201

United Nations 联合国, 262, 263

United States 美国, 262-263

Urban form 城市形式: capitalist 城市的资本主义形式, 106, 224; diffenentiation of 城市的分化, 183-184; equalization in 城市的均等, 184, 186; ground rent and 地市与地租, 184-185; order and disorder in 城市的秩序与失序, 185, 230-231; pre-capitalist 前资本主义的城市, 106-107, 181-182; and uneven development 城市与不平衡发展, 198-200

Urbanization 城市化, 118-119, 169, 218; and centralization of capital 城市化与资本的集中, 165, 178-179, 181; of countryside 农村的城市化, 71, 148-149; and scale 城市化与规模, 181-185

Use-value 使用价值, 45-46, 70, 88, 89, 157, 164; and division of labor/capital 使用价值与资本、劳动分工, 144-145; of fixed capital 固定资本的使用价值, 122; Marx's definition of 马克思对使用价值的界定, 111; and nature 使用价值与自然, 8, 34, 45-44,

49, 50, 52-54, 57, 59, 60, 67, 77-78; ands pace 使用价值与地方, 111-113, 122; and uneven development 使用价值与不平衡发展, 6, 187-188, 199, 202, 204

V

Vajpayee, Atal Bihari 阿塔尔·比哈里·瓦杰帕伊 241

Value 价值, 6, 8, 30, 61, 69, 70, 89, 111, 126, 157, 168, 204; and ground rent 价值与地租, 185-186 labor theory of 劳动价值理论, 158; and tendency toward equalization 价值与均等化趋势, 158-159, 204; as universal form of abstract labor 价值作为抽象劳动的普遍形式, 111-113, 115, 119, 154, 181, 185-186

Von Weizacker, Carl Friedrich 卡尔·弗里德里希·冯·魏茨泽克, 17-18

W

Wagelabor 雇用劳动, 69, 71, 74, 75, 104, 114-115, 119, 193, 196, 286n27 universality of 雇用劳动的普遍化, 77-78, 154, 186, 187

Wagerates 工资率, 114, 115, 198; differentiation of 工资率的分化, 187-188, 194; and geographical differentiation at global scale 工资率和全球规模上的地理分化, 187-188

Walker, Richard 利查德·沃克, 169, 180

Wallterstein, Immanuel 伊曼努尔·华伦斯坦, 289n7

War 战争, 29, 108, 138, 187, 190-192, 208, 209, 211, 216, 219, 233, 239, 240, 254, 260-265; as devaluation 作为贬值的战争, 178-180; nuclear 核战争, 89

Warner, SamBass 萨姆巴斯·华纳, 269n15

Weinberger, Casper 卡斯帕·魏因伯格, 235

White, Morton and Lucia 怀特, 270n26

Whitehand, J. W. R 怀特汉德, 169

Whitehead, Alfred North 阿尔弗莱德·怀特海, viii, 94, 99, 101

Wilderness 荒野, 11, 18-27, 86, 142; urban 城市荒野, 20

Williams, Raymond 雷蒙·威廉姆斯, 47-48

Wilson, Woodrow 伍卓·威尔逊, 262, 265

Women 妇女, 74-75, 108, 135, 220, 241, 260, 275n37; double burden of 妇女的双重负担, 75; as natural 妇女作为自然, 11, 26-

27, 40; oppression of 妇女受的压迫, 26-27, 40, 61-62, 75, 109
Working class 工人阶级, 72, 74, 76, 85, 104, 115, 179, 190, 192, 203, 218, 227, 235, 257; control of 对工人阶级的控制, and scale of nation state 工人阶级与民族国家的规模, 191; denied history 否认工人阶级的历史, 30; employer offensive against 雇主阶级对工人阶级的进攻, 209; family 工人阶级家庭, 75; Marx on 马克思论工人阶级, 228; movement 工人运动, 211. see also class 并参看"阶级"

working day 工作日, 90

Y

Yellowstone Park 黄石公园, 80-81
Yosemite Park 优胜美地国家公园, 80-81

译者后记

尼尔·史密斯教授的《不平衡发展》一书，自 1984 年初版以来，已经成为当代世界人文地理学界公认的经典名著，也是包括马克思主义研究在内的众多人文社会科学领域有口皆碑的必读文献。汉语学界对史密斯的研究和译介近来逐年增多，最新译著有他的力作《新城市前沿：士绅化与恢复失地运动者之城》（李晔国译，译林出版社 2018 年版）等。

我对史密斯其人其书的了解、研究也算有些年头了，初闻其名即与此书有关，这起源于对另外一位杰出的地理学家、洛杉矶学派的领军人物爱德华·索亚的研究的关注。自索亚的《后现代地理学》中文版于 2003 年出版以来，旋即在汉语学界产生了重要影响，其中提到的众多西方当代人文地理学与社会空间批判理论的中坚人物，有一个很长的名单，兹不列举，其中就包括史密斯及《不平衡发展》这本书。对《不平衡发展》一书的研究，来自于我对列斐伏尔《空间的生产》一书持续多年的翻译与研究，正是在研究列斐伏尔这部对地理学造成了方向性改变的伟大著作中，我真正意识到了戴维·哈维与尼尔·史密斯师徒二人实乃列氏《空间的生产》一书在英语马克思主义地理学世界最强有力的研究者与推动者。

起初，我并没有翻译《不平衡发展》一书的计划与勇气。

2010年夏天至2011年夏天，我作为弗雷曼基金访问学者在伊利诺伊大学香槟分校东亚与太平洋文化研究中心学习期间，购买了此书的原版，时至今日，这本书已经被翻阅得破烂不堪。我对此书的热爱和用功、用心的程度由此可见一斑。也许是某种缘分，当我住在厄尔巴纳小城ORCHARD DOWNS 2040C居所时，对面的2040D正好是一位曾经当过史密斯的硕士研究生的地理学博士，这位黑人朋友在与我交谈中曾多次提及史密斯的趣事逸闻，也抱怨列斐伏尔《空间的生产》一书的英译本太过艰涩，失去了作者原初灵活的口语底色风格。由此我也深知史密斯属于"自古圣贤皆寂寞，唯有饮者留其名"的那种"饮者"与"酒仙"之列。当然，不得不说，冥冥之中得感谢史密斯，当我在张笑夷教授、郑劲超博士协助下主译列斐伏尔的《都市革命》（首都师范大学出版社2018年出版）一书时，重要的参考书就是由史密斯作序的此书2003年的英译本。尼尔·史密斯恣肆汪洋、情似庄周南华的英译序言，对于我理解列斐伏尔的城市哲学思想以及《都市革命》一书在英语世界的传播和影响，帮助甚大。正是在他的这篇妙笔生花的译序的感染之下，我才发出了"社会主义如何让人诗意地栖居于现代都市社会"的万余言喟然长叹！

与此书的第二个缘分，是我与本书的主要翻译者、胡大平教授的博士付清松老师的深厚友谊。他的博士论文做的就是史密斯的不平衡发展理论，后以《不平衡发展——从马克思到尼尔·史密斯》为书名由人民出版社于2015年出版。付博士本科阶段学的是英语文学专业，有很好的英语文献阅读功底，他的博士论

译者后记

文答辩我参与了,留下了深刻的印象。付博士毕业时我曾几次要把这本已经摸得封面发毛的史密斯的书赠送给他,他都以不夺人之美为由而委婉拒绝了。但没有想到这为后来合作翻译此书留下了更大的缘分。

与此书的第三个缘分,当然是来自此书的责任编辑、商务印书馆地理室的孟锴女士,她可谓是此书名符其实的"催生婆"了。在我主译《空间的生产》一书时,她很自然地希望我把《不平衡发展》一书的中文翻译工作承担下来。不知出于什么原因,我当时就一口答应下来。但当我开始准备翻译此书时,却发现这个决定有些草率。这部地理学著作,实际上是一部哲学著作,是一部连我这样多年从事马克思主义经典研究的学者都有些望而却步的、货真价实的马克思政治经济学和辩证法著作。不巧的是,此时我的身体出现了一些较大的麻烦,这时我自然想到了付清松博士。由于他的博士论文专门从事此书研究,已经有了很好的前期翻译准备,这也就帮了我很大的忙,感谢之情自不待言。

当然,这里我还得提及一下著名的戴维·哈维,他作为当代西方最著名的马克思研究大师,前些年几乎红遍了整个世界的左翼思想界。前几年也数次访问南京大学,我与他也算有些交流,其间谈到了他的爱徒尼尔·史密斯的过早去世,惋惜与痛切之情溢于言表,他对我翻译《空间的生产》与《不平衡发展》的工作表示支持,这也加强了我翻译此书的决心。

本书翻译工作的进程与分工大致是这样的:正式开始于2016年夏天,终于2018年秋天。付清松博士完成了本书的大部分前期翻译工作，主要是几篇前言与前四章内容。我主要负责此书的第五、六两章、后记及本书第二版、第三次再版后记的翻译。最后由我负责统一文字、校订补充注释，核对所引用的西文之相应的中文已有译文，还有汉译条目以及参考文献目录的整理翻译工作。本书的主要功劳属于付博士，文债主要由我来负。书中大量的英语与西方世界的文学地理历史资料翻译，以及史密斯特有的复杂的文字隐喻与过于简略的微言大意短句，特别是那些复杂的长句，费了我们不少精力，仍然让人难以放心与满意。感谢孟锴编辑后期付出的大量心血，让这本书避免了许多不必要的错误。

本来想写一篇高质量的中译本序，但因为精力不济，只好以这篇不成样子的跋文弥补遗憾了。

刘怀玉

书于2020年南京大学哲学系百年系庆之际

图书在版编目（CIP）数据

不平衡发展：自然、资本与空间的生产/（美）尼尔·史密斯著；刘怀玉，付清松译．——北京：商务印书馆，2023
（汉译世界学术名著丛书）
ISBN 978-7-100-22607-3

Ⅰ.①不… Ⅱ.①尼… ②刘… ③付… Ⅲ.①资本主义国家政治经济发展不平衡规律—研究 Ⅳ.①F038

中国国家版本馆 CIP 数据核字（2023）第155987号

权利保留，侵权必究。

汉译世界学术名著丛书
不平衡发展
——自然、资本与空间的生产
〔美〕尼尔·史密斯 著
刘怀玉 付清松 译

商 务 印 书 馆 出 版
（北京王府井大街36号 邮政编码100710）
商 务 印 书 馆 发 行
北 京 冠 中 印 刷 厂 印 刷
ISBN 978-7-100-22607-3

2023年10月第1版 开本 850×1168 1/32
2023年10月北京第1次印刷 印张 12⅝
定价：65.00元